Clemens Maria Heymkind · Verloren im Niemandsland

# ROMBACH BIOGRAFIEN

Herausgegeben von Sabine Frigge

Band 14

Clemens Maria Heymkind

# Verloren im Niemandsland

Autobiografische Erzählung
eines Heimkindes

**rombach** verlag

Die autobiografische Erzählung wird herausgegeben von:

Sabine Frigge
Paradiesgasse 4
79356 Eichstetten
Telefon +49 (0) 7663 / 605 977
sabine.frigge@gmx.de
www.rombach-biografien.de

www.heymkind.de

**Bibliografische Information der Deutschen Nationalbibliothek**
Die Deutsche Nationalbibliothek verzeichnet diese Publikation in der Deutschen Nationalbibliografie; detaillierte bibliografische Daten sind im Internet über http://dnb.d-nb.de abrufbar.

© 2015. Rombach Verlag KG, Freiburg i.Br./Berlin/Wien
1. Auflage. Alle Rechte vorbehalten
Umschlag: Bärbel Engler, Rombach Verlag KG, Freiburg i.Br./Berlin/Wien
Titelfoto: Klaus Polkowski, Freiburg i.Br.
Layout/Satz: TIESLED Satz & Service, Köln
Herstellung: Rombach Druck- und Verlagshaus GmbH & Co. KG, Freiburg im Breisgau
Printed in Germany

ISBN 978-3-7930-5127-5

# INHALT

Vorwort – 9

Prolog – 15

**Verloren im Niemandsland – 21**

Kinderkrippe – 23 | Szenenwechsel – 25 | Evafalle – 27 | Familienweh – 34 | Abschied oder die Teufelsvertreibung – 36 | Der zerrissene Vorhang – 39 | Hinter den Mauern von St. Niemandsland – 42 | Ein böser Traum? – 48 | Morgenstunden – 49 | Maria Mutter Gottes – 53 | Nachtflug – 55 | Der Weihnachtstraum – 57 | Familienglück – 67 | Zurück in der Hölle – 72 | Der Nachtwunsch – 78 | Verloren im Niemandsland – 81 | Umzug in die Bubengruppe oder vom Regen in die Traufe – 85 | Eingewöhnzeit – 89 | Die Entdeckung meines Schutzengels – 92 | Morgenstreich – 95 | Abendstreich – 97 | Tod und Auferstehung – 100 | Vermeidung – 106 | Die Lungenentzündung – 109 | Die Maiandacht – 113 | Zwei Welten und ein Raum – 116 | Tagangst – 120 | Suche Liebe – 122 | Besuch bei der Großmutter oder das Versprechen – 125 | Fastnacht – 128 | Schulbesuch – 131 | Das Gesicht hinter der Maske – 135 | Verinnerlichung – 139 | Der Pädophile – 142 | Die Weihnachtskrippe – 149 | Der Geigenmann – 152 | Albert und die heiße Suppe – 155 | Ausflug – 158 | Der Tatzenstock oder die Geißelung – 162 | Der Englischlehrer – 165 | Evas Besuch – 171 | Wünsche – 176 | Das Ferienhaus – 179 | Besuch des Vaters – 185 | Besuch im Paradies – 190 | Die Entlassung – 199 | Ferien auf dem Bauernhof – 202 | Weihrauch und Kätzchentod – 207 | Interview mit der Peinigerin – 213

**Epilog – 225**

**Danksagung – 227**

*Meine Zwillingsschwester und ich 1971*

Diese autobiographische Erzählung ist

Bärbel,
meinen Kindern Anna-Celina und Samuel-Alexander,
meiner Zwillingsschwester,
meinen Geschwistern
und meinen Eltern
sowie allen vom Missbrauch in öffentlichen und kirchlichen Einrichtungen betroffenen Heimkindern in Ost- und Westdeutschland

gewidmet. Allein zwischen 1949 und 1975 geht man von rund 1,2 Millionen Betroffenen aus.

# Vorwort

Als 2010 durch den Runden Tisch *Sexueller Missbrauch*, nach dem vorausgegangenen Runden Tisch *Heimkinder*, endlich einer größeren Öffentlichkeit in Deutschland deutlich geworden ist, dass Gewalt, Ausbeutung und Übergriffe in Institutionen in den 1950er-, 60er- und 70er-Jahren in diesem Land eine große Zahl von ausgelieferten, abhängigen Kindern und Jugendlichen betrafen, sprachen viele öffentlich von einem »Skandal« und forderten eine systematische »Aufarbeitung«. Anerkennung des Leids, Wiedergutmachung und vor allem Konsequenzen für den heutigen Umgang mit hilfsbedürftigen Kindern und Jugendlichen wurden auch von Betroffenen, die sich bei der Anlaufstelle der ersten Unabhängigen Beauftragten Sexueller Kindesmissbrauch Frau Dr. Christine Bergmann meldeten, immer wieder gefordert.[*] Die Lektüre der hier vorgelegten autobiographischen Erzählung ist ›schwere Kost‹. »Clemens Maria Heymkind« nimmt uns mit in seine Erfahrungen, sein Ausgeliefertsein, die wenigen Lichtblicke in seiner Kindheit. Er beschreibt seinen unbeugsamen Willen, das Ganze zu überstehen und sich nicht brechen zu lassen. Er kontrastiert seine emotionale Erzählung mit nüchternen Auszügen aus der Fürsorgeakte und gibt damit Einblicke in die Blindheit eines Fürsorge- und Hilfesystems für das tatsächliche Schicksal der Mündel. Die spezifische Grausamkeit, die persönliche Härte und die Ausnutzung des Ausgeliefertseins der anvertrauten Kinder durch sadistische Persönlichkeiten unter den Ordensschwestern, heben sich deutlich vom Hintergrund rigider Erziehungsvorstellungen in der Nachkriegszeit ab. Während die psychisch kranke Mutter und der sich nicht kümmernde Vater beide dennoch Objekte der Sehnsucht und Identifikationspunkte in der autobiographischen Erzählung sind, wird deutlich, dass die

---

[*] Vgl. Jörg M. Fegert u. a. (Hg.): Sexueller Kindesmissbrauch – Zeugnisse, Botschaften, Konsequenzen. Ergebnisse der Begleitforschung für die Anlaufstelle der Unabhängigen Beauftragten der Bundesregierung zur Aufarbeitung des sexuellen Kindesmissbrauchs, Frau Dr. Christine Bergmann. Weinheim 2013.

Akte nur eine Sicht auf eine anscheinend problematische Entwicklung eines Kindes in einer ›Problemfamilie‹ mit einer psychisch kranken Mutter gibt. Die Schlagworte in Bezug auf die mangelnde Erziehungsfähigkeit, die Beschreibung des Einnässens und der zunehmenden aggressiven Verhaltensauffälligkeiten des Kindes klingen gar nicht so viel anders als Vermerke in heutigen Akten und so drängt sich automatisch die Frage auf, wie sieht es mit dem subjektiven Empfinden der heutigen Kinder aus, die zu ihrem Schutz in Einrichtungen oder Pflegefamilien untergebracht werden. Die Schilderung des verzweifelten Ausgeliefertseins macht Abhängigkeitsstrukturen deutlich, die auch den sexuellen Missbrauch innerhalb des Heims als nur einen Teil des gesamten Leids in der Kette vieler Demütigungen erscheinen lässt. Aktuelle Untersuchungen[*] zeigen, dass zehn Prozent der heutigen Heimeinrichtungen, sowie drei bis vier Prozent der heutigen Schulen und Internate berichteten, dass sie sich in den vergangenen drei Jahren mindestens einmal mit einem Verdacht auf einen sexuellen Übergriff durch eine in der Einrichtung beschäftigte Person gegen ein Kind auseinandersetzen mussten; 39 Prozent der Heimeinrichtungen berichteten über sexuelle Übergriffe unter Jugendlichen. Die Häufigkeit von Missbrauch in Institutionen liegt heute, wenn man Durchschnittswerte aus internationalen Forschungsdaten heranzieht,[**] bei ungefähr 0,6 Prozent aller Kinder. Wir haben oft kein Gefühl für Zahlen, deshalb sei ein Vergleich erlaubt. Diese Häufigkeit entspricht der Häufigkeit von Schulwegunfällen und was wird nicht alles zur Vorbeugung in diesem Bereich getan?

Ein Herzstück der autobiographischen Erzählung ist für mich die Geschwisterbeziehung zur Zwillingsschwester. Vielleicht das bisschen Stabilität, die Liebe, die man »Clemens Maria Heymkind« nicht nehmen konnte und die er sich lange nicht nehmen ließ.

---

[*] Vgl. E. Helming u. a.: Rohdatenbericht des Forschungsberichts »Wissenschaftliche Aufarbeitung sexueller Gewalt gegen Mädchen und Jungen in Institutionen«. München 2011.
[**] Vgl. Jörg M. Fegert/H. Kindler: Missbrauch in Institutionen. Empirische Befunde zur grundlegenden Orientierung. In Kompendium »Sexueller Missbrauch in Institutionen«. Entstehungsbedingungen, Prävention und Intervention. Hg. v. dems. u. M. Wolff. Weinheim 2015, S. 167–185.

Beherzigen wir bei heutigen Kinderschutzentscheidungen die Tatsache, dass gutgemeinte Hilfen immer auch Risiken und Nebenwirkungen haben? Wie häufig nehmen wir Trennungen von Geschwistern in Kauf, nur weil wir versuchen ein möglichst optimales Betreuungsmilieu für das einzelne Kind zu finden, bzw. weil bestimmte Einrichtungen nur bereit sind, einzelne Kinder in bestimmten Altersgruppen aufzunehmen. Andernorts wird stärker mit aufsuchenden Modellen in sogenannten Multiproblemfamilien experimentiert. Nach den USA und Skandinavien hat auch in der Schweiz die multisystemische Therapie, eine intensive Behandlung im häuslichen Milieu, auch in Familien wo es zu Vernachlässigungen und Misshandlung der Kinder kommt, vielversprechende, nachweisbare Erfolge gezeigt.

Das sehr persönliche, mutige Buch, der Versuch einer individuellen Auseinandersetzung und Aufarbeitung des eigenen Kindheitsschicksals ist eine bewegende, vielleicht teilweise auch eine bedrückend belastende Lektüre, zum Beispiel wenn die ständigen Foltern und Qualen, als verständnislose Reaktion auf das Bettnässen, das verzweifelte Einnässen nur noch verstärken. Fachpolitisch gemahnt uns dieses individuelle Zeugnis aber daran, dass nicht fachliche Einschätzungen in Akten und Handlungsautomatismen, zum Beispiel im Kinderschutz, letztendlich entscheidend sind, sondern es kommt darauf an, ob Kindern wirklich durch wohltuende und entwicklungsförderliche Beziehungen Perspektiven gegeben werden. In den letzten Jahren ist sehr viel über verbesserten Kinderschutz und eine sensiblere Wahrnehmung von Gefährdungslagen diskutiert worden. Unser Modellprojekt *Guter Start ins Kinderleben* hatte zum Beispiel zum Ziel gerade auch in Familien mit psychisch kranken oder suchtkranken Eltern so früh den Zugang zu Hilfen zu ebnen, dass es nicht zur Herausnahme der Kinder kommen muss. Aber es reicht nicht allein in Prävention und Erkennung von Risikosituationen zu investieren. Wir müssen uns auch in Deutschland heute der Innensicht der Institutionen, der Wahrnehmung der betroffenen Kinder und Jugendlichen zuwenden. Wir haben zu viele Abbrecher bei Fremdunterbringung in Heimen. Unsere Heimkinderforschung zeigte, dass auch heute der Anteil stark psychisch belasteter Kinder und Jugendlicher in stationären Jugendhilfemaßnahmen sehr hoch ist (ca. zwei Drittel aller Kinder). Fast alle dieser Kinder haben eine, viele mehrere potentiell traumatische Belastungen in ihrem kurzen Leben durchgemacht und ihre Beziehungsvorgeschichte wird gekennzeichnet durch zahllose Wechsel im Betreuungssetting.

Die Fallwahrnehmung aus Sicht der Jugendamtsakte würde wahrscheinlich nicht sehr viel anders aussehen, trotz aller Fortschritte in der Fachlichkeit. Dieses Buch gemahnt uns auch heute hinter die Akteneinträge und die Hilfepläne zu schauen. Kinderschutz endet nicht mit dem Erkennen der Problematik in der Herkunftsfamilie. Kinderschutz ist stets Beziehungsarbeit. Hierzu brauchen die Personen, die sich für Kinder und Jugendliche engagieren, eine fundierte Ausbildung, Unterstützung durch Supervision und spezifische, situationsangemessene zum Beispiel traumapädagogische Ansätze. Einrichtungen brauchen Transparenz, Schutzkonzepte, ein wirklich funktionierendes Beschwerdemanagement, welches durch die Haltung aller Beteiligten erst ermöglicht wird. Unsere aktuellen Untersuchungen mit Interviews und Diskussionsgruppen von Kindern und Jugendlichen, die sich in Heimeinrichtungen befinden, zeigen, wie divergierend hier die Wahrnehmungen von Betreuten und Betreuern sind. Erfreulich ist, dass viele Kinder angaben sich in den Einrichtungen sicher zu fühlen. Dennoch erschreckend für mich war aber die Tatsache, dass viele Kinder und Jugendliche nach wie vor allein auf interne Beschwerdewege oder Lösungen in den Institutionen angewiesen sind und wenig Zugang, Freundschaften etc. in der Außenwelt haben. Die übermächtige Institution, wie sie in ihren schädlichen Wirkungen in dem Ausgeliefertsein der betroffenen Kinder hier beschrieben wird, die brutalen, kriminell handelnden Einzelpersonen Spielräume gibt, die im vorliegenden Buch so eindringlich dargelegt werden, ist auch heute noch eine Gefahr.

Ich wünsche dem Buch viele mutige Leser die es aus- und durchhalten. Gerade heutige Fachpersonen oder junge Menschen in Ausbildung in pädagogischen Berufen sollten dieses wertvolle Zeugnis nutzen, um sich mit der Frage der Entstehungsbedingungen und Wirkungen von Gewalt in Institutionen auseinander zu setzen.

Ohne zu viel zu verraten, möchte ich die heilsame Konfrontation der Peinigerin mit ihren Taten am Ende des Buches erwähnen, denn sie macht deutlich, wie entdämonisierend Aufarbeitung wirken kann. Der Deutsche Bundestag hat am 2. Juli 2015 die Einsetzung einer Aufarbeitungskommission beschlossen und es bleibt zu hoffen, dass die Handelnden in den Institutionen sich konfrontieren lassen und nicht nur wieder die Betroffenen mit ihren Zeugnissen die Last der Aufarbeitung allein tragen müssen.

»Clemens Maria Heymkind« hat uns mit seiner Erzählung einen Blick in seine Kinderseele erlaubt. Er macht deutlich, dass Kinderseelen Achtung, Wertschätzung, Liebe und Förderung benötigen. Deshalb haben die deutschen Fachverbände für Kinder- und Jugendpsychiatrie die Stiftung *Achtung! Kinderseele* gegründet (www.achtung-kinderseele.org), denn seelisch gesundes Aufwachsen für alle Kinder und Jugendliche, auch die Kinder, die nicht das Glück zweier gesunder Eltern und gesunder Geschwister haben, ist ein wichtiges Ziel für unsere gesamte Gesellschaft.

Jörg Michael Fegert

# PROLOG

Die Würde des Menschen ist unantastbar. Sie zu achten und zu schützen ist Verpflichtung aller staatlichen Gewalt.

> Artikel 1, Absatz 1
> Grundgesetz der Bundesrepublik Deutschland vom 23. Mai 1949

*

Zusammenfassend können als Regel- und Rechtsverstöße in der Heimerziehung genannt werden:

[...]

- Die Aufrechterhaltung und Etablierung einer Strafpraxis, die weder rechtlich noch fachlich zu legitimieren war und die Grenzen des Erziehungsrechts weit überschritt. Es kam zu Rechtsbrüchen in den Bereichen Wahrung der Menschenwürde (Art. 1 I GG), freie Entfaltung der Persönlichkeit, Recht auf körperliche Unversehrtheit (Art. 2 GG), durch Freiheitsberaubung, Nötigung, Körperverletzung u. a. m.

- Duldung und mangelnde Prävention und Ahndung von Übergriffen von Erziehungspersonen auf Kinder und Jugendliche – darunter sexuelle Gewalt und sonstige, teilweise sehr schwere körperliche Übergriffe –, die nicht im Rahmen der erzieherischen Aufgabe stattfanden. Es kam zu Straftaten gegen das sexuelle Selbstbestimmungsrecht, Körperverletzung u. a.

> Auszug aus dem *Abschlussbericht* des »Runden Tisches Heimerziehung in den 50er und 60er Jahren« (Dezember 2010)

Das Telefon klingelte.

»Riedlinger, Stadtjugendamt Keppstadt«, meldete sich eine tiefklingende Frauenstimme.

»Grüß Gott Frau Riedlinger, Nervenarzt Dr. Staiger am Apparat.«

Frau Riedlinger wusste sofort Bescheid. Sehr wahrscheinlich hatte Frau H. wieder einen Nervenzusammenbruch erlitten.

»Ich habe ihr starke Beruhigungsmittel spritzen müssen, da Frau H. schwere Wahnvorstellungen hatte«, klärte Dr. Staiger Frau Riedlinger auf.

»Einen Moment bitte«, erwiderte diese, »ich muss erst die Akten holen«. Zwar kannte Frau Riedlinger Eva H. und damit meine Familiengeschichte recht gut, aber die Akten lagen ihr besonders am Herzen, da diese ihr offensichtlich das Gefühl vermittelten, den Fall im Griff zu haben.

Geduldig wartete Dr. Staiger am Telefon, bis Frau Riedlinger die Akten geholt hatte.

»Die Kinder von Frau H., sieben an der Zahl, müssen nun verteilt werden«, fuhr Dr. Staiger fort.

»Die Zwillinge sind inzwischen in der Obhut der hiesigen Kinderkrippe, wohin sie eines ihrer Geschwister gebracht hat. Frau H. ist in der Nervenheilanstalt.«

Frau Riedlinger wurde nervös und erhob sich von ihrem Schreibtischsessel.

Dr. Staiger gab ihr noch einige Informationen über Eva Hs. Gesundheitszustand. Das war wichtig, denn der Gesundheitszustand entschied regelmäßig über die Aufenthaltsdauer der Kinder von Eva H. – also von meinen Geschwistern und von mir – in den Kinderkrippen oder Kinderheimen. Dieses Mal sprach Dr. Staiger von einem schwerwiegenden Vorfall. Drei bis vier Monate seien für den stationären Aufenthalt von Eva H. in der Nervenheilanstalt vorgesehen; mindestens, aber nur wenn es gut liefe.

Frau Riedlinger hörte angespannt zu und machte sich eilig Notizen.

Nachdem sich Dr. Staiger am Telefon verabschiedet hatte, setzte sie sich wieder auf ihren Stuhl und begann die Akten zu wälzen. Oberstes Ziel war nun, meine Geschwister und mich in die Obhut

von Kinderkrippen und Kinderheime zu bringen. Telefonat mit der Kinderkrippe. Dann Telefonat mit dem Kinderheim.
»Wir können die Kinder nicht aufnehmen. Versuchen Sie es bei einer anderen Einrichtung.« Wieder Telefonate. Kein Erfolg. Frau Riedlinger war verzweifelt. Es musste in diesem Land doch irgendeine Einrichtung geben, die in der Lage war, sieben Kinder aufzunehmen. Die gab es aber nicht, wie sich zeigen sollte; zumindest nicht auf die Schnelle. Meine Geschwister und ich hingen vorläufig in der Luft. Die Kinderheime im Nachkriegsdeutschland waren gefüllt mit Kindern, deren Eltern sich in ihrer Rolle überschätzt hatten.

*Aktenvermerk des Stadtjugendamtes vom 02.10.19…*

*An Minderjährigen-Fürsorge*

*Amtsvormundschaft über C. und C. (Zwillinge), geboren am 07.09.1965.*

*Die Mutter der beiden oben genannten Kinder (Zwillinge) leidet offensichtlich wieder an einem schizophrenen Schub und muss in die Nervenheilanstalt in … eingewiesen werden.*
 *Die oben genannten Zwillinge wurden daher heute von der älteren Schwester in der …krippe untergebracht. Voraussichtlich werden auch die älteren Geschwister in den nächsten Tagen im Kath. Jugendheim in …. untergebracht werden müssen.*
 *Es wird gebeten, die Kosten für die Heimunterbringung der Zwillinge zu übernehmen.*

Frau Riedlinger nahm ihre Arbeit ernst. Sie wählte sich die nächsten Tage die Finger wund. Dann irgendwann mehrere Volltreffer; wenn auch keine familienfreundliche Lösung, so doch immerhin eine Lösung.
 Frau Riedlinger lehnte sich zufrieden zurück. Akte zu, Kinder verteilt. Gott sei Dank waren die Kinder gut versorgt, dachte sie.

*Aktenvermerk des Stadtjugendamtes vom 04.10.19...*

---

An Minderjährigen-Fürsorge

*Wir verweisen auf unseren Antrag vom 02.10.19... wegen der Zwillinge C. u. C.*
  *Gestern Abend wurden auch die Kinder A 1., S., G., und A 2. im kath. Jugendheim untergebracht, nachdem nun die Mutter endgültig am 02.10.19... in die Nervenheilanstalt in ... untergebracht worden ist.*
  *Wir bitten, die Kosten für die Heimunterbringung der anderen Geschwister ebenfalls übernehmen zu wollen.*

# Verloren im Niemandsland

## Kinderkrippe

Auf meiner Suche nach Heilung traf ich viele Jahre später zufällig eine Praktikantin, die in der fraglichen Zeit in dieser Kinderkrippe tätig war – meine Zwillingsschwester und ich waren etwa dreizehn Monate alt. Sie erzählte mir von ihren Eindrücken. Sie berichtete mir auch, wie sie damals versuchte, mit Freunden und Bekannten über das zu reden, was sie in der Kinderkrippe erlebt hat und dass man ihr nicht glauben wollte. So könnte es sich ihrem Bericht nach zugetragen haben: Ich fand mich zusammen mit meiner Zwillingsschwester in einem großen, kahlen Raum wieder. Er war von fahlem Licht erhellt. Der Geruch von Erbrochenem, Kot und Urin lag in der Luft. Da es draußen kalt war, wurde nur einmal am Tag gelüftet. An der Wand hing ein überdimensionales Holzkreuz, mit dem geschundenen Erlöser Jesus daran. Das Winterlicht, das über die großen Fenster in den Raum drang, wirkte melancholisch und verstärkte so das Gefühl von Verlorenheit, das durch den kahlen Raum und das Holzkreuz entstand. In diesem Raum standen etwa dreißig Kinderbetten, das »Hotel« war voll ausgebucht.

Das war sie also, die neue Welt, die Frau Riedlinger für Clara und mich ausgesucht hatte. Das war die Umgebung, die sich aus der Notsituation für uns ergeben hatte und in der sich der überwiegende Teil meiner frühen Kindheit abspielen sollte. Es war ein Ort ohne emotionalen Halt. Ich hatte Sehnsucht nach den Armen meiner Schwester Annegret. Meine Mutter Eva war weit weg. Am anderen Ende des Raumes wechselten schwarz gekleidete Ordensschwestern einem Säugling nach dem anderen die Windeln, um ihnen danach die Babyflaschen anzusetzen. Alles musste schnell gehen, denn es wollten viele hungrige Mäuler gestopft werden. Die Schwestern verrichteten ihre Arbeit mit Routine. Die Seitenknoten der Windeln geöffnet, diese mit angehaltenem Atem abgenommen und mit dem feuchtkalten Waschlappen den Kot von den Pobacken gewischt. Creme und Puder aufgetragen und schneller als man sehen konnte, waren die frischen Windeln wieder verknotet. In dem Maße, wie die Windeln gewechselt und die Milchflaschen an die hungrigen Mäuler gesetzt wurden, nahm auch das Kindergeschrei ab.

Nachdem Clara und ich gewaschen und gewickelt worden waren, setzten die Schwestern die Milchflaschen an. Nach der Fütterung schlief ich ein. Vorsorglich wickelten uns die Schwestern in eine Binde ein. Dies geschah unabhängig davon, ob wir unruhig waren oder nicht. Jede Ruhestörung wurde prophylaktisch unterbunden. Die Arme wurden eng an den Körper gebunden und die Füße so umwickelt, dass sie nicht mehr bewegt werden konnten. Eine Art Zwangsjacke sozusagen. Diese Kinderkrippe war ein ungemütliches Lager, keine familiäre Stätte, an der man sich hätte geborgen fühlen können. Hier waren wir Kinder fremden Händen, Stimmen und Schritten ausgeliefert, fremdem Herzklopfen, das man immer nur für kurze Momente vernahm, wenn man an die Brust wechselnder Ordensschwestern gedrückt wurde. Herzlich willkommen im Hort des Friedens und der Geborgenheit!

> *Aktenvermerk des Stadtjugendamtes vom 31.07.19...*
>
> *Das Kind G. konnte beim Vater untergebracht werden, wo sie als Aushilfsverkäuferin in einem Kaufhaus arbeitet.*
> *Das Kind A. befindet sich im Evang. Kinderheim in E.*
> *Die Kinder S. und R. befinden sich ebenfalls im Evang. Kinderheim in E. und besuchen die Volksschule. Diese beiden Kinder sollen nach den Ferien eventuell im neuen Schuljahr im Kinderheim J., in K. untergebracht werden.*
> *Kind A. ist in KE. in einer Pflegestelle und kann zunächst dort bleiben.*
> *Die Kinder C. und C. mussten in K. untergebracht werden, weil für die beiden kein anderer Platz in KE. zu bekommen war.*
> *Die Mutter der Kinder ist nicht in der Lage die elterliche Gewalt für die Kinder zu übernehmen. Sie befindet sich seit ... wieder im Nervenkrankenhaus.*

Derartige Umstände prägten über Jahre hinweg mein Leben und verursachten tiefste Selbstwertkonflikte. Als Kind und Jugendlicher fühlte ich mich oft an- und ausgespuckt, fühlte mich in der Tiefe meiner Seele von meinen eigenen Eltern verraten und verkauft. Wir

Heimkinder waren dazu verdammt, innerhalb dieses fragwürdigen Systems einen Überlebenskampf zu führen, der uns alle Kraft und Hoffnung abverlangte und der unsere Möglichkeiten als Kind eigentlich überstieg.

## Szenenwechsel

Ich lag in einem Holzbett und versuchte mit der Hand, die ich durch die Gitterstäbe streckte, Claras Hand zu berühren. Sie machte sich jedoch einen Spaß daraus und zog ihre Hand, sobald ich sie erreicht hatte, zurück. Hierbei kicherte sie. Wie Eva. Das ärgerte mich und deshalb drehte ich mich auf die andere Seite. Nun begann Clara zu schreien, denn sie mochte es überhaupt nicht, wenn ich mich von ihr abwendete. Ich drehte mich um und streckte erneut meine Hand durch die Gitterstäbe. Clara hörte sofort auf zu schreien und streckte mir ihre Hand entgegen. Dieses Mal zog sie sie nicht zurück. Es war schön, sich so zu spüren. Zu dieser Zeit waren wir etwa drei Jahre alt.
  Plötzlich wurde unser Spiel jäh unterbrochen. Wie aus dem Nichts tauchte Frau Riedlinger zwischen unseren Betten auf, gefolgt von einer Nonne. Dies bedeutete für Clara und mich für gewöhnlich nichts Gutes. Frau Riedlinger und die Schwester begannen eine lautstarke Diskussion. Es erklangen Sätze wie: Die Kapazitäten seien ausgelastet, und außerdem wäre eine Aufnahmezeit von drei Monaten vereinbart gewesen, die seien schon längst verstrichen. Nach einer Weile kamen andere Ordensschwestern und hoben Clara und mich aus unseren Betten. Wir fingen an zu schreien. Frau Riedlinger versuchte uns zu besänftigen, indem sie uns ein neues Zuhause versprach, wo es uns sicherlich gut gehen würde. Ich hatte nur einen Wunsch, nämlich, dass man mich nicht von Clara trennte. Zumindest der wurde mir erfüllt. So hatten wir Glück im Unglück. Zwar wechselten wir nun zum zweiten Mal innerhalb von nur sieben Monaten unser »Zuhause«, die Tatsache, dass wir zusammen bleiben durften, erleichterte die Situation jedoch. Frau Riedlinger unterhielt sich weiterhin rege mit der Schwester und warf ab und zu einen unsicheren Blick zu uns herüber. Sie war eine sonderbare Erscheinung. Ein Mannsweib. Ihr Gesicht

war unförmig und hässlich und war stets gerötet. Die Augen quollen ihr wie Kugeln aus dem Kopf. Unter ihnen befanden sich geschwollene Tränensäcke. Die Haare reichten bis zum Nacken und waren streng gescheitelt. Ihr Blick, der aus blauen Augen hervorstach, war unruhig und sprunghaft, als wäre sie von einer inneren Unruhe getrieben. Ihre kräftige Statur erinnerte an eine Bauersfrau. Ihre Hände waren unweiblich und grob, die Finger leicht gekrümmt. Das Schlimmste an ihnen war, dass sie damit häufig in meine Wangen kniff. Ich fühlte mich dabei wie ihr Schoßhündchen. Natürlich sind diese Beschreibungen einseitig und persönlich gefärbt, aber Frau Riedlinger war für mich das Gesicht dieser erbarmungslosen Verwaltungsmaschinerie, in der ich meine Kinder- und Jugendzeit verbrachte. Natürlich hatte sie auch ihre positiven Seiten. Sie nahm ihre Arbeit sehr ernst und war auf eine gewisse Art höflich und freundlich. Und ihre Besuche, wenn sie auch immer wieder durch negative Nachrichten gefärbt waren, verdrängten zumindest für einige Stunden die triste Heimatmosphäre.

Wenn Frau Riedlinger auftauchte, konnte ich davon ausgehen, dass entweder ein weiterer Heimwechsel anstand oder – was noch viel schlimmer war –, traurige Nachrichten über einen neuerlichen Aufenthalt von Eva in der Nervenheilanstalt überbracht wurden.

Das Abliefern oder Abholen aus irgendeiner der verfluchten Kinderkrippen beziehungsweise einem Kinderheim folgte immer einem ähnlichen Ablauf: Frau Riedlinger erschien und suchte zunächst das Gespräch mit der Dienst habenden Schwester, wobei sie sich zuerst nach dem Wohlbefinden der Zwillinge erkundigte. Dann folgten kurze Bittgesuche, ob man die Zwillinge nicht doch noch für einen weiteren Monat hier lassen könne, bis ein neues Zuhause für sie gefunden wäre. Man hätte meinen können, wir wären in einem Heim für Not leidende Tiere untergebracht, für die ein neuer Besitzer gesucht wurde. Fehlte nur noch das Schild an unseren Betten: »Bitte nicht füttern.«

All diese Vorgänge wurden fein säuberlich in dicken Aktenbänden dokumentiert. Tag der Anreise, Grund der Abreise, neue Zieladresse, Entwicklungsberichte, sonstige Auffälligkeiten, Gewicht, Zustand des Mündels und und und …

*Aktenvermerk des Stadtjugendamtes K.*

*Auszug aus dem Personalbogen des Mündels Clemens*

Unterbringungen:
| von | bis | |
|---|---|---|
| 07.09.1965 | 06.10.1966 | Bei der Mutter im Haushalt in K. |
| 06.10.1966 | 29.04.1967 | Im Kinderheim B… in K. |
| 29.04.1967 | 02.10.1967 | Wieder bei der Mutter in K. |
| 02.10.1967 | 14.05.1969 | Im Kinderheim B… in K. |
| 14.05.1969 | 05.08.1969 | Wieder bei der Mutter in K. |
| 05.08.1969 | | Unterbringung im Kinderheim St. Niemandsland in K., wo die Kinder jetzt noch sind. |

Frau Riedlinger trat an uns heran. Ich wollte sie nicht ansehen und drehte mich zur Seite. Dieses Mal hatten Clara und ich Pech. Schwester Oberin konnte uns kein weiteres Mal Obdach gewähren. Im modernen Nachkriegsdeutschland der 1960er-Jahre waren Heimplätze Mangelware. Der Pillenknick war noch nicht eingetreten und die geburtenstarken Jahrgänge forderten jeden freien Heimplatz. Also wurden Clara und ich je von einer Schwester gewaschen und reisefertig gemacht. Unten im Hof stand ein orangefarbener VW-Käfer. Wir wurden auf die Rückbank verfrachtet. Statt menschlicher Zuwendung bekamen wir Schnuller und Decke. Das Auto fuhr los. Frau Riedlinger blätterte in ihren Akten und füllte Formulare aus.

Wohin die Reise ging? Nächste Kinderkrippe? Zurück zur Mutter? Kinderheim?

## Evafalle

Eva war aus der Nervenheilanstalt entlassen worden und ihr Gesundheitszustand war wieder soweit hergestellt, dass sie in der Lage war, zumindest einen Teil ihrer Kinder zu versorgen. Ich erinnere mich noch verschwommen daran, dass ich immer in höchster Unruhe war, wenn ein erneuter Umzug stattfand. Entweder in eine der Kinderkrippen oder wieder zurück zu meiner Mutter. Ich sehnte mich nach Halt.

Clara und ich wurden aus dem orangefarbenen VW-Käfer gehoben. Unsere Geschwister erwarteten uns an der Eingangstür unserer Mietwohnung. Ich hörte lautes Kindergeschrei. Dann wurde ich auf den Arm meiner Schwester Annegret gehoben. Ich schrie.

»Clemens«, sagte sie erfreut, »da bist du ja wieder«, während sie mich durch sanftes Wiegen zu beruhigen versuchte.

Dann trat Eva an mich heran. Clara, die sie bereits in den Armen trug, hatte sich inzwischen beruhigt. Auch meine Zwillingsschwester überforderten diese ständigen Wechsel. Das Aufwachsen in einem stabilen Umfeld wurde uns nicht gewährt, weder von unseren Eltern, noch von der Gesellschaft und ihren Einrichtungen. Das zuständige Stadtjugendamt, allen voran Frau Riedlinger, die zunächst immer nur kurzfristige Übergangslösungen zur Unterbringung von meinen Geschwistern und mir bereithielt, versagte bisweilen völlig. Die Bereitstellung einer Haushaltshilfe war nicht vorgesehen. Dadurch hätte vielleicht verhindert werden können, dass Eva immer wieder in Zustände der Überforderung geriet, durchdrehte und die Kinder fortgeschafft werden mussten. Mir wurde erst mit zunehmendem Alter bewusst, dass die Amtsvertreter sich oftmals inkompetent verhielten und ihrem Auftrag, das »Wohl des Kindes« zu beachten, nicht gerecht wurden. So organisierte Frau Riedlinger keine dauerhafte Familienzusammenführung, sondern sich immer wiederholende Trennungen, indem sie, wenn Eva wieder nervlich am Ende war, uns Kinder in ganz Bayern auf Pflegeeltern, Kinderkrippen und Kinderheime verteilte. In ihrer »Professionalität« nahm Frau Riedlinger auch nicht wahr, dass St. Niemandsland ein Übergangsheim war, das Kinder für maximal drei Monate aufnehmen durfte. Bei Clara und mir jedoch wurden es beinahe acht Jahre!

Diese frühen Trennungen erschütterten meine Seele. Sie brachen mein Urvertrauen und stießen mich in eine kalte Welt voller Ängste und emotionaler Haltlosigkeit. Diese Verlassenheitsängste, die Panikgefühle und das Gefühl ausgeliefert zu sein, die jeder Wechsel auslöste, prägten mein Heranwachsen. Ich verfügte noch nicht über rationale Filter, mit denen ich in der Lage gewesen wäre, diese Ereignisse einzuordnen. Diese Ereignisse waren der Nährboden einer innerlich zunehmenden Unruhe und wachsenden Aggressivität, die mit jeder Trennungserfahrung zunahm und mich zu einem »schwer erziehbaren Kind« machten.

> ### *Aktenvermerk des BKH (Nervenheilanstalt)*
>
> *Frau H. wohnte zuletzt in K. Sie wurde eingewiesen von Dr. K., Nervenarzt in K. Er berichtete, dass er sie seit August 1959 kenne. Sie wurde vom Ohrenarzt geschickt, weil sie dort angegeben hatte, sie habe eine Perle im Ohr, die von ihrer Schwester stamme. Es ergab sich, dass sie viel Zigaretten rauchte und Bohnenkaffee trank. Sie hatte sich jetzt zuletzt singend auf der Straße aufgehalten und machte einen verwirrten Eindruck. Sie gab dazu an, sie habe das Gefühl, sie und ihre Kinder müssten sterben. Die Perle im Ohr sei noch vorhanden.*

Aber ich hatte auch Glück. Meine Zwillingsschwester Clara, der mir vertrauteste Teil meiner Familie, war stets in meiner Nähe. In all dem Wechsel war sie das einzig Bleibende für mich. Diese Tatsache milderte mein Leid, denn ihre Nähe gab mir auf zauberhafte Weise das Gefühl, in all der Verzweiflung und Angst verstanden und gestützt zu werden.

Die sich wiederholenden Trennungen und ihr chaotisches Vonstattengehen trieben mich und meine Geschwister immer wieder an unsere Grenzen. Hatte ich zarte Wurzeln im Kreise meiner Familie oder in irgendeiner dieser Krippen oder Heime geschlagen, so führten Evas Abstürze und die sich daran knüpfenden Entscheidungen des zuständigen Jugendamtes dazu, dass meine Familie zerbrach. In meinen frühen Lebensjahren, in denen ich noch nicht sprechen konnte, kotzte oder schrie ich in diesen Situationen, um auf diese Art kundzutun, wie es mir ging.

Und Hubert, mein Vater?

Hubert hatte seine Verantwortung für die familiären Belange seit langem über Bord geworfen. Als neureicher Schürzenjäger huldigte er seinem Ego, wohl immer auf der Suche nach seiner eigenen Mutter, die ihm meine Mutter nicht zu ersetzen vermochte. Sehr weltlich waren seine Sehnsüchte: Alkohol, Frauen, geschäftlicher Erfolg und das schnelle Geld. Seine Kinder hatten sich aufgrund seines Lebensstils hinten anzustellen.

Natürlich war die Zerrüttung und Sprengung meiner Familie in derartigen Dimensionen auch die Folge davon, dass meine Eltern nicht »frei« waren. Vielmehr waren sie gekettet an ihre eigenen Kindheitsverletzungen. Beide waren Kriegskinder. Meine Mutter war zusammen mit ihren Geschwistern und meiner Großmutter aus Bromberg vertrieben worden. Dabei hatten sie Schlimmes und Unmenschliches erlebt. So habe ich erst im Erwachsenenalter von meinem älteren Bruder Harry erfahren, dass sie auf der Flucht von einem Erschießungskommando an die Wand gestellt worden waren. Dem Tod ins Auge sehend, wurde ihnen von einem der Soldaten, den meine Großmutter aus Bromberger Zeiten kannte, die Flucht ermöglicht. Anstatt vor der Todeswand zu fallen, machten sie sich zu Fuß auf die Flucht ins Allgäu. Was meine Mutter dabei als Vierzehnjährige erfahren musste, sprengt jegliche Vorstellungskraft. Auf der Flucht kamen sie eines Tages an einem Bauernhof vorbei. Eva sah, wie Familienmitglieder mit der Zunge an einen Küchentisch festgenagelt waren. Ein männliches Familienmitglied wurde an einem Scheunentor gekreuzigt. Diese hoch traumatisierenden Erfahrungen waren wohl auch eine Ursache dafür, dass meine Mutter seelisch so schwer litt.

Mein Vater dagegen hatte mehr Glück gehabt. Die schrecklichen Kriegserlebnisse, wie meine Mutter sie erleben musste, blieben ihm erspart. Er wuchs zusammen mit seinen sechs Geschwistern in einem kleinen Dorf an der Schweizer Grenze auf. Mein Großvater hatte kurz vor dem Krieg meine Großmutter und seine Kinder im »Armenhaus« des Dorfes sitzen lassen. Er war mit einer anderen Frau ins Allgäu durchgebrannt. Nach dem Krieg baute er sich dort eine neue Existenz als selbstständiger Gipser auf. Großmutter

*Aktenvermerk des Stadtjugendamtes vom 05.01.19...*

Das Stadtjugendamt K., als bestellter Vormund und gesetzlicher Vertreter der o.g. Kinder, erstattet hiermit Strafanzeige gegen deren Vater, da dieser seit Jahren seiner Unterhaltspflicht nicht nachkommt und sich dadurch der fortgesetzten und böswilligen Verletzung der Unterhaltspflicht schuldig macht.

Für den Lebensunterhalt aller Kinder kam überwiegend die Stadt K. auf. Der Beklagte weigerte und weigert sich noch beharrlich, zum Lebensunterhalt seiner Kinder im Rahmen seiner Möglichkeiten beizutragen. Auskünfte über seine wirtschaftlichen Verhältnisse werden verweigert, bzw. sind nicht glaubhaft und es war bisher nicht möglich, einen Arbeitgeber zu ermitteln oder festzustellen, mit welchen Einkünften der Beschuldigte seinen aufwendigen Lebenswandel bestreitet.

Die Kinder C. und C. sind seit dem 14.05.19... in Heimen. Diese Unterbringungen stehen im ursächlichen Zusammenhang damit, dass der Beschuldigte seine Familie schon Jahre vor der Ehescheidung verließ und sich in keiner Weise mehr um diese kümmerte. Seine frühere Ehefrau E., geboren am 22.04.19..., musste, durch das »Familienleben« frühzeitig verbraucht und erkrankt, seit 19... in mehr oder weniger langen Abständen im Nervenkrankenhaus untergebracht werden. Seit dem 19.08.19... ist sie dort wieder in stationärer Behandlung.

Der Beschuldigte ist in zweiter Ehe verheiratet. Bei ihm befindet sich das zweiteheliche Kind R. Unter Anrechnung der ehelichen Kinder aus erster Ehe als sog. »Zählkinder« im Kindergeldantrag bezieht er anstelle eines Kindergeldes von monatlich 50,00 DM ein solches von monatlich 120,00 DM, bzw. ab dem 01.01.19..., ein solches von monatlich 150,00 DM. Diesen Mehrbetrag stellt er nicht zum Lebensunterhalt der Kinder zur Verfügung. Bis zum 04.11 19... hatte der Beschuldigte in K. ein Bauunternehmen, bzw. vom 01.10.19... bis 07.11.19..., kam dieses auf den Namen seiner zweiten Ehefrau zur Neuanmeldung. Seit 19... ist der Beschuldigte beim Finanzamt steuerlich nicht mehr erfasst. Ein Versicherungsverhältnis bei der A. in K. besteht ebenfalls nicht.

> *Der Beschuldigte soll auch ein Ferienhaus auf einer der kanarischen Inseln und ein 130 PS starkes Motorboot besitzen. Angeblich soll der Beschuldigte im Raum V. tätig sein, bzw. im Raum W. ein Unternehmen aufgezogen haben und ausschließlich Ausländer – evtl. sogar illegal – beschäftigen.*
> *Die Tante der Kinder… teilte uns mit Schreiben vom 25.12.19… u.a. mit:* »*Er (der Beschuldigte) meinte auch, dass er im Geschäft 100.000de DM im Jahr Steuern bezahle und man also ohne schlechtes Gewissen von diesen Geldern die Heimgelder entnehmen kann.*«

hingegen hatte das Nachsehen. Da Großmutter jedoch in eine funktionierende Dorfgemeinschaft eingebunden war und eine resolute Persönlichkeit hatte, brachte sie ihre Kinder durch.

Mein Vater wollte, zusammen mit zwei Freunden, in den letzten Kriegstagen auf Geheiß lokaler Nazigrößen die Front gegen die Franzosen verteidigen. Gott sei Dank hatte der örtliche Schuhmacher genug Zivilcourage: Er fing die drei Burschen ein und versohlte ihnen mit einer Dachlatte den Hintern. Dann sperrte er sie drei Tage in seinen Keller ein, um sie vom Kriegsgeschehen fernzuhalten. Damit hat er meinem Vater und den anderen beiden vermutlich das Leben gerettet.

Eva war aufgrund ihres Gesundheitszustandes und ihrer eingeschränkten Fähigkeit im Umgang mit der Realität immer wieder dazu verdammt, ihre eigene und die Grenzen ihrer Kinder massiv zu überschreiten. Diese Entgleisungen konnte sie nicht steuern, sie wurde von ihnen beherrscht. So mündeten zum Beispiel verbale Auseinandersetzungen mit den Nachbarn, von denen sie sich immer wieder beobachtet und verfolgt fühlte, manchmal in handfeste Übergriffe. Die Ursachen dieser Zustände könnten sehr wohl die Erlebnisse im Zweiten Weltkrieg gewesen sein.

Aber auch die Hassliebe zu meinem Vater tat das ihrige. Ihre Zustände führten sie immer wieder in die »Nervenheilanstalt«, wo sie mit Psychopharmaka ruhig gestellt und mit Elektroschocks behandelt wurde …

Darf ich den Erinnerungen meiner älteren Geschwister glauben, so war Eva eine sehr pedantische, aber auch gutherzige Mutter. Sie hielt den Haushalt sauber und achtete peinlich genau darauf, dass die älteren Geschwister nur »gestriegelt« und herausgeputzt das Haus verließen. Ihre Fürsorglichkeit versagte jedoch zuweilen, wenn sie ihrem Appetit erlag. Sie scheute manchmal nicht davor zurück, den für die Familie gekochten Braten vollständig zu vertilgen, bevor das Mittagessen begonnen hatte. Dieses fiel damit aus.

Wenn Eva von unbeschreiblichen Ängsten verfolgt und geplagt wurde, ja wenn der Alltag sie derart überforderte, dass sie nicht mehr imstande war, ihre Kinder zu versorgen, dann geriet sie in einen Zustand totaler Unberechenbarkeit. Es waren diese Momente, in dem »die Evafalle« zuschnappte. Ich erinnere mich, wenn auch nur noch bruchstückhaft daran, wie wir eines Tages auf dem Wickeltisch lagen. Eva trat mit weit aufgerissenen Augen und mit verrücktem Gelächter auf Clara und mich zu. Ich spürte plötzlich, wie sie mich hoch hob und ohne Unterlass meinen kleinen Körper schüttelte, bis ich ohnmächtig wurde. Clara bestätigte mir später, dass auch sie ähnliches erlebt hatte. Evas eingeschränkter Realitätssinn forderte immer wieder Opfer in der eigenen Familie. Davon waren auch meine älteren Geschwister betroffen. So berichtete mir später meine Großmutter väterlicherseits, dass Eva, als sie noch mit Hubert und den älteren Geschwistern in dem besagten Dorf an der Schweizer Grenze zusammenlebte, öfter ins Allgäu abhaute, um ihre Mutter zu sehen, wobei sie einfach alles stehen und liegen ließ. Dabei hatte sie einmal Annegret als Säugling in einem Kinderwagen auf dem Dachboden bei Minusgraden stehen gelassen. Gott sei Dank war meine Großmutter zugegen und bewahrte meine stark unterkühlte Schwester vor dem sicheren Kältetod. Ein anderes Mal, so berichtete mir später mein Bruder Rolf, flüchtete sich Eva, nachdem sie nach Keppstadt umgezogen war, mit ihm auf dem Arm in die Stadtkirche. Was dort geschah, daran vermochte Rolf sich nicht mehr zu erinnern. Er hatte einen Filmriss.

Sobald ich an Eva und an diese Situationen denke, überfällt mich das Gefühl tiefer Trauer.

> *Aktenvermerk vom 07.03.19... des Jugendamtes*
>
> *Verfügung des Amtsgerichtes vom 11.03.19...*
>
> *Nachdem die Ehe der Eltern der acht Kinder durch Urteil des Landegerichtes vom 03.02.19... aus dem Verschulden des Vaters geschieden ist, hat das Vormundschaftsgericht gemäß §1671 BGB zu entscheiden, wem die elterliche Gewalt für die acht Kinder zu übertragen ist. Das Vormundschaftsgericht zieht in Betracht, für die sieben jüngeren Kinder die Ausübung der elterlichen Gewalt gemäß § 1671 BGB auf das Stadtjugendamt als Vormund zu übertragen (das Stadtjugendamt ist aufgrund des Beschlusses des Vormundschaftsgerichtes vom 17.11.19... schon zum Vormund für die sieben Kinder bestimmt).*
>
> *Die Mutter der Kinder ist nicht in der Lage, die elterliche Gewalt für die Kinder zu übernehmen. Sie befindet sich seit 19.02.19... wieder im Nervenkrankenhaus.*

## Familienweh

Einmal träumte ich: Meine Eltern, Eva und Hubert, gingen Hand in Hand auf einer Promenade entlang, die sich auf dem Grat eines hohen Felsens zu befinden schien, rechts und links ging es steil bergab. Eva hielt einen aufgespannten Regenschirm in der Hand. Zuerst konnte ich meinen Vater nur von hinten sehen. Er rückte an Evas Seite, um Platz unter dem Schirm zu finden. Eva kicherte immer wieder laut, wie sie es auch in Wirklichkeit tat. Hubert gab keinen Ton von sich und blickte mit ernster Miene auf den Boden. So spazierten die beiden die Promenade entlang, als sie plötzlich vor einem Kinderwagen stehen blieben. Keiner von beiden schien zu wissen, woher er gekommen war. Er stand da, als wenn ihn das Schicksal dorthin gestellt hätte.

Nun zeigte auch Hubert erste Regungen. Eva hatte den Regenschirm zusammengeklappt. Neugierig beugten sich beide über den

Kinderwagen und waren erstaunt, als sie darin nichts vorfanden. Nur ein Kopfkissen und eine bestickte Bettdecke waren zu sehen. Doch dann, wie aus heiterem Himmel, konnte ich Kindergeschrei hören. Ich wechselte die Perspektive und sah, wie ein Säugling vor den Füßen meiner Eltern saß. Ich selbst schwebte quasi über dem Geschehen und betrachtete es. Der Kinderwagen war plötzlich verschwunden und der Säugling schlug unentwegt mit seinen kleinen Fäusten auf den Pflasterboden. Das machte Eva nervös. Hubert schien das zu gefallen. Das Geräusch der aufschlagenden Fäuste animierte Eva dazu, in die Hände zu klatschen. Je mehr sie klatschte, desto mehr Babys krabbelten aus dem Boden der Promenade hervor. Hubert rief Eva zu, sie solle sofort mit dem Klatschen aufhören, damit nicht noch mehr Kinder auftauchten. Ich selbst schwebte nach wie vor über dem Geschehen, als ich plötzlich in einen der Babykörper gezogen wurde. Sodann blickte ich in die sich immer wieder verändernden Gesichter meiner Geschwister, die ich nun in den Säuglingen erkannte. Dann tauchten noch mehr Kinderwagen auf, aus denen weitere Säuglinge heraussprangen. Mein Vater griff nach ihnen und stieß sie von der Promenade in die Tiefe, einen nach dem anderem. Eva klatschte weiter. Beinahe hätte er auch mich erwischt. Aber ich war schneller und entwischte seinem Griff.

Mit der Vermehrung der Säuglinge nahm auch das Babygeschrei zu und wurde immer eindringlicher. Die Szene wirkte farblich wie wenn sie mit Blei übergossen worden wäre, surrealistisch und grau. Da war das Bild meiner kichernden und klatschenden Mutter, die ihren Kopf nach hinten in den Nacken warf, während sie sich im Kreis drehte. Hubert war weniger begeistert. Er war von der Säuglingsschar angewidert. Sobald ich das Gesicht eines meiner Geschwister berühren wollte, veränderte es sich und wich zurück. Nur das Gesicht meiner Zwillingsschwester blieb gleich. Meine Familie war nicht greifbar.

Dann, von einem Augenblick zu anderen, schien mich jemand aus dem Säuglingskörper herauszureißen. Jedenfalls wachte ich mit einer bleiernen Schwere in den Gliedern auf. Ich war verstört. Die Bilder aus dem Traum wirkten nach und ich wusste nicht, wie ich sie einordnen sollte. Ich hatte Angst, dass ich Eva für immer verlieren würde, dass ich sie nie mehr in meinem Leben sehen würde. Vielleicht würde sie von der Promenade stürzen, mitten hinein ins Nichts. Vielleicht würde aber auch mein Vater sich selbst die Promenade hinabstürzen, um sich so von der Kinderplage zu befreien. Ich wusste es nicht. Ich spürte die Schwere, die graue Trostlosigkeit, die der Traum in meiner Seele hinterließ. Ich fühlte eine tiefe Sehnsucht nach einer Familie, die es nicht gab. Mit dem frühen Verlust von Geborgenheit und Vertrauen verlor ich auch meinen inneren Halt. Es gab kein Fundament, auf dem ich sicher hätte stehen können.

Voll Angst lag ich in meinem Bett und versuchte mich von jenen intensiven Traumbildern zu befreien, die in mir eine Eigendynamik entwickelt hatten. Mein Puls war unruhig, der Körper angespannt. Dann begann ich meinen Kopf auf dem Kopfkissen von einer Seite auf die andere zu drehen. Immer schneller und schneller führte ich diese Bewegungen aus, bis ich schließlich den Kopf hin und her warf, so, als wollte ich damit Nein, Nein, Nein, Nein rufen. Damit erzeugte ich eine gewisse Müdigkeit. Mit jeder Drehung des Kopfes verblassten die Traumbilder. Ich wollte nicht mehr in die Gesichter meiner Geschwister sehen, die sich ständig veränderten. Ich wollte auch nicht mehr in die Gesichter von Eva und Hubert sehen. Zu groß war der Schmerz, dass sie nicht berührbar, nicht wirklich waren. Nur die Gitterstäbe meines Bettes konnte ich berühren, konnte die Weichheit meines Kopfkissens spüren. Das war mir näher und vertrauter als diese grauen Szenen mit Menschen, die mir fast fremd waren, an denen jedoch mein Herz hing. Vater, wer bist du? Mutter, wo bleibst du?

## Abschied oder die Teufelsvertreibung

Aus späteren Erzählungen meiner älteren Schwester Annegret erfuhr ich von einem weiteren Ereignis. So könnte es sich zugetragen haben:

Eva ging es zusehends schlechter. Es war nicht nur der vielen Kinder wegen so schwer, die sie alleine zu erziehen hatte, sondern auch deshalb, weil das Geld an allen Ecken und Enden fehlte. Wenn die

Haushaltskasse leer war, und das war sie oft, schickte Mutter Eva meine Schwestern oder Harry, meinen großen Bruder, zum evangelischen Hilfswerk, um dort die nötigsten Nahrungsmittel wie Milch, Butter und Brot zu besorgen. Ich verbrachte die Tage zusammen mit meiner Mutter und meinen Geschwistern. Manchmal blieb ich auch im Bett meiner Mutter. Es war ein schönes Gefühl, nicht alleine zu sein, denn nicht nur Clara, sondern auch Eva war in meiner Nähe.

Eines Abends wurden wir Kinder plötzlich durch einen jähen Schrei aus dem Schlaf gerissen. Eva lief schluchzend durch die kleine Dreizimmerwohnung und rief nach Hubert, meinem Vater. Der war jedoch weit weg. Eva rauchte eine Zigarette nach der anderen. Sie setzte sich in den Sessel, um im nächsten Moment wie getrieben durch die Wohnung zu laufen. Sie schrie, dass der Teufel kein Recht habe, ihr die Kinder wegzunehmen, und sie wolle alles daran setzen, um es zu verhindern. Aber es kam noch schlimmer. Meine Schwestern und mein ältester Bruder waren ihr inzwischen zur Hilfe geeilt, um sie zu beruhigen. Eva schluchzte nur und bat Harry darum, auf die Zwillinge aufzupassen, denn sie hätte Angst, dass der Teufel die Kleinen mitnehmen könnte. Außerdem beklagte sie sich, dass sie eine Perle im Ohr habe, die ein störendes Ohrensausen verursache. Da meine Geschwister derartige Situationen schon häufiger erlebt hatten, verständigten sie den zuständigen Nervenarzt und die Polizei. Wenig später vernahm ich laute Geräusche, die aus dem Wohnzimmer kamen. Der Nervenarzt und die Polizei waren eingetroffen. Eva wehrte sich, weil sie dachte, der Teufel persönlich wolle sie abholen. Und so war es auch in gewisser Hinsicht.

»Nein!«, schrie Eva, »ich kann meine Kinder nicht alleine lassen«.

Der Nervenarzt nahm eine Spritze aus seinem Lederkoffer und setzte die Nadel an Evas Vene. Die Flüssigkeit drang in ihre Blutbahn ein und plötzlich wurde es gespenstisch still. Die »Teufelsvertreibung« war geglückt. Eva sank betäubt in den Sessel zurück und begann vor sich hinzustarren. Inzwischen war eine weitere Dame, Frau Riedlinger, die Fürsorgerin, eingetroffen. In aller Eile wurde ein Plan entworfen, was nun mit uns Kindern geschehen solle. Ich lag gespannt im Wäschekorb und wartete, was geschehen würde.

Schließlich trat Frau Riedlinger an uns heran und befummelte mit ihren grobklotzigen Fingern unsere Wangen.

»Ihr seid aber putzig«, sagte sie im übertriebenen Kuschelton.

Ich war von dem aufregenden Stimmengewirr, das inzwischen eingesetzt hatte, erschrocken und hatte begonnen zu schreien. Clara ebenso. Ich wollte zu Eva, von der ich inzwischen nichts mehr hörte. Meine älteren Geschwister machten sich daran, unsere Kleider aus dem Schrank zu räumen und in die Koffer zu packen. Ich verstand nichts von dem, was geschah. Es lag eine unerträgliche Spannung in der Luft, und hier und da sah ich, wie sich meine Geschwister Tränen aus den Augen wischten.

Dann wurde ich aus dem Korb gehoben. Ich begann wieder zu schreien und beruhigte mich erst, als ich auf den Armen meiner älteren Schwester war. Als wir das Wohnzimmer betraten, sah ich Eva, den Kopf gesenkt, auf dem Sessel sitzen. Die Wimperntusche lief ihr die Wangen hinab, der Lippenstift war verschmiert. Der Nervenarzt gab meiner älteren Schwester ein Zeichen, dass sie hinaus zum Wagen gehen solle, er würde mit Eva gleich nachkommen. Einer der Polizisten ging voraus. Eva stieg, vom Arzt gestützt, in den Krankenwagen. Annegret übergab mich Frau Riedlinger, in deren Armen ich mich nicht wohl fühlte. Dann wurden die hinteren Türen des Krankenwagens geschlossen. Der Nervenarzt hatte neben Eva Platz genommen und schenkte abwechselnd mal Clara, mal mir ein verschmitztes Lächeln. Dann startete die Fahrt in die unbekannte Welt. Station Kinderkrippe, in einer Kleinstadt in Bayern. Auf der Fahrt schlief ich ein und erwachte später in einem Raum, in dem unzählige Säuglinge in Holzbetten nebeneinander lagen. Wir waren nicht die einzigen, die ihren Familien entrissen und an diesen unwirtlichen Ort gebracht worden waren, der sich Kinderkrippe nannte. Ich war froh, dass Clara neben mir war.

*Auszug aus dem Bericht der Nervenheilanstalt
vom 27.10.19...*

*Frau H. wurde nach dem bayerischen Verwahrungsgesetz durch die Polizei eingewiesen, nachdem sie geäußert hatte, sie beabsichtige ihre Kinder umzubringen. Bei der Aufnahme war kein Kontakt mit ihr herstellbar, sie zeigte sich substuporös, reagierte aber auf Reize, lag im Bett und schlief den ganzen Tag, öffnete nicht die Augen, wenn man sie ansprach.*

## Der zerrissene Vorhang

Als ich mit Clara in der Spielecke einer Kinderkrippe saß, um die dort herumliegenden Bauklötze zu einem Turm zu formieren, stand wieder einmal, wie aus dem Nichts erschienen, Frau Riedlinger neben uns. Ich zuckte vor Schreck zusammen. Wo geht es dieses Mal hin?, dachte ich. Frau Riedlinger begrüßte Clara und mich und sah uns dabei mit mitleidigem Blick an. Dieses Mal kniff sie nicht, sondern strich mit ihrer Hand durch unser Haar, um sich dann der Schwester zuzuwenden. Das Gespräch zwischen beiden dauerte eine Ewigkeit. Ich tat so, als würde ich spielen. In Wahrheit gab ich mir unendliche Mühe zu verstehen, über was die Schwester und Frau Riedlinger sich unterhielten. Dieses Mal, so schien es, sollte es für eine sehr lange Zeit die letzte Verlegung werden. Wir waren nun etwa vier Jahre alt.

Sie habe ein Kinderheim in Marienburg ausfindig gemacht, wo die Zwillinge untergebracht werden können, teilte Frau Riedlinger der Schwester mit. Die Mutter der Kinder sei draußen im Wagen und solle in die Nervenheilanstalt, ebenfalls Marienburg, eingewiesen werden, weil sie heute Morgen im Nachtrock umherirrend von der Polizei aufgegriffen wurde. Die Schwester nickte verständnisvoll und merkte an, dass der Bub sehr unruhig wäre. Das Mädel würde oft weinen und sei ein schlechter Esser. Es sei deshalb sinnvoll, diese ständigen Wechsel zu vermeiden. Wohl wahr! Etwas verlegen und leicht errötet drehte sich Frau Riedlinger um und sah uns Zwillinge an. Ich spürte große Angst in mir aufsteigen, weil ich schon wieder Abschied nehmen sollte, und das, obwohl ich mich gerade eingelebt hatte. Von einer Mordswut erfasst, trat ich mit aller Kraft gegen den Bauklotzturm, den ich soeben liebevoll mit Clara errichtet hatte. Krachend fielen die Klötze in sich zusammen, genauso fühlten wir uns. Clara begann zu schreien. Als mich Frau Riedlinger auf den Arm nehmen wollte, trat ich nach ihr. Sie drückte mich ganz fest an ihre großen Brüste. Ich riss mich los. Sie roch nach scharfem Schweiß.

»Ich bringe euch in das Kinderheim St. Niemandsland nach Marienburg«, versuchte mir Frau Riedlinger zu erklären. »Da sind ganz liebe Schwestern, die sich gut um euch kümmern werden.«

Trotzig hielt ich mir die Ohren zu, denn solche Bären pflegte Frau Riedlinger uns bei jedem Wechsel aufzubinden. Jeder Wechsel war für Clara und mich eine Katastrophe, weil die zarten Wurzeln, die wir geschlagen hatten, mit Gewalt aus dem Boden der neuen Heimat gerissen wurden. Die Folgen, die derartige Bindungsbrüche bei uns Heimkindern hatten, konnten die zuständigen Pädagogen offensichtlich nicht einschätzen. Wenn man Frau Riedlinger zuhörte, stand bei jedem Wechsel eine neuerliche Reise ins Paradies an. Frau Riedlinger betrachtete nur die Oberfläche: Wohlgepflegte und genährte Kinder, eingebettet in das moralische Korsett der katholischen, christlichen Nächstenliebe. Da konnte nichts mehr schief gehen. Oder doch?

Die häufigen Wechsel bewirkten bei Clara und mir einen immer stärkeren Rückzug in eine Fantasiewelt, da wir die Situation anders nicht ausgehalten hätten. Das freilich sah Frau Riedlinger nicht.

Die Schwester nahm Clara auf ihre Arme. Eine seltsame Hektik setzte nun ein. Die Schwestern packten unsere Koffer, Frau Riedlinger saß am Tisch und füllte Formulare aus. Wenig später saß ich zusammen mit Clara auf der Sitzbank eines beigefarbenen VW-Busses. Zu meiner Überraschung saß mir gegenüber Eva. Benommen sah sie uns an.

»Erst Nervenheilanstalt, dann Kinderheim St. Niemandsland«, befahl Frau Riedlinger dem Fahrer, während sie nervös an der Ecke eines Aktendeckels zupfte.

Neben Eva saßen zwei Sanitäter, einer auf jeder Seite. Einer fühlte ihren Puls. Ich starrte in Evas leere Augen. Sie wirkte geistesabwesend. In diesem Moment erinnerte ich mich dunkel an die »Teufelsvertreibung«. Ich glaubte, die Teufelsaustreiber hatten meiner Mutter wieder zugesetzt. Mir war elend zumute. Ich war völlig überfordert. Mir war übel und mein Körper schmerzte. Wieder blickte ich durch angelaufene Autoscheiben und sah die Wolken und Bäume an mir vorüberziehen. Immer wieder starrte ich wie gebannt in die Augen meiner Mutter und wünschte mir, dass diese Fahrt niemals enden würde. Eva saß jedoch wie benommen vor mir und zeigte keine Regung. Ich war müde. Schlafen konnte ich aber nicht, weil ich Angst hatte, nicht mehr aufzuwachen. Ich rückte nah an Claras Seite und war wieder mal froh, dass ich so eine treue Wegbegleiterin hatte, die soviel im Stillen litt. Clara hatte ihren Kopf auf meine Schulter gelegt und war eingeschlafen. Dann hielt das Auto. In diesem Moment sprang Eva auf und griff wie besessen nach mir und dann nach Clara. Es setzte ein ohrenbetäubendes Geschrei ein. Eva drückte mich an ihre Brust. Unbeschreiblich war ihre Kraft, die meinen Körper zu erdrücken drohte. Frau Riedlinger verlor die Kontrolle. Sie brüllte, die Sanitäter brüllten. Clara und ich erstarrten vor Schrecken. Ich merkte, wie jemand von hinten versuchte, mich aus Evas Armen zu reißen. Ich bekam keine Luft mehr. Dann verspürte ich einen Schlag auf den Hinterkopf, der wohl Eva treffen sollte. In diesem Chaos und lärmenden Durcheinander drangen die Schreie nur noch dumpf an meine Ohren. Mein Schutzengel, wo warst du nur? Ich hatte einen Filmriss. Was war geschehen? Verschwunden waren plötzlich die Bäume und Häuser, die blauen Augen meiner Mutter, der unruhige Schlag ihres Herzens. Ich befand mich im absoluten Nichts. Verschüttet war die Erinnerung an den vorangegangenen Moment.

> *Auszug aus dem Bericht der Nervenheilanstalt*
> *vom 19.02.19...*
>
> *Frau H. wurde durch das staatliche Gesundheitsamt K. eingewiesen wegen erneuter vermehrter psychischer Auffälligkeit. Entsprechend den Angaben der Fürsorgerin Frau R. aus K. vom Stadtjugendamt, die die Kinder immer versorgte, wenn Frau H. ins Krankenhaus musste, weinte sie seit Tagen, schlief nicht mehr, fürchtete sich, alleine in der Wohnung zu sein. Hier verhielt sie sich anfangs mutistisch, grinste nur vor sich hin, dann gab sie sich plötzlich ängstlich und grüblerisch bei rasch wechselndem Affekt, zwischendurch auch verwirrt, entschuldigte sie sich nachher für ihr Verhalten. Später berichtete sie, dass sie mit den Nerven am Ende gewesen sei, konnte nicht mehr richtig denken, war deprimiert und voller Unruhe. Die [...] Diagnose lautete manisch depressiver Mischzustand.*

## Hinter den Mauern von St. Niemandsland

Der Wagen, in dem Frau Riedlinger, Clara und ich saßen, kam vor einem großen Flügelstahltor zum Stehen. In ihm war auf jeder Seite eine Sonne abgebildet, die ihre Strahlen mild auf eine Kinderreihe warf, in der sich Jungen und Mädchen in geordneten Reihen an der Hand hielten, flankiert von einer Nonne an jeder Seite. Ich ergriff unwillkürlich die Hand meiner Schwester. Die Tore waren eingelassen in eine hohe Mauer, die das gesamte Kinderheim umgab. An ihrem Pfosten befand sich die Klingel mit der Aufschrift »Kinderheim St. Niemandsland«. Es wurde von Nonnen des Franziskanerordens geführt. Frau Riedlinger stieg aus. Claras und meine Blicke folgten ihr neugierig. Sie klingelte. Ich blickte gespannt ins Hofinnere. Am anderen Ende des Hofes war ein Flachdachgebäude mit einer großen Flügeltür aus Holz, mit großen Glasscheiben darin, zu sehen. Die Flügeltür war von einem fliederfarbenen Stuckbild umrahmt, das einen Mann und ein Kind unter einem Apfelbaum zeigte. Auch hier strahlte mild die Sonne über dem Geschehen. Links neben dem Bild erhob sich ein mächtiges Gebäude, das sich wenig später als Wohntrakt erweisen sollte. Der Hof war leer und sauber. Nun öffnete sich die Tür und eine gebückte Nonne trat heraus. Bei ihrem Anblick wurde ich unruhig und rutschte auf der Rückbank hin und her. Clara drückte sich an mich. Nachdem die Nonne, die sich als Schwester Oberin vorstellte, das Stahltor geöffnet hatte, fuhr Frau Riedlinger auf den Hof.

Frau Riedlinger kippte den Sitz beiseite und griff dann nach mir. Ich begann zu schreien. Sie redete freundlich auf uns ein und sagte, dass wir am Ziel seien. Ich war erschrocken, weil alles um mich herum fremd wirkte.

*Aktenvermerk des Stadtjugendamtes K., vom 05.08.19...*

*Am Samstagabend wurde ich davon verständigt, dass Frau H. mit ihren Kindern auf dem B... umherirrt. Ich setzte mich telefonisch mit der Polizei in Verbindung, die mich dann in der Wohnung abholte. Sie hatte die beiden kleinen Kinder bei sich.*

*Die beiden jüngsten Kinder Clara und Clemens wurden am 05.08.19... im St. Niemandsland in K. untergebracht, nachdem sie hier in der Krippe wegen Platzmangels nicht behalten werden konnten. Auch in K. und in M. war kein Heimplatz zu bekommen.*

Die Nonne trug eine weiße Haube, die ihre Stirn verdeckte. Über der Haube war ein schwarzer Schleier angebracht, der bis zum Gesäß reichte. Ihr Oberkleid war schwarz. Meine Angst wurde durch ihre düstere Erscheinung verstärkt. Clara schien es genauso zu gehen, denn sie blickte die Nonne ebenfalls misstrauisch an. Frau Riedlinger äußerte immer noch Trost spendende Worte und während sie ihren Kopf aus dem Wageninneren hob, stieß sie dabei mit der dicht hinter ihr stehenden Nonne zusammen.

»Oh, entschuldigen Sie«, sagte sie verlegen zur Schwester.

»Ich bin die Schwester Oberin«, besänftigte diese Frau Riedlinger und drückte ihr dabei die Hand.

Clara und ich setzten indessen unser Gebrüll unvermindert fort. Kurz darauf erschienen zwei weitere Nonnen. Ich konnte und wollte mich nicht beruhigen, weil sich dieses schmerzhafte Gefühl des »Ausgeliefertseins« in mir breitmachte.

Plötzlich griff mir jemand unter die Arme und hob mich unsanft aus dem Wagen. Ich stemmte mich mit Händen und Füßen gegen die Brust der Nonne und versuchte, mich aus ihrem Klammergriff zu befreien. Aber es war vergeblich. Die Nonne war stärker. Unmissverständlich wurde mir klargemacht, wer hier den Ton angab. Schließlich drückte sie mich an ihre Brust und wippte dabei mit dem Oberkörper hin und her. Ich roch den Stoff ihrer Kutte. Sie roch nach Weihrauch und Kernseife. Die Nonnen hatten stets einen »heiligen Geruch«. Ich fühlte in diesem Moment, dass dies kein guter Ort sein würde. Ich wollte wieder weg. Ich hatte Angst – Todesangst. Wie damals, als man mich zum ersten Mal aus Evas Nähe fortgerissen hatte. Ich bebte innerlich und wünschte, ich wäre auf Evas Armen. Die zweite Nonne hatte nun Clara ergriffen und aus dem Wagen gehoben.

Nachdem sich die Situation beruhigt hatte, nahm Schwester Oberin das Gepäck, das aus zwei Koffern bestand, aus dem Auto und gab den beiden anderen Nonnen ein Zeichen, sie sollten uns in die Kleinengruppe bringen. Frau Riedlinger streichelte Clara und mir wie gewohnt zum Abschied über die Backen und kniff leicht hinein. Ich hasste sie. Weil sie mir stets das Gefühl gab, mich abzuladen. Ich fühlte mich wie ein Kartoffelsack, den man bei Bedarf aus dem Keller holte, und sobald er nicht mehr benötigt wurde, wieder zurückstellte. Meine Angst hinderte mich jedoch, meine Gefühle ihr gegenüber offen zu zeigen. Ich wurde oft von einer Benommenheit ergriffen, die jedes Ausdrücken von Gefühlen unmöglich machte.

Die Nonne, die mich trug, hieß Schwester B. Ich konnte sie vom ersten Augenblick an nicht ausstehen. Ihre Ausstrahlung war unbarmherzig und hart. Ihr Gesicht war scharf und kantig geschnitten. Aus der Tiefe ihrer Augen blitzte etwas Aggressives und verlieh ihrem Blick eine gewisse Kälte. Die Nase war groß, ihre Lippen strichförmig aufeinander gepresst. Ihre Hände waren unweiblich groß. Schwester B. war von großer Statur und ihr fester Gang erinnerte an einen General, der nie aus seinen Knobelbechern herausgewachsen war. Immer, wenn Schwester B. mich berührte, bekam ich es mit der Angst zu tun. Nicht etwa ihrer Erscheinung wegen, sondern deswegen, weil sie nichts, aber auch gar nichts Warmes ausstrahlte.

Als Frau Riedlinger die Formalitäten erledigt hatte und kurz darauf den Hof verließ, winkten wir ihr zu. Dann schloss sich krachend das Stahltor. Ein unbeschreibliches Gefühl des Ausgeliefert- und Eingesperrtseins übermannte mich. Ich meinte in einen tiefen Abgrund zu fallen und nichts schien mich aufzufangen. In meiner Verzweiflung begann ich wieder laut zu weinen. Die Welt, in die ich hier gestoßen wurde, wirkte steril und unnatürlich sauber, so als wollte man etwas wegwischen. Später wurde mir klar, dass dies das allgegenwärtige Schuldgefühl war, welches sich hinter den Heimmauern eingenistet hatte und das man auch mit exzessivem Rosenkranzbeten und mit Gotteshuldigung zu kompensieren suchte.

Die ersten Bemerkungen von Schwester B. waren dann auch: »Buben weinen nicht« und ich solle »mich nicht so anstellen«. Ich gehorchte und würgte meine Verzweiflung hinunter. Clara drückte meine Hand ganz fest. Ich fühlte auch ihre Angst. Ich riss mich zusammen und spürte, dass ich nun stark sein musste. Ich glaubte, wenn ich nun zusammenbreche, würde auch sie zusammenbrechen. Ein schreckliches Gefühl.

Dann betraten wir den Eingangsbereich des Kinderheimes. Der gefliese Boden war gelb wie Hornhaut und wirkte wie abgeleckt. Die Wände des Flurs waren steril weiß. Es roch nach Terpentin und Kernseife. Der Eingangsbereich wurde durch eine große Glaswand, in der eine Tür eingelassen war, vom Kindergruppentrakt abgetrennt. Am Eingang links saß eine Nonne hinter einer Glasscheibe und überwachte das Geschehen. Auch hier hing ein riesiges Kruzifix mit dem geschundenen Erlöser daran.

Als wir die Kleinengruppe erreicht hatten, wurden Clara und ich im Spielsaal abgesetzt. Um uns herum tobten etwa fünfzehn bis zwanzig Kinder im Alter von vier bis sechs Jahren. Ich bekam es erneut mit der Angst zu tun und begann wieder zu weinen. Ich fühlte mich wie ein Fremder, der zum x-ten Mal dazu gezwungen wurde, neue Kontakte aufzubauen, um überleben zu können. Ich war froh, dass Clara bei mir war. Inzwischen hatte sich um uns ein Kreis gebildet. Hier und dort vernahm ich das Kichern der anderen Kinder. Eines zeigte mit dem Zeigefinger auf uns, wobei es die Hand vor den Mund hielt. Ein anderes wiederum reichte mir ein kleines Holzpferd, das ich vorsichtig entgegennahm und an meine Brust drückte. Es fühlte sich hart an. Alles in allem gaben uns die anwesenden Kindern das Gefühl, dass wir willkommen waren und keine Angst zu haben brauchten.

Es war Abend geworden. Wie ich es bereits aus den Kinderkrippen kannte, standen in den Schlafsälen die Holzgitterbetten geordnet nebeneinander. Wie bei Schneewittchen und den sieben Zwergen. Eines jedoch unterschied sich von den bisherigen Kinderkrippen: Als ich in meinem Bett lag und den Blick nach links und rechts wendete, konnte ich Clara nirgends erblicken! Diese Tatsache versetzte mich in Panik. Ich schrie nach meiner Zwillingsschwester. Plötzlich wurde die Schlafsaaltür aufgerissen. Mit festem Schritt kam Schwester B. auf mein Bett zu. Ich zuckte zusammen. Als Schwester B. so da stand, sah sie mich mit aggressiv-stechendem Blick an, wobei sie die Handfläche hob. Diese Drohgebärde genügte, um mich gefügig zu machen. Angsterfüllt suchte ich Schutz unter der Bettdecke.
 Diese wurde kurz darauf weggerissen. Ich verspürte einen harten Schlag auf dem Kopf. Erneut begann ich zu schreien. Schwester B. begann ebenfalls zu schreien, ich solle endlich still sein. Ich warf mich reflexartig auf die andere Bettseite. Je mehr ich mich bewegte und je lauter mein Schluchzen wurde, desto öfter bekam ich die harte Hand von Schwester B. zu spüren. Mal landete sie auf meinem Kopf, dann auf meinem Rücken und schließlich in meinem Gesicht. Ich hatte ihre Spielregeln verstanden: »Buben weinen nicht und stellen sich nicht so an.«
 Dann setzte eine Starre ein. Ich verwandelte mich in einen »lebendigen Toten«, der sein Recht verwirkt hatte, irgendeine Gefühlsregung zu haben. Diese hätte nämlich, so empfand ich es, meinen sicheren Tod bedeutet. Ich aber wollte weiter leben und versank deshalb in dieser »Todesstarre«. Ich würgte den Schmerz der Schläge und die Angst vor Schwester B. in meinen Körper hinein und

biss auf die Zähne, während ich im Stillen das schwarze Monster verfluchte. Durch meine Starre war es mir möglich, Schwester B. zu beruhigen. Als ich mich nicht mehr bewegte und nicht mehr schluchzte, hörte sie auf, auf mich einzuprügeln. Ich hatte rasende Kopfschmerzen, die erst langsam nachließen, als Schwester B. aus dem Schlafsaal verschwunden war. Neben mir lag ein anderer Junge, der mir unsicher seine Hand durch die Gitterstäbe meines Bettes reichte. Ich griff nach seiner Hand und stammelte »Lara«.

> *Auszug aus dem Bericht des Stadtjugendamtes K.*
> *vom 11.12.19…*
>
> ---
>
> *Frau H. wurde am 29.11.19… aus dem Nervenkrankenhaus in K. entlassen. Sie kehrte in ihre Wohnung zurück. Sie bekam von Herrn H. eine neue Wohnung zugewiesen, die sie nun bezieht. Sie ist z.Zt. im Umzug und wird dann wohl ab dem 15.12.19… ganz in der neuen Wohnung sein. Die neue Wohnung ist wesentlich kleiner. Sie besteht aus einer Wohnküche, einem Schlafzimmer, einem Dunkelraum und Bad. Frau H. könnte in dieser Wohnung nicht alle Kinder bei sich haben. Nachdem sich erwiesen hat, dass Frau H. die Betreuung aller Kinder ohnedies nicht verkraftet, ist es besser, wenn die Kinder zunächst im Heim bleiben.*
>
> *In Abdruck an Minderjährigenhilfe*
> *mit der Bitte um Kenntnisnahme.*
>
> *Die weitere Heimunterbringung erscheint unbedingt notwendig, weil die Mutter der Betreuung nicht gewachsen ist. Die Kinder kommen dann immer wieder geschädigt in die Heime zurück und es bedarf einer neuen Eingewöhnung und Umstellung. Auch kann den Heimen nicht zugemutet werden, die Erziehungsarbeit immer wieder neu zu beginnen, da bei Frau H. noch weitere Einweisungen in die Nervenanstalt zu erwarten sind.*
>
> *Die Fürsorgerin*

Ein böser Traum?

Mitten in der Nacht wurde ich durch einen bösen Traum aus dem Schlaf gerissen. Ich hatte Angst und schwitzte. Ich richtete meinen Oberkörper auf und mein Blick schweifte angespannt an den Wänden des Schlafsaales entlang. Ich suchte Halt. Ich hatte das Gefühl, einen steilen Abhang herabzustürzen. Zwar vernahm ich das heimelige Schnarchen oder flüchtige Husten einiger Heimgenossen, aber diese Geräusche vermochten meine Angstgefühle nicht zu mildern. Unruhig blickte ich hin und her, von einer Seite des Saales zur anderen. Ich spürte, dass hier etwas vor sich ging, das sich meiner gewohnten Wahrnehmung entzog. Um ein wenig Halt zu bekommen, umklammerte ich mit den Händen die Gitterstäbe meines Bettes. Dann spürte ich einen enormen Druck auf dem Brustkorb, Schweißperlen tropften von meiner Stirn. Es schüttelte mich vor Angst. Mit weit aufgerissenen Augen konnte ich plötzlich den schattenhaften Umriss einer sonderbar anmutenden Gestalt erkennen. Es war ein Mann mit einem langen weißen Bart und weißen langen Haaren, die weit über die Schultern fielen. Er war in ein Gewand gekleidet, das bis zum Boden reichte. Er schien von einem Fußende der Betten zum anderen zu schweben, bis er an meinem angelangt war. Ich hielt noch immer die Gitterstäbe fest umklammert und glaubte, nun sterben zu müssen. Ich kniff meine Augen zu und tat so, als ob ich die Erscheinung nicht sehen würde. Gleichzeitig richtete ich meine Aufmerksamkeit nach innen und betete zu meinem Schutzengel, dass er mich beschützen möge. Ich hatte unermessliche Angst, dass mich der Unbekannte aus dem Bett heben und mitnehmen würde. Unauffällig öffnete ich meine Augen gerade soweit, dass ich prüfen konnte, ob der große Mann mit dem weißen Bart immer noch vor mir stand. Und in der Tat, da stand er noch. Zwar verspürte ich immer noch Angst, aber sie griff nicht mehr so tief. Nachdem ich meine Augen wieder geschlossen hatte, nahm ich mir vor, einfach ruhig sitzen zu bleiben. Natürlich musste es dem Mann mit dem weißen Bart merkwürdig vorgekommen sein, dass ich als einziger »schlafend« im Bett saß und die Hände um die Gitterstäbe gegriffen hielt. Aber er reagierte nicht. Auch schien er überhaupt kein Interesse daran zu haben, mich oder ein anderes Kind mitzunehmen. Er war einfach nur da.

Noch heute glaube ich, dass diese seltsame Gestalt real war. Diese sonderbare Begegnung brachte mich dazu, anzuerkennen, dass zuweilen Dinge geschehen, für die es keine Erklärung gibt. Die folgenden Nächte besuchte uns der Unbekannte immer wieder. Es schien eine unsichtbare Barriere zwischen ihm und mir zu geben. Trotzdem erstarrte ich in seiner Anwesenheit immer wieder, sodass es mir unmöglich war, mit ihm in Kontakt zu treten. Ich atmete flach und richtete meine Aufmerksamkeit nach innen. In diesem Zustand der Innenschau erinnerte ich mich plötzlich an jene Orte, über die ich hierher geraten war. Kurze Bildabrisse wechselten sich ab. Ich sehnte mich nach Eva und meinen Geschwistern. Still rollten die Tränen über meine Wangen, während ich zu meinem Schutzengel betete. In diesen für mich so wichtigen Gebeten erlebte ich Frieden, Befreiung von meinem Schmerz und Schutz. Als ich meinen Blick wieder nach außen richtete, war die seltsame Gestalt verschwunden.

## Morgenstunden

Am nächsten Morgen knipste Schwester B. das grelle Licht des Schlafsaales an. Sie lief von einem Gitterbett zum anderen und zog die Bettdecken zur Seite. Hierbei rief sie immer wieder: »Aufstehen!« Müde rieb ich mir die Augen. Ehe ich mich versehen konnte, wurde mir die vollgemachte Windel aus der Schlafanzughose gerissen. Es musste schnell gehen.

Da stand ich nun, neben meinem Bett, wie ein Zinnsoldat und wartete, was als nächstes geschehen würde. Der Junge, der mir letzte Nacht seine Hand durch die Gitterstäbe gereicht hatte, hieß Wilfried. Er blickte mich lächelnd an. In Reih und Glied stapfte die kleine Armee hinüber in den nahe gelegenen Waschsaal. Schwester B. ermahnte uns, bevor sie den Waschsaal verließ, zu Ruhe und Ordnung, andernfalls »würde es etwas setzen«. An einer halbhohen Mauer hingen zu jeder Seite fünf kleine Waschbecken, wie beim Militär. Wilfried griff meine Hand und führte mich zu einem der

Waschbecken, das ich künftig mit ihm teilen sollte. Er reichte mir einen Waschlappen, den er vom Haken neben dem Waschbecken nahm. Auf der Mauerbrüstung standen, fein säuberlich aufgereiht, die Zahnputzbecher, mit je einer Zahnbürste darin. Zusammen standen wir nun neben dem Waschbecken und ließen uns spielerisch das warme Wasser übers Gesicht und die Hände laufen. Wilfried drückte mit seinem Daumen auf das Ende des Wasserhahns, bis das Wasser wild durch die Luft spritzte. Der Wasserstrahl traf mich an der Brust und lief meinen kleinen Körper hinab. Ich begann zu lachen. Ich schob seinen Daumen beiseite und drückte stattdessen den meinigen unter den Kopf des Wasserhahnes. Zu meiner Rechten standen zwei weitere Jungen, die Brüder Oskar und Arnold. Zur meiner Linken befanden sich der Blondschopf Robert und Hartmut. Auf Hartmut mussten wir besondere Rücksicht nehmen, weil er Bluter war. In kindlicher Spiellaune spritzten wir uns gegenseitig nass, was das Zeug hielt. Die Jungs, die gegenüber der Mauerbrüstung standen, taten dasselbe. Und so entwickelte sich unser morgendliches Waschen zu einer wahren Wasserschlacht. Wilfried griff nun nach seinem Becher und füllte ihn mit kaltem Wasser. Schwupp, der Inhalt landete mitten im Gesicht von Paul. Der gab einen lauten Schrei von sich, wobei er Deckung unter seinem Waschbecken suchte. Irgendwoher, ich weiß nicht von wem, ergoss sich ein schaurig kalter Guss über mein Gesicht. Na warte, dachte ich. Ich schob Wilfried zur Seite und ließ kaltes Wasser in meinen Becher laufen. Dann trat ich einen Schritt zurück, holte aus und – schwupp – landete der kalte Guss auf der anderen Seite der Mauerbrüstung. Es traf Dietmar und von seinem Gesicht tropfte Wasser. Der ganze Waschsaal war inzwischen von lautem Kindergeschrei erfüllt. Zahnpasta, Seife, nasse Waschlappen und Becherfontänen waren das Kriegsmaterial, mit dem sich ein jeder zu verteidigen suchte. Wilfried und ich zogen uns unter unser Waschbecken zurück und warteten auf die Gunst des Augenblickes, um zurückschlagen zu können. Die Brüder Oskar und Arnold und der Blondschopf Robert taten das gleiche. Wir sahen uns an, und ohne irgendwelche Worte zu verlieren, waren wir uns einig, es den Jungs auf der gegenüberliegenden Mauerbrüstung zu zeigen. In dem Moment jedoch, als wir zum Gegenschlag ausholen wollten, wurden wir durch einen jähen Schrei von Schwester B. in unserem Spiel unterbrochen. Mit einem Handfeger in der Hand griff sie willkürlich nach Oskar, legte ihn übers Knie und versohlte ihm vor versammelter Mannschaft den Hintern. Zutiefst erschrocken von dem, was Schwester B. da tat, wurde der Waschsaal plötzlich von einer gespenstischen Stille erfüllt. Ausgetrieben waren der kindliche Spielgeist und die Lebendigkeit. Das einzige, was ich mit Schauer vernahm, war das schallende Geräusch der Schläge, die Schwester B. in höchster Erregung mit dem Handfeger auf Oskars Hintern platzierte. Dieser schrie nicht einmal, er röchelte wie ein Tier.

Als Schwester B. wieder von Oskar ließ, hob sie den Handfeger in die Luft und rief erzürnt in den Waschsaal: »Noch einmal so eine Sauerei und ich werde jeden einzelnen von euch übers Knie legen.«

Wir Kinder standen da und waren schockiert. Keiner von uns verstand, was da gerade mit eiserner Hand von Schwester B. vorgeführt worden war. Ich unterdrückte die Wutgefühle, die in mir aufstiegen. Wenn ich doch nur größer wäre, dachte ich. Ich würde nach dem Handfeger greifen und Schwester B. damit versohlen. Aber nichts, gar nichts konnten wir tun, nur zusehen und mitleiden. Oskar lag auf dem Boden und als sich unsere Blicke kurz kreuzten, wusste ich, dass er die Tracht Prügel zu Unrecht bezogen hatte. Eigentlich hätte sie uns alle verprügeln müssen. Schwester B. genoss es, wenn sie Macht über uns Schutzbefohlene ausübte, ja, wenn wir nach ihrer Pfeife tanzten. Es war schon in der Kleinengruppe an der Tagesordnung, dass sie uns Kinder beherrschen und kontrollieren wollte. Um dies zu erreichen, versetzte Schwester B. uns durch ihr häufig bedrohliches Auftreten in blanke Angst, indem sie willkürlich und mit sadistischer Hingabe sowohl körperliche, als auch seelische Gewalt gegen uns »Kleinen« ausübte. Kinder mit eigenem Willen waren hier völlig fehl am Platz. Oskar allerdings konnte nichts dafür, dass es ihn zu Beginn seiner Kindheit hinter die Mauern von Marienburg verschlagen hatte. Am liebsten hätte ich losgeheult und mit mir meine Heimgenossen, die ebenfalls noch reglos dastanden.

»Arnold, Robert, Dietmar und Paul«, fuhr Schwester B. lautstark fort, »ihr macht diese Schweinerei wieder sauber«.

Der Rest der Gruppe folgte eingeschüchtert ihrem Zeigefinger, der in Richtung Schlafsaal wies. Wenig später wurde ich unsanft in eine Strumpfhose gesteckt, die fürchterlich auf der Haut juckte. In lederner Knickerbockerhose, gestreiftem Rollkragenpulli und ausgefransten Hauspantoffeln marschierten wir Kinder in den Esssaal zum Frühstück. Dort sah ich Clara wieder, die mich traurig anblickte. Ich hatte nicht die Möglichkeit mit ihr zu sprechen, denn schon in diesem Alter, so befanden es die Nonnen, mussten die Geschlechter strikt voneinander getrennt werden, um etwaige sexuelle Ausschweifungen der Kinder im Vorfeld zu unterbinden. Beim Verlassen des Saales griff ich nach Claras Hand. Sie drückte mir wortlos ein kleines Geschenk in die meinige: eine Wachsfigur.

Von diesem Morgen an wussten Clara und ich, dass uns zwar Räume trennten, nicht aber unsere Herzen. Die Geschenkübergaben mussten immer unauffällig verlaufen. Am besten gelang uns das, wenn wir den »Kinder-Massenauflauf«, der sich beim Verlassen des Esssaales einstellte, nutzten. Da die Nonnen in dieser Situation damit beschäftigt waren, den Lärmpegel durch Zurufe abzuschwächen, war die Gelegenheit günstig. Ich empfand jede Geschenkübergabe als eine Insel der Freude und des Mitgefühls, die jedoch immer nur kurz währte. Dann trieb uns das strenge Heimreglement wieder auseinander. Es gab jedoch auch Nachmittage, wo wir in der Kleinengruppe zusammen im Spielsaal spielen durften. Das wiederum hing allerdings davon ab, ob wir ins Bett gemacht hatten oder nicht. Im ersten Fall mussten wir zusammen mit anderen Bettnässern tagsüber im Schlafsaal unsere Zeit totschlagen und durften den Spielsaal nicht betreten. Bettnässer waren nach der Logik der Nonnen Kranke. Kranke aber pflegt man. Wir jedoch wurden hart bestraft. Wir bekamen Schläge mit dem Tatzenstock, kalte Duschen, wurden von der Gruppe isoliert, bekamen Hofverbot oder mussten uns »in die Ecke stellen und schämen«, bis die Beine schmerzten.

Dass diese Maßnahmen das Bettnässen nicht reduziert, sondern gefördert haben, dürfte auf der Hand liegen. Es war einer der vielen Teufelskreise, in die die Nonnen ihre Schutzbefohlenen trieben und aus denen es kein Entrinnen gab.

> *Auszug aus den Akten des Stadtjugendamtes K.*
> *vom 13.05.19...*
>
> ---
>
> *Die beiden Kinder sind in ihrer Entwicklung etwas zurück, was zum Teil auf die ungünstigen häuslichen Verhältnisse und jetzt auf den Heimaufenthalt zurückzuführen ist.*

## Maria Mutter Gottes

Als wir vom Frühstück zurück in unsere Gruppen kamen, betrat ich den Spielsaal, in dem Clara und ich bei unserer Ankunft von den Kindern der Kleinengruppe begafft worden waren. Ich war neugierig, den großen Saal zu erforschen. Allerdings fühlte ich mich in der Größe des Saales auch verloren, wie Liliput. Der Saal war hell. Durch drei große Fenster fiel fahles Winterlicht in den Raum, das von den weißen Wänden zurückgeworfen wurde.
 Clara, die während der Spielzeiten manchmal mit mir zusammen sein durfte, nahm meine Hand und sagte: »Lemens, gucken!«
 Dabei hob sie ihren Zeigefinger und deutete auf eine Figur, die einen großen Schatten auf die Wand warf. Nun war auch meine Neugier geweckt. Ich schob Wilfried, der mich gerade zum Bauklotzbauen aufgefordert hatte, beiseite, und lief direkt auf die sonderbare Figur zu, die am Ende des Saales auf einem Wandregal stand. Clara war dicht hinter mir und reckte ihren Kopf vorsichtig über meine Schulter, wobei sie fest meine Hand hielt. Neugierig richteten wir unsere Blicke auf das Wandregal. Dort sah ich eine Frauengestalt, deren Haut golden leuchtete. Ihr Körper war in ein purpurrotes Gewand gehüllt. Graziös hob sie die linke Hand in die Luft, die rechte ruhte sanft auf dem Bauch. Ihre Augen waren voller Unschuld und gegen den Himmel gerichtet. Über ihrem Kopf sah man einen goldenen Strahlenkranz schimmern. Clara zog mich nervös am Ärmel. Ich blickte gebannt auf das Bildnis, das beinah so groß war wie ich. Vorsichtig nahm ich mir einen Stuhl und kletterte darauf, um die

Figur zu berühren. Ich streifte mit meiner Hand über ihr Gesicht und ließ sie über ihr Gewand gleiten. Clara gab mir durch Winkzeichen zu verstehen, ich solle doch wieder von dem Stuhl steigen. Ich sah meine Mutter Eva in diesem Bildnis. Wilfried hatte inzwischen einen Stuhl neben meinen geschoben und stieg zu mir hinauf, ohne dass ich es bemerkte.

Dann zupfte er vorsichtig an meinem Ärmel und stotterte die Worte: »Maria, Maria Mutter Gottes.« Er hob seinen Zeigefinger und deutete auf die Aura der Marienfigur. »Licht«, fuhr er fort und bekreuzigte sich.

Ich war für einen kurzen Moment wie benommen und begann die Worte »Maria Mutter Gottes« zu stammeln. Clara bemerkte meine Unruhe und griff nach meiner Hand. Mit einem Ruck zog sie mich vom Hocker. Widerstandslos folgte ich ihr in die Mitte des Saales, wo die anderen Kinder im wilden Spiel begriffen waren. Robert, der Blondschopf, hatte zusammen mit den anderen Spielkameraden einen hohen Turm aus Holzklötzen errichtet. Als ich den Turm sah, riss ich mich von Clara los, lief geradewegs auf den Turm zu und freute mich über das krachende Geräusch, als er in sich zusammenfiel. Ich hatte ihn mit einem Tritt umgestoßen. Nochmals blickte ich hinüber zum Wandregal, wo Maria Mutter Gottes mit den Engeln des Himmels zu reden schien. Ich war wütend. Warum stand sie so leblos da? Ich war gespannt, denn gleich würde sie sich bewegen, und ich wusste es, gleich würde es geschehen. Sie würde von ihrem hohen Sockel herabsteigen, hinein in den lebendigen Kinderhaufen, und dann würde sie mit Schwester B. schimpfen. Oh, ich wünschte mir, sie würde fest mit ihr schimpfen. Vielleicht würde Maria Mutter Gottes ebenfalls mit dem Handfeger für Recht und Ordnung sorgen. In mir bebte es. Robert warf sich plötzlich mit einem lauten Schrei auf mich. Wir wälzten uns auf dem Boden, und ich hatte nicht den Hauch einer Chance, da Robert einen Kopf größer war als ich. Deshalb begann ich zu schreien. Das zeigte Wirkung. Robert ließ, nachdem er mir ein Haarbüschel ausgerissen hatte, von mir ab. Inzwischen prügelten sich auch die anderen Kinder. Schwester B. war nirgends zu sehen. Immer wieder blickte ich in Richtung Maria Mutter Gottes, die mich magisch erfasst hatte. Ich kletterte über herumliegende Bausteine, zerrissene Kinderbücher und Stoffpuppen. Ich schlug wild um mich. Maria Mutter Gottes bewegte sich nicht, Eva bewegte sich nicht, beide waren sie tot. Mit dieser Erkenntnis starb auch ein Stück von mir.

## Nachtflug

Es war wieder eine jener Nächte, in denen ich wach lag und nicht einschlafen konnte. Ich vernahm Schnarchen und andere Kleinkindergeräusche. Verloren hing ich meinen Nachtgedanken nach, die sich oft in folgender Weise abspielten:

Ich stellte mir vor, dass ich von dem Planeten Erde zum Mond reiste. Hierzu benötigte ich keine Rakete. Mit bloßer Gedankenkraft reiste ich dorthin. Kalt und dunkel war dieser Gedankenflug. Vor mir öffneten sich unendliche Weiten. Ich sah nur nach vorne, drehte mich nicht um. Ich wollte weit weg von dem Ort, von dem ich gerade gestartet war, weg von St. Niemandsland, raus aus meiner Einsamkeit, weg von meinen Ängsten. Der Weltenraum war mit tausenden und abertausenden Lichtpunkten übersät. Man hätte meinen können, dass eine unsichtbare Hand ein Netz über das Firmament gespannt und es mit unzähligen Phosphortropfen bespritzt hätte. Es war eigenartig, aber in dieser Weite, in dieser grenzenlosen Freiheit, konnte ich sie herausschreien, meine Wünsche und Sehnsüchte. Auf jenen Gedankenflügen war alles erlaubt, was hinter den Mauern von St. Niemandsland verboten war. Hier konnte ich mich soviel bewegen wie ich wollte, konnte weinen, durfte schreien, ohne an Grenzen zu stoßen. Das schönste aber war, dass ich Frieden und Losgelöstheit spürte. In dieser Schwerelosigkeit wurde jede Last leichter und leichter ...

Ich passierte den Mond, die graue Eminenz. Seine lange Reise war ihm anzusehen. Seine Oberfläche war mit zahlreichen Kratern übersät. Unermüdlich und ein wenig trostlos, drehte er seine Kreise um den blauen Planeten, dem ich in Gedanken davongeflogen war. Dann ging die Reise weiter. Ich flog an anderen Planeten und Himmelskörpern vorbei und gelangte plötzlich zurück in die mir vertraute Welt. Es war eigenartig, denn von hier aus schien sich die Reise zu wiederholen. Ich war wieder auf der Erde gelandet, genauer gesagt in meinem Bett. Und weil ich noch nicht genug hatte, formierten sich meine Gedanken zu einem neuen Nachtflug. Und wieder passierte ich den Mond und all die anderen Himmelskörper. Je länger meine Gedankenreise dauerte, desto größer wurde jene diffuse Angst, die mich nun ergriff und die ich nicht einzuordnen vermochte. Deshalb versuchte ich mit aller Kraft, der Versuchung weiterer Gedankenflüge zu widerstehen. Aber etwas in mir schien stärker zu sein, eine Kraft, die mich weiter und weiter trieb, von einem Raum zum anderen. Es war, als würde meine Seele aus dem Körper gezogen. Je mehr Planeten ich auf diese Art erreichte und wieder verließ, desto klarer wurde mir aber auch der Sinn meiner Reise. Ich spürte die Weiten des Alls, die erhabene Schönheit der Unendlichkeit. Ich spürte die alles durchdringende Kraft meines Geistes. Er erhob sich im Nachtflug über all die Sorgen und Ängste, über alle Zweifel und über die Wut meiner Existenz. Er durchbrach die Mauern von St. Niemandsland, um mir unendliche Freiheit zuteil werden zu lassen. Hier im All streifte ich ab, was menschlich und begrenzt war. Hier stillte ich meinen Wunsch, mich von dem Elend und der Zerrüttung zu befreien. Und tatsächlich, auf den Nachtflügen wurde die Last des Erlittenen völlig bedeutungslos.

Eines jedoch spürte ich nicht. Dazu musste ich weiterreisen, weiter bis an das Ende von Raum und Zeit. In dem Maße, in dem ich Wegstrecke um Wegstrecke zurücklegte, erkannte ich, wie ich mich meiner eigenen Angst näherte. Das trübe Bild klärte sich. In der sich auftuenden Erkenntnis über die Unendlichkeit des Universums, verlor ich nun wieder das Gefühl von Halt und Geborgenheit. Was sich zunächst grenzenlos und frei anfühlte, führte mich in einer Endlosschleife wieder zu meinem Ausgangspunkt zurück. An die Stelle der Freiheit und Losgelöstheit trat nun das Gefühl durchdringender Einsamkeit. Je weiter ich reiste, desto einsamer und verlorener fühlte ich mich. Dann, irgendwann, brachen die Tränen aus mir hervor. Da schwebte ich nun in den Weiten des Universums, ganz auf mich zurückgeworfen. Ich begriff, dass ich mein »Ich« nur deshalb empfinden konnte, weil mich die Erfahrung der Unendlichkeit ängstigte. Plötzlich spürte ich die Begrenztheit des Seins, in die ich seit meiner Geburt gepresst worden war, und stieß mich an den kargen Mauern von St. Niemandsland. Und dennoch empfand ich Achtung und tiefe Bewunderung für die Welt, in die ich hineingeboren worden war. Durch diese Reise war ich angekommen. Angekommen im Bewusstsein meiner selbst.

## Der Weihnachtstraum

> *Auszug aus den Akten des Stadtjugendamtes K. vom 02.12.19...*
>
> *Am 01.12.19... wurde auf der Rückfahrt von G. im Nervenkrankenhaus mit Herrn W. gesprochen. Er hat schon mit Frau Dr. S. wegen Frau H. gesprochen. Es ist daran gedacht, dass Frau H. zu Weihnachten beurlaubt wird. Eine Entlassung scheint zu früh. Es wurde vereinbart, dass am 15.12.19... noch einmal nachgefragt wird, weil man jetzt noch nicht absehen kann, wie es Frau H. in den Wochen gehen wird. Falls Frau H. zu Weihnachten zu Hause ist, muss das Elektrizitätswerk verständigt werden, denn bei Frau H. ist der Strom abgestellt, damit keine Grundgebühr bezahlt werden muss.*

Es war einer jener Tage, die wir Kinder von St. Niemandsland so sehr liebten. Die Weihnachtsferien hatten begonnen und eigentlich war es mir völlig gleichgültig, um welche Ferien es sich handelte. Hauptsache raus hier, weg von Marienburg, am besten für immer. Obwohl meine Sehnsucht nach der großen Freiheit von Kindesbeinen an sehr ausgeprägt war, stimmten mich immer die Blicke jener Kinder traurig, die keine Eltern mehr hatten, bei denen sie die Ferien hätten verbringen können. Sie waren vom Schicksal hart getroffen, denn tagein, tagaus hinter den Mauern von St. Niemandsland zu verbringen, war kein Zuckerschlecken. Clara und ich befanden uns diesbezüglich in einer weitaus besseren Lage. Zwar war meine

Familie, wie in vielen anderen Fällen von St. Niemandsland, zerrüttet, jedoch konnte ich von mir behaupten, dass ich Eltern und Geschwister hatte, bei denen ich die Ferien verbringen konnte.

---

*Auszug aus den Akten des Stadtjugendamtes K.*
*vom 14.12.19…*

---

*Absender*
*Kinderheim St. Niemandsland*

*An das*
*Stadtjugendamt K.*
*Betreff: Heimkinder-C. und C., geb. 07.09.19…*

*Die Mutter der beiden Kinder Frau H. hat in den letzten Tagen bei uns vorgesprochen und dabei erklärt, dass sie ihre beiden Kinder während Weihnachten zu sich nach K. nehmen will. Wir bitten um Mitteilung, ob wir die Kinder abgeben können. Aus triftigem Grund geben wir die Kinder nur mit Zustimmung des Vormundes (Stadtjugendamt) ab.*

*Hochachtungsvoll*
*Kinderheim St. Niemandsland*

---

*Telefonat des Stadtjugendamtes vom 21.12.19…*
*mit dem Kinderheim St. Niemandsland*

---

*Es wurde vereinbart, dass Frau H. die Kinder über Weihnachten abholen kann.*

---

Als mich Schwester B. in den Besucherraum brachte, in dem gerade ein hölzernes Röhrenradio bayerische Volkslieder spielte, wartete bereits meine Zwillingsschwester. Clara war genauso aufgeregt wie ich. Schwester B. ermahnte uns, unsere Finger von dem Gerät zu lassen.

Da Schwester B. an diesen Tagen viel zu tun hatte, den Besucherraum also umgehend wieder verließ, nutzten Clara und ich die Gelegenheit, um an dem großen Knopf des Radios zu drehen. Die Versuchung war einfach zu groß. Hatte Schwester B. wirklich geglaubt, dass zwei fünfjährige Kinder artig auf der Holzbank warten würden, bis sie irgendjemand abholte? Ich erinnere mich noch genau daran, wie sehr wir bei den Schlagern von Rex Guildo oder Peter Alexander dahinschmolzen. Wir drehten deshalb das Sendersuchrad solange, bis wir eine jener typischen Schnulzen der frühen 1970er-Jahre gefunden hatten. Glückselig lauschten wir, sobald wir auf der Holzbank neben dem »singenden Holzkasten« Platz genommen hatten, dem Megahit »Mama« von Heintje. Heintjes Stimme beflügelte unsere Vorfreude, bald im Kreis unserer Familie empfangen zu werden.

Während wir andächtig lauschten, stieß Schwester B. die Zimmertür auf, winkte uns hektisch zu und gab uns zu verstehen, dass Frau Riedlinger vom Stadtjugendamt Keppstadt in der Empfangshalle auf uns warten würde.

»Beeilt euch, aber dalli!«, fuhr sie uns im Ton eines Feldwebels an.

Mein Herz pochte. Während Schwester B. unsere Koffer gegriffen hatte, flitzte ich in die Empfangshalle. Obwohl Frau Riedlinger nie wirklich mein Vertrauen genoss, war ich froh, sie heute zu sehen. Gewissermaßen brachte sie Abwechslung in unseren grauen Alltag.

»Hallo, wie geht es dir?«, fragte sie mich.

Ehe ich antworten konnte, hatten mich ihre wuchtigen Hände schon an den Schultern ergriffen und rissen mich ruckartig an ihre ebenfalls wuchtigen Brüste, in denen schließlich mein Kopf versank. Da sie, wie gewohnt, nach scharfem Schweiß roch, hielt ich kurz die Luft an. In dieser Position versuchte ich ihr dann zu antworten. Es gelang mir lediglich ein Stammeln. Nachdem mich die überschwängliche Begrüßung von Frau Riedlinger schier zum Ersticken brachte, entschloss ich mich, mit meinen Händen in ihren fülligen Bauch zu kneifen. Am liebsten hätte ich ihr mit meinen neuen Winterschuhen, die mit harten Sohlen bestückt waren, gegen das Schienbein getreten. Wie ich erst Jahre später erfuhr, war Frau Riedlinger kinderlos geblieben. Das erklärte vielleicht auch ihren Drang, mich zeitweise drücken und in die Backen kneifen zu wollen.

Aufgrund meiner Gegenwehr ließ sie mich los. Ich holte tief Luft. Für einen kurzen Augenblick starrte sie mich an und sprach dann zu der inzwischen herangeeilten Schwester B.: »Der Clemens ist ja ein ganz lebhafter Bub!«

»Ja, ja, beim Clemens muss man schon mal zwischendurch hart durchgreifen!«, konstatierte Schwester B. Wie sehr ich diesen Satz hasste.

Dann beugte sich Frau Riedlinger zu Clara hinab, die inzwischen meine Hand ergriffen hatte. Ich glaube, dass sich meine Zwillingsschwester vor Frau Riedlinger sehr fürchtete. Als ich Claras Kopf ebenfalls in Frau Riedlingers Oberweite versinken sah, holte ich mit dem Fuß aus und trat ihr gegen das Schienbein.

»Autsch!«, rief Frau Riedlinger erschrocken und ließ unverzüglich los.

Schwester B. nahm mich fest am linken Oberarm. Ich kannte diese Drohgebärde. Daher fing ich laut an zu weinen.

Dann ergriff Frau Riedlinger das Wort: »Schwester B., das hat der Clemens doch nicht so gemeint. Wissen Sie, ich glaube, die Kinder sind einfach nur aufgeregt, weil sie heute ihre Mutter und Geschwister wiedersehen. Und Weihnachten, ach, Sie wissen ja, da ist ja alles sowieso sehr hektisch.«

»Der Clemens, der prügelt sich in letzter Zeit vermehrt mit seinen Heimgenossen!«, entgegnete sie Frau Riedlinger.

»Ist das wahr?«, fragte mich Frau Riedlinger mit einem bestimmten Unterton.

Beschämt hielt ich meinen Kopf nach unten geneigt und starrte zu Boden. Clara drückte meine Hand nun noch fester.

Noch bevor ich antworten konnte, fuhr Schwester B. fort: »Der könnte sich mal ein Beispiel an seiner Zwillingsschwester nehmen, das ist nämlich eine ganz liebe, immer so ruhig und umgänglich.«

Ich hatte mich inzwischen wieder beruhigt und war froh, als Clara und ich von Frau Riedlinger an die Hand genommen wurden.

Diese Szenen mit Frau Riedlinger oder anderen Angehörigen, waren übrigens die einzigen Situationen, bei denen uns Schwester B. – und später in der Bubengruppe Schwester C. – beim Vornamen nannte.

Nachdem die beiden Koffer im vorderen Teil des VW-Käfers verstaut waren, nahmen wir wie gewohnt unseren Platz auf der Rückbank ein. Ich liebte es, durch die Seitenfenster zu blicken und die mit Schnee bedeckten Bäume und Häuser zu betrachten. Die Bewegung des Autos beruhigte mich. Die Vielfalt der Bilder erlebte ich als freudige Abwechslung zum tristen Heimalltag: morgens Prügel wegen Bettnässens, Heimkapelle, »Pisserwäsche« von Hand auswaschen. Nachmittags Strafarbeiten und Spielverbot. Ab sechzehn Uhr dann nur noch trockenes Brot, kein Wasser …

All das blieb jetzt zurück. Es war eigenartig, aber dieser abgegrenzte Platz auf der Rückbank gab mir Geborgenheit. Ich erinnere mich noch gut daran, wie ich meinen Kopf leicht an die hintere Seitenscheibe presste, um dadurch das sanfte Vibrieren des Motors einzufangen.

Frau Riedlinger informierte uns oft über Evas Gesundheitszustand, ohne sich zu vergewissern, ob wir auch zuhörten: »Wisst ihr, eure Mama ist sehr krank gewesen und deshalb müsst ihr immer hören und tun, was sie euch sagt. Wenn ihr nicht artig seid, muss ich euch wieder von eurer Mama abholen und zurück in das Kinderheim bringen.« Dann drehte mir Frau Riedlinger für einen kurzen Augenblick ihren Kopf zu und fuhr fort: »Clemens, wenn dir deine Mama etwas sagt, dann musst du unbedingt auf sie hören. Weißt du, deine Mama war sehr lange krank und darf sich daher nicht aufregen.«

Ich nickte ihr kurz zu, als ob ich alles verstanden hätte und richtete dann meinen Blick wieder aus dem hinteren Seitenfenster. Während ich also die schneebedeckte Natur betrachtete, vernahm ich immer wieder Wortfetzen von Frau Riedlinger. Clara hielt meine Hand und war eingeschlafen. Irgendwann war von Frau Riedlinger nichts mehr zu hören. Wahrscheinlich hatte sie realisiert, dass ihre jungen Zuhörer auf der Rückbank keinerlei Interesse an ihren Botschaften hatten. Dann kam der Wagen auf einer großen Hoffläche zum Stehen. Links neben der Hoffläche standen graue Müllcontainer. Auf ihnen lag Zentimeter dick der Schnee. Rechts erhob sich ein graues und ein wenig öde wirkendes Mietshaus, das auf der Hinterseite von kleinen, verschneiten Hausgärten geziert wurde.

Ich kannte es von früheren Besuchen. Es wirkte auf mich vertraut, weil meine Familie dort wohnte.

Nachdem wir ausgestiegen waren, trat ein etwa vierzehn Jahre alter Junge an unser Auto heran. Frau Riedlinger, die gerade im Begriff war, unsere Koffer aus dem Kofferraum zu heben, hatte ihn zunächst nicht bemerkt.

Als sie sich umdrehte um die Koffer abzustellen, war sie ein wenig überrascht: »Hallo Rolf, du bist aber groß geworden.«

Rolf war einer meiner älteren Brüder und für sein Alter groß und kräftig. Sein hellbraunes Haar war üppig und leicht gewellt. Seine blauen Augen sahen mich eindringlich, aber voller Freude über das Wiedersehen an. Dann hob er Clara und mich auf seine Arme und drückte uns. Rolf schien vor Freude außer sich. Nachdem ich wieder Boden unter den Füßen hatte, sah ich, dass Frau Riedlinger bereits durch die Haustür verschwand. Sie schien es eilig zu haben.

Als wir die Stufen zur Wohnungstür hinaufstiegen, waren Frau Riedlinger und meine Mutter gerade ins Gespräch vertieft. Mein Bruder kündigte an, dass er heute Abend eine kleine Überraschung für mich hätte. Ich war neugierig. Deshalb ergriff ich seine Hand, zog daran und fragte bohrend nach der Überraschung:

»Was für eine Überraschung?«

Rolf wandte sich kurz zur Seite und sagte: »Sag ich dir später.«

Dann hörte ich Frau Riedlinger zu meiner Mutter sagen: »Trauen Sie sich so viele Kinder über Weihnachten zu? Sie wissen, Frau H., dass Sie langsam machen müssen.«

Meine Mutter meinte, sie könne ihre Kinder schon versorgen. Frau Riedlinger trat zur Seite, um Clara und mir Platz zu machen.

»Da seid ihr ja endlich«, fuhr es freudig aus Eva heraus. »Ich habe mich schon so auf euch gefreut.«

Dann nahm sie Clara in ihre Arme und drückte sie an ihre Brust. Ich schaute hinauf zu Rolf, der an meiner Seite stand, und lächelte ihn an. Eva schob Clara zur Seite und drückte mich ebenso. Eva roch nach Rauch und Eukalyptusbonbons. Erst bei diesem Besuch realisierte ich, dass man eine Mutter am Geruch erkennen kann. Und in der Tat, meine Mutter roch so anders als die Nonnen oder Frau Riedlinger.

»Rolf, bitte bringe die Koffer in das Schlafzimmer. Die Betten für die Zwillinge, sind bereits gerichtet.« Zwillinge – so wurden wir in der Familie immer genannt.

»Ich muss jetzt auch los, Frau H.«, fiel ihr Frau Riedlinger ins Wort. »Ich muss noch einige Besorgungen für das Weihnachtsfest machen!« Hektisch verabschiedete sie sich sodann von meiner Mutter.

Clara und ich waren zusammen mit Rolf bereits vorausgegangen und stellten die Koffer im Schlafzimmer ab. Auf dem Weg dorthin durchquerten wir eine Art Wohnküche. Dort stand ein ausgezogener Holztisch, der mit einer weißen Tischdecke und einem Adventskranz geschmückt war. Der Tisch war bereits mit Tellern und Besteck gedeckt. In der Wohnküche, die nicht abgetrennt war, roch es nach würziger Suppe. Die Tür der angrenzenden Speisekammer stand offen. Bevor man das Schlafzimmer betrat, konnte man rechts durch eine Tür in die Dunkelkammer gelangen, einen Raum ohne Fenster. Die Wohnung war einfach eingerichtet. Gegenüber der Dunkelkammertüre stand in der Ecke ein Schwarz-Weiß-Fernseher. Ich nahm diese Wohnung zum ersten Mal bewusst wahr. Dann betrat Eva das Schlafzimmer. Sie lief geradewegs auf Clara und mich zu, strich liebevoll über unsere Wangen und setzte sich aufs Bett.

»Eure anderen Geschwister müssten jeden Moment kommen. Harry, Gabriele, Annegret und Sarah sind gerade noch ein paar Einkäufe für den Heiligen Abend erledigen«, erklärte sie uns.

Während Eva auf dem Bett saß, wippte sie unruhig mit dem rechten Fuß hin und her. Sie schien nervös zu sein. Clara blickte prüfend in ihr Gesicht. Eva hob sie auf ihren Schoß, drückte sie immer wieder an die Brust und kicherte dabei vor sich hin. Ich glaube, nicht nur wir Zwillinge hatten ein großes Nachholbedürfnis nach familiärer Nähe, sondern auch unsere Mutter. Ich sah auf einem Regal, das an den Kleiderschrank grenzte, einen tiefblauen Glaszylinder stehen, in dem sich jede Menge Eukalyptusbonbons befanden. Da Eva mit Clara beschäftigt war, zupfte ich an Rolfs Hose und deutete mit dem Zeigefinger auf den Glaszylinder.

»Mutter«, erhob Rolf seine Stimme, »dürfen die Zwillinge von den Eukalyptusbonbons haben?«

Mutter nickte. Seit ich denken kann, liebe ich Eukalyptusbonbons. Plötzlich hörte ich, wie ein Schlüssel in der Haustüre bewegt wurde. Wie der Blitz rannte ich in den Flur, wo ich die Stimmen meiner eintreffenden Geschwister hörte.

»Ihr seid ja schon da!«, rief mir Harry, mein zweitältester Bruder freudig entgegen.

Ehe ich mich versehen konnte, wurde ich von meiner Schwester Gabriele auf den Arm gehoben. Sowohl Annegret als auch Sarah drückten uns beide vor Freude.

»Zieht eure Schuhe aus, ich habe gerade geputzt!«, rief Eva der eintreffenden Kinderschar entgegen.

Nach der innigen Begrüßung setzten wir uns in die Wohnküche. Dort nahmen wir unser Mittagessen gemeinsam ein. Ich war stolz, denn meinen Geschwistern schien es sehr zu gefallen, dass sie uns Zwillinge wieder sehen konnten. Eva schien in der Tat im vollen Besitz ihrer Kräfte zu sein. Sie war glücklich darüber, dass sie fast alle ihre Kinder an diesem wunderbaren Weihnachtstag bei sich hatte. Dass Hubert, mein Vater, nicht da war, tat der guten Stimmung keinen Abbruch. Es ging hoch her.

Nachdem wir gegessen hatten, bestand Eva darauf, dass sich die Zwillinge über Mittag ins Bett legten. Daraus wurde nichts, wir waren alle viel zu aufgeregt. Konsequenz war eben nicht die Stärke meiner Mutter. Da Eva noch einiges für den Heiligen Abend vorbereiten wollte, schickte sie uns hinaus.

»Gabriele, Annegret, zieht die Zwillinge warm an, damit sie sich nicht erkälten«, befahl sie meine Schwestern.

Mich beschlich bereits am Nachmittag große Neugier. Wie würden die Geschenke heute Abend aussehen, wie der Weihnachtsbaum? Zwar hatte ich den Weihnachtsschmuck in offenen Kartons liegen sehen, aber keinen Weihnachtsbaum.

Rolf nahm mich bei der Hand und offenbarte mir seine Überraschung: »Clemens, wir müssen warten bis es dunkel wird. Dann werden wir beide in den Wald gehen und einen Weihnachtsbaum holen.«

Ich war gespannt wie ein Flitzebogen und vor Aufregung kaum zu bändigen.

Als es dunkel geworden war – Eva und meine Schwestern waren gerade emsig in die weihnachtlichen Vorbereitungen vertieft – nahm mich Rolf bei der Hand und zog mich hinaus in den Flur. Als er mich angezogen hatte, liefen wir in den Keller. Dort holte er eine Holzsäge. Dann ging es los. Als wir den Hof betraten, schlug mir die kalte Winterluft entgegen. Es schneite wieder. Die Straßenlampen warfen fahles Licht auf den Schnee. Die Schneeflocken reflektierten deren Lichtschein und wirbelten wie eine Schar von unzähligen Bienen wild durch die Luft. Da meine Schuhsohlen nicht ausreichend Halt boten, rutschte ich immer wieder aus und fiel hin. Rolf griff mir unter die Arme und zog mich hoch. Dann klopfte er mir den Schnee von dem Schneeanzug und schob mir die Mütze zurecht.

Nachdem wir die Häuser unserer Siedlung hinter uns gelassen hatten, mussten wir über einen Weidezaun klettern. Da ich zu klein war, hob mich mein Bruder darüber. Hand in Hand marschierten wir durch den Tiefschnee in den nahegelegenen Wald. Rehe hatten deutliche Spuren im Tiefschnee hinterlassen. Im Wald holte Rolf die Holzsäge, die er unter der Jacke versteckt hatte, hervor und forderte mich auf, einen Weihnachtsbaum auszusuchen. Zunächst mochte mir kein Baum so recht gefallen. Deshalb liefen wir weiter, bis wir schließlich eine kleine Lichtung erreichten. Da stand er vor mir, unser Weihnachtsbaum, groß und kräftig. Noch nie hatten wir im Kinderheim ein so prächtiges Exemplar gehabt. Es war unser »Familienbaum«. Majestätisch streckte er seine schneebedeckten Zweige von sich. Dann erhob ich meinen Zeigefinger und deutete voller Glück darauf. Ritsch, ratsch, es dauerte nicht lange, da fiel der Baum in den Schnee.

»Clemens, fass ihn hier an den unteren Zweigen an, ich nehme die andere Seite«, sagte Rolf.

Natürlich hatte ich meiner Größe wegen nicht die Kraft, den Tannenbaum auch nur einen Zentimeter von der Stelle zu bewegen. Diese Aufgabe erledigte Rolf. Er gab mir allerdings das Gefühl, dass ich derjenige sei, der den Baum nach Hause zog. Immer wieder spornte er mich an: »Zieh Clemens, zieh!« Ich war sehr stolz darauf, dass wir auf so abenteuerliche Weise den Familienbaum nach Hause brachten. Der Schnee knirschte unter meinen Füßen und ich freute mich über die Schleifspur, die der Baum im tiefen Schnee hinterließ. Inzwischen hatte es aufgehört zu schneien. Ein Teil der Wolken gab nun den Sternenhimmel frei. Ich sah unzählige Sterne am Himmel leuchten und beinahe glaubte ich, nach ihnen greifen zu können. Dann huschte ein Reh über die Weide und verschwand im Wald. Rolf und ich sahen ihm hinterher. Es lag ein unbeschreiblicher Zauber über dieser Nacht. Wir richteten unsere Blicke zum Firmament, das immer mehr Sterne freigab. Wie ein Netz von leuchtenden Diamanten verteilten sie sich. Ich fühlte im Schutze meines Bruders eine nie gekannte Geborgenheit und Losgelöstheit, spürte die Kraft des gegenwärtigen Moments. Friedlich und still lag uns die Natur zu Füßen. Es war, als begleiteten uns tausende Schutzengel. Dann zeigte sich der Mond. Der Tiefschnee, durch den wir unsere Spuren gezogen hatten, reflektierte sein sanftes Licht. Es war wunderbar. So muss es im Himmel sein, dachte ich.

»Komm Clemens, wir müssen uns beeilen, die anderen warten daheim auf uns!«

Rolf ergriff meine Hand, während er mit der anderen den Weihnachtsbaum hinter sich herzog. Er atmete angestrengt. Die Luft war eisig. Das tat dem Zauber dieser Nacht keinen Abbruch. Das Glück, das hinter den Mauern von St. Niemandsland nicht zu finden war, erfüllte uns jetzt, während wir durch den Tiefschnee stapften. Auch wenn wir arme Leute waren, die sich nicht einmal einen Tannenbaum leisten konnten, so gab es doch für jedes Problem eine Lösung. Und ich bin mir heute noch sicher, dass wir den schönsten und größten Tannenbaum der Welt gefunden hatten.

Nachdem wir zu Hause angekommen waren, präsentierten wir ihn stolz unserer Mutter und den Geschwistern. Eva und meine Geschwister staunten nicht schlecht, als Rolf den Stamm in den Metallfuß einließ und den Tannenbaum aufrichtete. Dieser war so hoch gewachsen, dass seine Spitze gebogen werden musste, um in unser Wohnzimmer zu passen.

»Die Zwillinge dürfen den unteren Teil des Baumes schmücken, die Mädchen den oberen«, bestimmte Eva, während sie die Weihnachtskugeln aus dem Karton nahm und sie Clara und mir in die Hände drückte.

»Da, für Rolf«, sagte Clara zu mir, während ich ihm die rote Glitzerkugel reichte.

»Guck Clemens, so musst du das machen«, rief er, während er die Drahtschlaufe in den noch feuchten Tannenzweig einhängte.

Nachdem der Tannenbaum geschmückt war, saßen wir andächtig in einem Halbkreis zusammen. Eva und wir Kinder waren überglücklich. Sie nahm Clara und mich auf den Schoß und voller Inbrunst sangen wir: »Stille Nacht, heilige Nacht«. Ich weiß nicht mehr, was ich an diesem Abend für ein Geschenk bekommen habe. Das größte Geschenk für mich war, im Schoß meiner Familie ruhen und die Pracht des Tannenbaumes genießen zu dürfen. Nachdem wir von der Mitternachtsmesse zurückgekehrt waren, schlief ich voll Freude ein.

## Familienglück

Am nächsten Morgen wurde ich von Eva geweckt. Meine älteren Geschwister saßen bereits am Frühstückstisch. Es war einer jener seltenen Tage, an dem der Tisch reichlich gedeckt war. Der Brotkorb war mit geschnittenen Hefezopfscheiben gefüllt. Das gab es fast nie. Vor jedem Gedeck stand ein Eierbecher mit einem weißen Ei darin. Über den Tisch verteilt standen verschiedene Marmeladen- und Honiggläser bereit. Eva wiegte mich sanft in ihren Armen. Meine Geschwister blickten Eva erwartungsvoll an, wann sie nun endlich den Frühstückstisch freigeben würde. Sie lief um den Tisch herum und setzte mich neben Clara auf einer Holzbank ab. Dann band sie uns die Lätzchen um. Rolf und Annegret berieten eifrig, wer welche Scheibe vom Zopf haben dürfe. Da dies in lautstarkem Ton vonstattenging, ermahnte meine ältere Schwester Gabriele die beiden, abzuwarten bis alle am Tisch sitzen würden. Nachdem Eva mich zwischen Gabriele und Clara platziert hatte, reckte ich mich, sodass ich meinen Blick über den gedeckten Tisch wandern lassen konnte. Ich staunte nicht schlecht, als ich die Milchkrüge, Butterschalen, Honig- und Marmeladengläser sah. Zwischen all diesen Kostbarkeiten waren liebevoll brennende Kerzen platziert, die von

Tannenzweigen und Tannenzapfen umrandet wurden. So stellte ich mir das Tischleindeckdich vor.

Da Eva eine sehr gläubige Frau war, forderte sie alle dazu auf, die Hände zu falten und zu beten. Andächtig senkte sie ihr Haupt und sprach: »Lieber Herr Jesus sei unser Gast, und segne, was du uns bescheret hast.«

»Gabriele und Annegret, nehmt die Zwillinge auf eure Arme«, sagte sie.

Nach dem Gebet griffen Rolf und Harry herzhaft zu. Da ich es meinen großen Brüdern gleichtun wollte, ruderte ich unruhig mit den Armen hin und her, wobei ich lautstark meinen Appetit bekundete.

Dabei sah ich, wie Gabriele hastig nach einer großen Scheibe Zopf griff, diese mit Butter und Honig bestrich und genüsslich davon abbiss. Dann tunkte sie ein Stück vom Zopf in warme Milch und steckte es wiederum mir in den Mund. Wie ich das liebte! Ich blickte sie von der Seite an und schmatzte genüsslich. Dann drehte ich mich zu Clara. Ihr schien es ebenfalls zu schmecken. Milch floss ihr aus den Mundwinkeln. Es war ruhig geworden. Eva saß andächtig vor ihrem Frühstücksteller, schweigend und konzentriert. In diesen Augenblicken schien sie in sich zu ruhen und die Welt um sich zu vergessen.

Harry schmatzte, Gabriele schmatzte, alle Kinder schmatzten – eine selig mampfende Runde. Ein Familienidyll.

Es war ein besonderes Weihnachten. Ich weiß nicht, woher der reich gedeckte Tisch kam. Alle schienen das Zusammensein zu genießen. Ich lehnte meinen Kopf mal an Gabrieles, mal an Claras Schulter. Im Schoß der Familie fühlte ich mich geborgen und getragen. Für kurze Momente kehrten meine Gedanken zurück hinter die Mauern von St. Niemandsland, wo das Weihnachtsfest nur für Nicht-Bettnässer bestimmt war. Hier im Kreis meiner Familie – auch wenn Hubert, mein Vater fehlte –, wurde ich vom Familienglück verzaubert. Es war ein erleichterndes Gefühl, keine Angst zu haben, wenn Eva mich morgens aus meinem eingenässten Bette hob. Sie schimpfte nicht. Eva zog die eingenässten Betttücher ab und kochte sie in der Küche in einem Kochtopf aus. Und wenn Eva dazu einmal nicht in der Lage war, übernahmen das meine Schwestern.

Nach dem Frühstück gingen meine Geschwister der Mutter zur Hand, räumten das Geschirr auf und säuberten die Küche. Eva brachte Clara und mich ins Bad, wo wir das Badewasser einlaufen ließen. Als wir uns in der Badewanne gegenüber saßen, setzte sich Eva an den Rand der Wanne und strich uns liebevoll durchs Haar. Eva war ganz Mutter. Dabei wippte sie unruhig mit dem rechten Bein auf und ab. Das tat sie immer, wenn sie saß, außer beim Essen.

Als sie das Bad verlassen hatte, um in der Küche nach dem rechten zu sehen, spielten Clara und ich Taucher. Ich war im Luftanhalten geübt. Unsere Köpfe unter Wasser, tauchten wir den Wannengrund nach versenkten Spielsachen ab. Der, der das Spielzeug zuerst barg, durfte es behalten. Clara begann laut zu schreien, wenn ich ihr unter Wasser das ergriffene Spielzeug wieder entriss. Stolz tauchte ich dann damit auf. Dass das Wasser in solchen Situationen über den Badewannenrand schwappte, bereitete uns große Freude. Dann gab ich ihr den geborgenen Plastikeimer zurück. Unter fröhlichem Gejohle entleerten wir damit die Badewanne. Eva schien an unserem Gelächter Freude zu haben. Das zeichnete sie aus. Sie reagierte mit Güte. Nachdem die Badewanne nahezu leer geschöpft war, nahm sie einen Gummizieher und schob damit das Wasser in den Ausguss. Damit war das Problem erledigt.

Später brachen wir zu einem Winterspaziergang auf. Plötzlich wurde ich von einem Schneeball getroffen. Ich begann laut zu schreien. Eva rief meinen Brüdern zu, sie sollten damit aufhören, uns zu bewerfen. Zu spät. Clara wurde auch getroffen. Es war herrlich. Ich hielt meine Hände immer wieder vor den Mund und wärmte sie mit meinem Atem, um sodann wieder in den kalten Schnee zu greifen und die nächste Kugel zu formen. In diesem fröhlichen Treiben verflog die Zeit. Plötzlich und wie aus heiterem Himmel wurde ich traurig und wütend zugleich. Ich wusste nicht warum, aber plötzlich musste ich an Hubert, meinen Vater, denken. Vielleicht dachte er in diesem Moment an uns. Auf jeden Fall spürte ich diese Gefühlsmixtur aus Trauer und Wut. War ich wütend darüber, dass er Weihnachten nicht mit uns verbracht hatte?

»Was ist los, Clemens?«, fragte mich Rolf.

Ich hielt den Kopf gesenkt und starrte auf den verschneiten Boden. Dann griff ich in den Schnee. Ich verspürte wieder diese blinde Wut, die mich immer wieder aus heiterem Himmel überfiel. Rolf schien das zu spüren. Er drehte sich um und tat so, als würde er mich nicht bemerken. Dann holte ich aus und warf einen Schneeball an seinen Rücken.

»Du Schlawiner«, rief er mir zu, ergriff mich und hob mich über seine Schultern, wobei er sich schnell um die eigene Achse drehte.

Rolf lachte und ich lachte, bis all meine Wut und Trauer verschwunden waren. Dann griff er meine Hände und begann sich erneut so schnell um die eigene Achse zu drehen, dass meine Füße vom Boden abhoben und mein ganzer Körper waagerecht durch die Luft flog, wie in einem Karussell. Da Rolf Kraft und Ausdauer hatte, ließ er mich so lange durch die Luft fliegen, bis mir schwindelig wurde. Es fühlte sich lustig an, danach wieder mit beiden Beinen auf dem Boden zu stehen und zu wanken. In St. Niemandsland gab es solche Spiele nicht. Und wieder wurde ich still. Ich hatte Angst, dass diese Ferien bei meiner Familie bald zu Ende sein würden. Es war ein zäher Gefühlsbrei, in dem ich immer wieder zu versinken drohte. Clara und ich wollten auf keinen Fall zurück in die Hölle von St. Niemandsland. Ich hatte Angst, Angst vor dem sterilen Heimgeruch, Angst vor den Nonnen, Angst vor den Demütigungen und dem Gefühl der Kälte, das mich in St. Niemandsland ständig umgab. Ich fühlte mich wie ein Stummer und fand keine Worte.

Eines Tages klingelte es an der Haustür. Johlend stürzten Clara und ich uns in den Flur um die Haustür zu öffnen. Ich war erschrocken, als ich Frau Riedlinger sah.

»Ihr seid aber stürmisch«, begrüßte sie uns.

Verunsichert blickte sie mich an. Keiner hatte Clara und mich darauf vorbereitet, dass uns Frau Riedlinger heute zurück nach St. Niemandsland bringen würde. Die Ferien waren zu Ende, einfach so.

Eva war zur Haustür geeilt und bat Frau Riedlinger in die Wohnung. Ich ergriff Claras Hand, weil sie ganz still geworden war. In mir stieg wieder dieses Gefühl auf, das mir den Hals abschnürte. Es brannte und bebte. Mein Körper spannte sich an. Dann, als der Druck seinen Höhepunkt erreicht hatte, begann ich laut zu schreien.

»Der Clemens hat sich in den Ferien ja immer noch nicht gebessert«, entfuhr es Frau Riedlinger. »Immer noch so ungezogen und so laut«, fuhr sie fort. »Was soll deine Mutter von dir denken?«, maßregelte sie mich.

Wie ein Besessener rannte ich in Evas Schlafzimmer und suchte Schutz unter dem Bett. Ich konnte und wollte nicht begreifen, dass es zurück nach St. Niemandsland gehen sollte. Eines meiner Geschwister holte mich unter dem Bett hervor und nahm mich auf den Arm. Langsam beruhigte ich mich. Eva schien es auch nicht gut zu gehen. Sie hatte ein trauriges Gesicht. Dann setzte dieses hektische »Pack die Sachen zusammen« ein. Wie ich diese Situationen hasste. Nachdem man mich wieder abgesetzt hatte, griff ich nach Claras Hand. Mit der anderen wischte sie sich Tränen aus den Augen.

Kurz darauf fanden wir uns auf dem Rücksitz des orangefarbenen VW-Käfers wieder. Zerrissen war wieder die Familie, in der ich mich noch vor wenigen Augenblicken geborgen gefühlt hatte. Frau Riedlinger redete viel, während Clara und ich, auf dem Rücksitz sitzend und Hände haltend, St. Niemandsland entgegenfuhren. Dort erwartete uns der Geruch von Terpentin und Kernseife. Und wieder die anstrengenden Morgenmessen. Wieder die Angst vor dem Tatzenstock und der Badewanne. All das stieg in mir auf, während ich aus dem Seitenfenster blickte. Frau Riedlinger würde wieder die Hofeinfahrt nehmen, die durch das große Eisentor die Grenze zu einer anderen Welt markierte. Ich würde wieder in die Fratze namens Schwester B. blicken, würde ihre vom Waschzwang zerschlissenen Hände drücken, würde mich in der Empfangshalle von meiner Zwillingsschwester verabschieden müssen. Dann würde ich mich wieder in eine kratzige Strumpfhose zwängen und die Knickerbockerlederhose darüber ziehen.

All das ging mir durch den Kopf. Mir wurde übel. Aber Gott sei Dank, die schönen Weihnachtsferien mit meiner Familie, die konnte mir keiner mehr nehmen. Sie gaben mir Kraft für den bevorstehenden Heimaufenthalt.

> *Auszug aus den Amtsgerichtsakten K. vom 29.05.19…*
>
> ---
>
> *Betreff:  Vormundschaft B. C., geb. 07.09.19…*
> *            Vormundschaft B. C., geb. 07.09.19…*
>
> *es erscheint Frau H., geb. Sa., Hausfrau in K., und erklärt:*
>
> *Seit dem 17. November 19… bin ich aus dem Nervenkrankenhaus K. entlassen worden. Ich bin jetzt wieder gesund. Mit Beschluss vom 05.Mai 19… (Az. 5 VIII…) wurde die Pflegschaft wieder aufgehoben.*
> *Ich beantrage nun, mir für die beiden kleinen Kinder Clara und Clemens die elterliche Gewalt zu übertragen. Ich möchte nun die beiden Kinder zu mir nehmen. Dies ist mein größter Wunsch. Die beiden Kinder kommen im Herbst in die Schule. Nach der Schule könnten die Kinder in den Hort gehen. Ich bin nicht berufstätig.*
> *An das Stadtjugendamt:*
> *mit der Bitte um Äußerung*

## Zurück in der Hölle

Schwester B. war, wie bereits erwähnt, eine groß gewachsene, korpulente Frau. Ihre Erscheinung flößte mir Respekt ein. Lief etwas nicht nach ihrer Vorstellung, so schlug ihre Stimmung im wahrsten Sinne des Wortes »schlagartig« um. Mir wurde schon früh klar, dass sie Angst bewusst als Erziehungsmittel einsetzte, um Kinder gefügig zu machen. Ich erinnere mich noch genau an jenen Morgen, als wir Kinder von der Morgenandacht zurück in unsere Gruppen kamen. Wir hatten gerade den Spielsaal betreten, als ich vom Flur Schwester B.s laute Stimme hörte: »Du dreckiger Sauhund!«

Dann stieß sie die Saaltür auf und zog Wilfried an den Haaren hinter sich her. Erschrocken starrte ich zu Wilfried, der wie am Spieß schrie. Clara ergriff wie immer, wenn sie sich unsicher fühlte, meine Hand und beobachtete das Geschehen wie wir anderen Kinder.

»Das gehört mir nicht!«, vernahm ich ihn undeutlich.

Hektisch öffnete Schwester B. die Schublade einer Kommode und holte einen hölzernen Handfeger heraus. Wie eine wild gewordene Bestie schleuderte sie nun Wilfried an den Haaren im Kreis umher, bis sie einen Büschel Haare in der Hand hielt. Einige Kinder begannen zu weinen. Keiner von uns vermochte einzuordnen, was uns hier gerade von Schwester B. vorgeführt wurde. Nur an ihrem stechenden Blick konnte ich erkennen, dass sie außer sich vor Wut war – wie ein kleines Kind. Wilfried stürzte und krümmte sich vor Schmerzen. Da griff sich Schwester B. willkürlich eines der anderen Kinder und schlug mit dem Handfeger auf dieses ein.

»Euch werde ich schon Manieren beibringen, Saubande!«, schrie sie uns an. »Nix mehr gibt's heute für euch Saubande.«

Da mich dieses Gebrüll ängstigte, rückte ich näher an Clara heran und begann ebenfalls zu weinen. Es fühlte sich an, als würde man mich von einer hohen Klippe stoßen und ich wusste nicht, wann ich aufschlagen würde. Keine Mütter und keine Väter waren in der Nähe, um uns Kinder vor einer derartigen Bedrohung zu schützen. Ich hätte vor Verzweiflung schreien können. Es war diese unberechenbare Willkür, die ihre Zerstörungskraft in den Kinderseelen entfaltete.

Dieser Ausbruch der Hölle erfolgte stets nach ein- und demselben Muster. Es begann mit einem bedrohlichen Auftreten: Ihre festen Schritte, die auf dem Linoleumboden hallten und sich Augenblicke später in ebenso feste Tritte gegen eines von uns Kindern entluden und bei uns Blutergüsse und blaue Flecken hinterließen. Dabei hatte sie ein fieses, maskenhaftes Grinsen, mit dem sie offenbar die Angst verstärken wollte. Je näher sie mir kam, desto mehr ängstigte ich mich. Triumphierend blitzten mich ihre Augen an. Ihr unruhiger Atem war deutlich zu hören. Sie presste ihre trockenen Lippen in diesen Momenten unrhythmisch zusammen. Dann das Rauschen ihres schwarzen Rockes, der sich wie ein Segel hin und her bewegte. Ich spürte ihre Vorfreude, schlagen und treten zu können. Das tat sie mit sadistischem Vergnügen. Mein Körper war in höchster Anspannung. Nun wurde meine Angst so unerträglich, dass ich in die Hose pinkelte.

Sobald die ersten Tritte, Faustschläge oder Stockhiebe auf mich einschlugen, fiel ich in eine Art Starre. In dieser Starre spürte ich weniger Schmerzen. Ich konnte mich aber dann nicht mehr schützen, indem ich etwa den Arm vor mein Gesicht gehalten hätte. Ich musste es geschehen lassen. Schwester B. schwitzte. Ich pinkelte vor Schreck weiter in die Hose. Diese Gewaltakte waren Stress pur.

Hatte man mir nicht täglich gepredigt, dass es Jesus auf seinem Kreuzweg auch nicht viel besser ging? Ich verabscheue den Kreuzweg. Er wurde in diesem Kinderheim Wirklichkeit. Doch damit nicht genug.

Einen Augenblick später spürte ich, wie auch mich die Hand von Schwester B. an den Haaren packte und im Kreise herumschleuderte. Ich spürte eine Salve von harten Gesichtsschlägen und fiel zu Boden.

»Du Seicher, du dreckiger.« Sie drückte mich mit dem Gesicht auf das vollurinierte Linoleum. »Was hast da für eine Sauerei gemacht?«, brüllte sie mich an. Sie drückte meinen Kopf, für jedes Kind sichtbar, fester und fester in die Urinpfütze. Dann ließ sie ab von mir und griff erneut nach Wilfried. Sie zog ihn an den Haaren hoch und schrie ihn immer wieder und wieder an: »Wem gehört das?«

Wilfried war wie benommen. Da er nicht antwortete, wiederholte sie laut schreiend die Frage: »Wem gehört das?« Nun sah ich, dass Schwester B. ein Spielzeugauto in ihrer Hand hielt.

Hartmut, ein Bluter, der zu Schwester B. in einer Art Mutter-Sohn-Verhältnis stand, hatte behauptet, dass Wilfried ihm das Spielzeug auf dem Weg von der Morgenandacht zurück in den Spielsaal gestohlen hätte. Auf Diebstahl reagierten alle Nonnen äußerst empfindlich, stellt der Diebstahl doch einen groben Verstoß gegen die zehn Gebote Gottes dar.

Tatsache war jedoch, dass dieses Spielzeugauto, ein beiger Sanitätswagen, mir gehörte.

In meiner kindlichen Naivität offenbarte ich mich Schwester B. gegenüber als der wahre Eigentümer. Ich hatte das Spielzeugauto Wilfried geliehen. Hartmut grinste schadenfroh und genoss sichtlich das Chaos, das er im Schutze von Schwester B. angerichtet hatte. Dann stürzte sich Schwester B. erneut auf mich:

»Du Seicher hast hier gar nichts zu melden.«

Dann schlug der Handfeger auf meinen Rücken ein. Ich verspürte einen brennenden Schmerz. Sie hatte mich mit der Kante getroffen.

»Das ist mein Auto!«, schrie ich wütend zurück und das war gar nicht gut.

Widerspenstige Kinder wurden hinter den Mauern von St. Niemandsland überhaupt nicht gern gesehen, da sie Unruhe in die Gruppe brachten. Ich wusste, dass ich mir nichts hatte zu Schulden kommen lassen. Ich wusste auch, dass Wilfried sich nichts zu Schulden hatte kommen lassen. Im Bewusstsein dieser unerschütterlichen Wahrheit brüllte ich erneut:

»Das ist mein Auto!«

Schwester B. war aber, wie die anderen Ordensschwestern auch, nicht an der Wahrheit interessiert. Vielmehr setzte sie die Demonstration ihrer Macht umso härter fort. Sie holte immer wieder aus, der Handfeger landete mal auf meinem linken, mal auf meinem rechten Arm. Mit meinen Armen versuchte ich mich zu schützen. Dann traf er die Schultern. Ich schrie auf. Da ich wie gewohnt eine Knickerbocker-Lederhose trug, die die Schläge stark abmilderte, waren Rücken, Schultern und Arme die bevorzugten Körperteile, auf die sie einschlug. Sie schlug auch auf den Kopf, am liebsten mit der flachen Hand, da diese im Gegensatz zum Stock – oder Handfeger – keine offenen Wunden verursachte.

Da ich nun offensichtlich zum Lügner gemacht wurde, brauchte ich mich nicht weiter um Aufklärung zu bemühen, denn Schwester B. glaubte nur Hartmut, dem Bluter. Ihm tat sie nie etwas zu Leide. Im Falle von körperlicher Gewaltanwendung gegen ihn hätte dies zu ernsthaften Konsequenzen für sie geführt. Einen Bluter zu schlagen, dessen Wunden nicht versiegen wollen, dieses Risiko war auch Schwester B. zu hoch. Daher war er ihr Liebling. Er konnte sich alles herausnehmen. Er durfte lügen, er durfte uns Kinder hänseln, ohne mit ernsthaften Konsequenzen rechnen zu müssen. Wie sehr wir ihn und Schwester B. dafür verachteten.

Dass wegen der Gewaltanfälle von Schwester B. unsere Kinderseelen am Verbluten waren, nahm sie in ihrer Abgestumpftheit nicht wahr. Die tiefen Wunden, die sie in unsere Kinderseelen schlug, waren mit dem bloßen Auge nicht sichtbar. Hinter den Mauern von St. Niemandsland gab es keine Polizisten, keine Staatsanwälte, keine Richter, die diesem Wahnsinn ein Ende hätten setzen können. Es galten hier ausschließlich die Gesetze der katholischen Kirche, deren Handhabung und Auslegung die Ordensschwestern selbst in der Hand hatten – frei von jeder Kontrolle. Aus der Sicht mancher Nonnen herrschte eine Art paradiesische Anarchie.

Nachdem ich meine Abreibung erhalten hatte, setzten sich die Sanktionen aber weiter fort. Als ob die Tracht Prügel nicht genug gewesen wäre. Nun kam die seelische Bestrafung.

»Der Seicher glaubt immer noch, er sei im Recht«, prangerte sie mich an. »Schau mich net so deppert an«, fuhr sie fort, »sonst setzt es gleich nochmal was«.

Ich zitterte am ganzen Körper. Eingeschüchtert neigte ich den Kopf und starrte auf den Linoleumboden. Ich hörte, wie jemand laut schluchzte. Für einen kurzen Moment hob ich meinen Kopf und sah Wilfried immer noch am Boden liegen. Auch meine Zwillingsschwester weinte.

»Was hab ich dir Seicher gerade gesagt?«, donnerte Schwester B. erneut los.

Ich hatte alle Mühe, mich auf den Füßen zu halten. Nachdem ich meinen Kopf wieder in Demutshaltung gebracht hatte, forderte mich Schwester B. auf, einen Wassereimer zu holen und die Pisse wegzuwischen. Die eingenässte Hose durfte ich nicht wechseln. Danach mussten Wilfried und ich uns in verschiedene Ecken des Saales stellen. Manchmal dauerte dieses Stillstehen in der Ecke mehrere Stunden! Das hing ausschließlich von Schwester B.s Laune ab. Während dieser Zeit des Eckenstehens, durften wir uns nicht bewegen und mit niemandem sprechen. Verstöße gegen diese Regeln hatten weitere Bestrafungen zur Folge.

Nach kurzer Zeit begannen meine Beine, wegen der eingenässten Strumpf- und Lederhose zu kribbeln. Es war uns jedoch aufs Strengste untersagt, uns zu bewegen, geschweige denn uns zu kratzen. Menschliche Regungen waren verboten! Eine permanente Grenzüberschreitung. Mir war bald klar, dass Schwester B. uns nicht die ganze Zeit beobachten konnte. Also fuhr ich volles Risiko. Sobald ich das Kribbeln in den Beinen nicht mehr aushalten konnte, oder es mich sonst wo zu jucken begann, kratzte ich mich so unauffällig wie möglich. Dabei wurde ich erwischt. Kurz darauf drückte mir Schwester B. wegen dieser Bagatelle einen Papierkorb in die Hand und befahl mir, diesen zu leeren, und zwar alleine. Dazu musste ich über eine steile Betontreppe in den düsteren Keller des angrenzenden Gebäudes hinabsteigen. Über diesen Keller kursierten Gerüchte, dass dort der »Bullerwackel« lebe, der nur darauf warte, kleine Kinder in die Hände zu bekommen und aufzufressen. Ich hatte furchtbare Angst. Als ich auf die Stufen zuschritt, hielt ich den Papierkorb mit beiden Armen fest umklammert. Ich wendete mich um und sah Schwester B.s kontrollierenden Blick, während sie aus dem Fenster zu mir herüberblickte.

»Los Seicher lauf und pass auf, dass du wieder raufkommst«, rief sie mir schadenfroh zu. Sie wusste, dass ich schreckliche Angst hatte.

Langsam und mit wachem Blick passierte ich die metallenen Mülltonnen, die gefräßig auf den Inhalt meines Papierkorbes warteten. Mit jeder Stufe, die ich in das dunkle Kellerloch hinabstieg, begann meine Fantasie mehr und mehr »Bullerwackelbilder« hervorzubringen. So glaubte ich den Gerüchten, dass sich hinter der Kellertüre dieses mysteriöse Wesen versteckt hielt, um mich zu überfallen. Nur schwach wurde der Kellerraum durch das Licht erhellt, das durch die geöffnete Türe fiel. Meine Knie zitterten, als ich die letzte Stufe erreicht hatte. In diesem Moment wäre ich am liebsten gestorben. So schnell ich konnte, rannte ich auf den Metallcontainer zu. Dieser war mit einem Bügel verriegelt. Mit aller Kraft schob ich den Metallbügel zur Seite. Beißender Müllgestank stach mir in die Nase.

So muss es in der Hölle riechen, dachte ich.

Nur noch den Papierkorb auskippen. Ich hörte wie das Papier in den Metallcontainer fiel. Zurück in der Kleinengruppe, wartete bereits Schwester B. auf mich. Ich fühlte mich elend und schwach. Wieder redete sie Wilfried und mir ein, dass wir Lügner seien und dass wir uns bei Hartmut zu entschuldigen hätten. Im Übrigen dürften wir heute mit den Kindern nicht mehr spielen, denn sie wolle nicht, dass diese den Geruch vom »Seicher« aushalten müssen. Ich steckte noch immer in der vollurinierten Lederhose. Auch wollte sie verhindern, dass wir weitere Kinder beklauen. Nachdem wir uns bei Hartmut entschuldigt hatten, stellte ich mich erneut im Spielsaal in die Ecke und stand Strafe. Irgendwann fing ich an zu glauben, dass ich zu Recht bestraft worden sei. Mir gelang es dann nicht mehr zu unterscheiden, was wahr war und was nicht. Das war das Schlimmste an diesen Erlebnissen, dass sie die Wahrheit zur Lüge erklärten und die Lüge zur Wahrheit.

Der Nachtwunsch

Wir Kinder aus der Kleinengruppe mussten auch in der Sommerzeit früh ins Bett. Die lichtdurchlässigen Vorhänge vermochten den Schlafsaal nicht so abzudunkeln, wie es notwendig gewesen wäre, um rasch einzuschlafen. Hinzu kam, dass sich der Schlafsaal im Sommer tagsüber aufheizte. Da das katholische Reglement bereits für uns Kleinen eine strikte Geschlechtertrennung vorsah, schlief Clara im Schlafsaal nebenan.
Schwester B. allerdings, so gewalttätig sie auch sein konnte, las uns, wenn auch nicht jeden Abend, eine Gutenachtgeschichte vor. An diesen Abenden saß ich in einem der beiden Schlafsäle neben meiner Zwillingsschwester und lauschte gespannt »Grimms Märchen«. Ich war so konzentriert, dass ich oft glaubte, selbst Hänsel oder das Reh von »Brüderchen und Schwesterchen« zu sein. Da saßen wir Kinder, etwa zwanzig an der Zahl, und lauschten gespannt den Worten von Schwester B. In diesen Momenten waren all die Schmerzen, die mir Schwester B. bei ihren Gewaltausbrüchen zumutete, vergessen. Auch die Verzweiflung über den Verlust meiner

Familie, der stetig an mir nagte und der mich oft sehr wütend machte, war verschwunden. Es hatte durchaus etwas familiäres, wenn der kleine Kinderhaufen den Worten von Schwester B. lauschte. Wenn wir besonders aufmerksam zugehört hatten, nahm sich Schwester B. auch für eine Fragestunde Zeit. In dieser vertrauten Runde verspürte ich tiefen Frieden und konnte Kraft und Hoffnung schöpfen.

Wenn Schwester B. aber ganz besonders gute Laune hatte, erfüllte sie mal diesem, mal jenem Kind einen Wunsch. Sie nannte es den Nachtwunsch. Eines Abends war ich an der Reihe. Nachdem Schwester B. das Märchen »Hänsel und Gretel« zu Ende vorgelesen hatte, offenbarte ich ihr meinen Wunsch:

»Schwester B., ich möchte das Märchen ›Brüderchen und Schwesterchen‹ hören«, gab ich ihr mit sanfter Stimme zu verstehen.

Die anwesenden Kinder klatschten vor Aufregung in die Hände und stimmten in meinen soeben geäußerten Wunsch mit ein: »Wir wollen ›Brüderchen und Schwesterchen‹ hören.«

Schwester B. antwortete: »Aber ihr müsst mir alle versprechen, dass ihr danach in euren Betten Ruhe gebt.«

Nachdem wir Kinder im wilden Durcheinander unser Versprechen abgegeben hatten, begann sie erneut das Märchenbuch aufzuschlagen und zu lesen: »Es war einmal vor langer Zeit, da lebte ein König …«

Bilder stiegen in mir auf und erfüllten meinen Geist. Clara saß neben mir, und während Schwester B. uns das Märchen vorlas, war ich mit meiner Zwillingsschwester in jener Hütte, in der sie ihr Brüderchen gefangen hielt, um es vor seiner eigenen Unruhe und Neugier zu bewahren. Je weiter das Märchen fortschritt, desto mehr wurde ich Brüderchen. Ich lief aus dem Hüttchen und trat kurz darauf an das Bächlein, um meinen Durst zu stillen. Dann vernahm ich die Stimme des Bächleins: »Wer aus mir trinkt, wird in ein Reh verwandelt werden.«

Mein Schwesterchen antwortete: »Trinke nicht aus dem Bächlein, mein Brüderchen, sonst wird der Jäger dich jagen und erschießen!«

Da im Verlauf der Märchenstunde mein Durst immer unerträglicher wurde – ich durfte wegen des Bettnässens seit vier Uhr nachmittags nichts mehr trinken –, nutzte ich die nächste Möglichkeit, um dem Hüttchen zu entfliehen. Als ich das Bächlein erreicht hatte, vernahm ich erneut seine Stimme: »Wer aus mir trinkt, wird in ein Reh verwandelt werden.«

Ich beugte mich nach vorne über, benetzte meine Lippen mit dem kühlen Nass und bemerkte, wie es in meinen Gliedern zu knacken begann. Meine kleinen Hände und Füße verwandelten sich in die zarten Läufe eines Rehs. Mein Körper nahm auf zauberhafte Weise dessen übrige Gestalt an. Erst als ich anfing zu laufen, flink wie ein Reh, verspürte ich, dass Veränderung wunderbar sein konnte.

Mein Schwesterchen war erschrocken, als sie mich so sah. Aber ich konnte sie trösten: »Weine nicht, mein Schwesterchen, auch wenn ich nun ein Reh bin, werde ich immer bei dir sein.«

»Das musst du mir versprechen«, erwiderte sie mir.

»Ich verspreche es dir, mein Schwesterchen.«

Dann führte sie mich zurück in unser Hüttchen.

Schwester B. legte für einen kurzen Augenblick das Buch beiseite, griff in ihre Rocktasche und zog ein weißes Taschentuch heraus, um sich die Nase zu putzen. Dann sah sie in die Kinderrunde. Gespannte Kinderaugen sahen sie erwartungsvoll an. Gleich würde sie weiter lesen.

»Als der König in das Hüttchen trat, erblickte er das Reh und die wunderschöne Königstochter«, fuhr Schwester B. fort.

Plötzlich wurde ich traurig. Bald würde das Märchen zu Ende sein und mit ihm würde ich meine Rehgestalt und die damit verbundene Leichtigkeit der zurückkehrenden Realität opfern. Es war eigenartig. Ich hatte keine Angst, als ich die Verwandlung zum Reh vollzogen hatte. Ich verspürte aber Angst, als das Märchenende nahte. All der Zauber und die wunderbaren Bilder, die sich in jenen Märchenstunden offenbarten, wurden mit dem Satz »Und wenn sie nicht gestorben sind, dann leben sie noch heute« zunichte gemacht.

Vorbei war sie, die Märchenstunde. Wir Kinder lösten nun unser Versprechen ein. Die Mädchen gingen, nachdem sie sich zuerst im Waschraum die Zähne geputzt hatten, in ihren Schlafsaal, danach folgten wir Buben in unseren. Wegen der großen Zahl von Kindern war auch das Zubettgehen stets eine Art Massenveranstaltung, unpersönlich und rationell. Schwester B. stand meistens an unserer

Schlafsaaltür und dirigierte mit bestimmender Tonlage die Ausreißer in ihre Betten. Das war eigentlich der vertrauteste Moment, in dem wir Kinder nochmals eine Art Zuwendung von Schwester B. erhielten. Hier in der Gruppe war es nicht so wie in einer Familie, wo die Mutter ihre Kinder in inniger Zuwendung in den Schlaf wog. Nein, in unserer Kleinengruppe hatte Schwester B., die die Gruppe alleine betreute, durch konsequentes Durchgreifen dafür zu sorgen, dass möglichst schnell Ruhe in beiden Schlafsälen einkehrte.

Als ich in meinem Bett lag, wollte ich das Märchen wieder beleben, indem ich in Gedanken noch einmal versuchte, die Gestalt des Rehs anzunehmen. Aber nein, dieser Zauber konnte sich nur dann entfalten, wenn die Stimme von Schwester B. erklang, ja wenn der Kreis der Vertrautheit von uns Kindern gebildet wurde. Ich sehnte mich nach Vertrautheit, nach Familie. Dann warf ich meinen Kopf auf dem Kopfkissen ununterbrochen von der einen Seite auf die andere. So wurde ich müder und müder, bis ich endlich einschlief und in die Welt der Träume eintauchte.

## Verloren im Niemandsland

*Auszug aus den Akten des Stadtjugendamtes K.*
*vom 26.07.19…*

*Frau H. wurde am 21.07.19… in der Wohnung besucht. Sie hat den Haushalt sauber und auch ordentlich. Seit dem 02.06.19… hat sie das Kind Clemens bei sich im Haushalt. Der Bub, der jahrelang im Heim war, nützt die Freiheit bei der Mutter recht aus. Während des Hausbesuches zeigte sich Clemens recht ungezogen. Er hörte überhaupt nicht, was die Mutter sagte. Frau H. ließ das Kind gewähren. Ich hatte den Eindruck, dass sie dem Kind alles durchgehen lässt…*

> *Auszug aus den Akten des Stadtjugendamtes K.*
> *vom 04.08.19...*
>
> *An das Kinderheim St. Niemandsland*
>
> *Betreff: Kinder Clara und Clemens*
>
> *Sehr geehrte Heimleitung:*
>
> *Wir wären Ihnen dankbar, wenn Sie die beiden Kinder Clara und Clemens wieder aufnehmen würden, damit sich die Kinder, die nun im September eingeschult werden, nicht an ein anderes Heim gewöhnen müssen. Bitte haben Sie Verständnis für die etwas schwierige Situation infolge der Krankheit von Frau H. Zukünftig können ja die Kinder dann nur noch in den Ferien beurlaubt werden.*

Die Ferien bei meinen Verwandten waren wieder einmal zu Ende. Clara und ich saßen auf dem Rücksitz des Opel Rekord meiner Tante Gerda. Im Hintergrund spielte leise Schweizer Volksmusik. Ich saß zurückgelehnt, den Kopf auf der Rückenlehne, und betrachtete die vorbeiziehenden Autos, Häuser, Bäume und Verkehrsschilder.

»Müssen wir wirklich zurück nach St. Niemandsland?« fragte Clara Tante Gerda.

»Ja«, antwortete sie.

Aber die Nonnen seien ja ganz lieb und wir bräuchten uns keine Sorgen zu machen. Clara und ich machten uns aber Sorgen. Angst hatte ich vor dem Moment, wenn ich nach dem Abschied von Tante Gerda den roten Opel Rekord mit dem schwarzen Dach vom Hof des Kinderheimes fahren sehen würde. Mir fielen in diesem Moment die Worte von Schwester B. ein, als sie zu meiner Tante sagte, dass Clara und ich nach den Ferien getrennt würden. Ich war stark verunsichert wegen der bevorstehenden Trennung von meiner Zwillingsschwester. Clara sollte in die Mädchengruppe und ich in die Bubengruppe verlegt werden. Schon in den Sommerferien tauchte in mir immer wieder jene klamme Furcht vor dem Umzug in die Bubengruppe und der damit verbundenen Trennung von Clara auf. Ich verstand das alles nicht. Warum trennt man Zwillinge und was würde mich in der Bubengruppe erwarten? Ich wusste es nicht, ich ahnte es nur. Obwohl das Kinderheim St. Niemandsland aus nur drei Kindergruppen bestand, drang kaum etwas von der einen zur anderen hinüber. Aber das, was von der Bubengruppe in die Kleinengruppe drang, hörte sich nicht gut an. So war uns bekannt, dass Schwester C., wie Schwester B. auch, ihre katholischen Erziehungsideale rigoros, unter Anwendung von exzessiver Gewalt durchsetzte. Aber das war ich ja schon von Schwester B. gewohnt. Insofern änderte sich gar nichts. Ich hatte mich meinem Schicksal zu fügen.

Clara und ich hatten also nur eine vage Vorstellung davon, was uns nach dieser Fahrt erwarten würde. Sicher war nur eines, dass wir voneinander getrennt würden. Clara starrte auch aus dem Seitenfenster des Autos. Ich ergriff ihre Hand, weil ich spürte, dass sie traurig und verängstigt war.

»Immer wenn ich dich im Speisesaal sehe, werde ich dir wieder was Kleines zum Spielen mitbringen«, flüsterte ich ihr zu.

Clara nickte stumm. Eigentlich war mir vor Angst zum Heulen zumute, aber ich redete mir ein, stark sein zu müssen. Jesus ist auf seinem Kreuzweg dreimal gefallen, ich aber wusste, dass weder Schwester B. noch Schwester C. ein »Fallen« dulden würden. Ich hatte seinerzeit die Worte von Schwester B. verinnerlicht, dass ich mich »nicht so anstellen« solle. Also, was hatte ich für eine Wahl?

Tante Gerda kündigte uns an, dass wir in einer halben Stunde in Marienburg wären. Ich hasste dieses Unwort »Marienburg«. Im Hintergrund ertönte immer noch Schweizer Volksmusik aus dem Autoradio. Nichts konnte die Zeit stoppen. Ich beobachtete den Sekundenzeiger der Uhr, die in das Armaturenbrett eingelassen war. Mit jedem Sekundenschlag näherten wir uns St. Niemandsland. Ein nüchterner Akt des Zurückbringens für Tante Gerda. Entsetzlicher Stress für uns. Die Tatsache, dass ich nicht wusste, was auf mich zukommen würde, quälte mich dieses Mal zusätzlich. Kein Halt an vertrauten Formen. Es war wie eine Reise ins sprichwörtliche Niemandsland.

»Eure Mama wird euch besuchen kommen«, platzte Tante Gerda heraus. »Eure Mama ist jetzt in einem Krankenhaus in Marienburg, da seid ihr dann nicht so alleine.«

Wie sehr verachtete ich diese Logik meiner Tante: Eure Mama, die sich in der Klapsmühle im selben Ort befindet, wird euch besuchen kommen. Toll, und plötzlich ist die Familienzusammenführung geglückt? Nach der Logik meiner Tante wäre damit das zerrüttete Kinderglück wieder hergestellt. Wie einfach die Welt doch funktioniert.

Dann kam der Wagen auf dem Hof zum Stehen. Kurz darauf erschien eine groß gewachsene Nonne und stellte sich vor: »Grüß Gott Frau Meggli, Schwester C. ist mein Name.« Unsicher lächelte sie Tante Gerda an und reichte ihr dabei die Hand zur Begrüßung.

»Seht ihr Kinder, bei Schwester C. wird es euch gut gehen«, versuchte Tante Gerda uns aufzumuntern.

Clara nickte. Ich schwieg und stand regungslos da. Mir war Schwester C. schon bei den flüchtigen Begegnungen auf dem Hof oder in den Morgenmessen unheimlich gewesen. Auffällig große und unweibliche Hände ragten aus der langärmligen Ordenstracht hervor. Ihr Gesicht hatte nichts Feines, ihr harter Gesichtsausdruck machte mir Angst.

»Der Clemens wird morgen zu mir in die Bubengruppe kommen«, sagte sie zu meiner Tante. »Und Clara wird in die Mädchengruppe zu Schwester B. kommen.« Tante Gerda äußerte sich erfreut darüber, dass alles zu unserem Besten geklärt worden war.

Zum Abschied beugte sich Tante Gerda zu uns herab und küsste unsere Stirn. Der rote Opel Rekord stand für etwas Vertrautes, das nun den Hof verließ und uns der Einsamkeit überantwortete. Ich fühlte mich ab- und ausgeliefert. Der Trennungsschmerz drohte mich zu vernichten.

In diesem Moment ergriff Schwester B. aus der Kleinengruppe, die inzwischen dazugekommen war, meine Hand. Sie schleifte uns mit hastigen Schritten in die Kleinengruppe. Neben mir hörte ich das Weinen meiner Schwester. Wir hatten nicht einmal Gelegenheit, uns auf Wiedersehen zu sagen. Clara wurde eilig in den Schlafsaal für die Mädchen und ich in den der Buben verfrachtet. Verschwunden waren plötzlich Tante Gerda und meine Zwillingsschwester.

»Friss oder stirb«, so fühlte ich mich oft im Kinderheim, wenn ich wieder in eine völlig neue Situation gestoßen wurde.

Da stand ich nun im Schlafsaal in Jeans, T-Shirt und Turnschuhen, wie ein Außerirdischer, der gerade aus einer anderen Welt gekommen war. Das widersprach eklatant der Kleiderordnung des Heimes. Im bayerischen Akzent forderte mich Schwester B. auf, die auf meinem Bett zurecht gelegte Heimkleidung anzuziehen. Dann verließ sie den Schlafsaal. Raus aus der Jeans, rein in die Strumpf- und in die Lederhose. Fertig war das Heimkind! Auch das war ein Abschied. Ich dachte an die vergangenen Ferien, an meine Zwillingsschwester Clara und meinen Vater. Wie dumpf und leer, wie unwirklich war die Stimmung, die hier im Schlafsaal herrschte. Der sterile Geruch, die kahlen Wände und das riesige Kruzifix taten das Ihrige.

## Umzug in die Bubengruppe oder vom Regen in die Traufe

Im Spielsaal der Kleinengruppe stand ich nach dem Frühstück zusammen mit meiner Zwillingsschwester an der Schublade, in der ich meine Spielsachen aufbewahrte. Clara war sehr in sich gekehrt. Unsere erste echte Trennung stand bevor. Ich griff in die Schublade und reichte ihr ein hölzernes Spielzeug, sozusagen als Andenken an mich. Clara wischte sich die Tränen aus den Augen, ich markierte den starken Macker.

»Du wirst sehen«, versuchte ich sie zu trösten, »wir werden uns im Hof beim Spielen wiedersehen«.

Clara nickte schweigend, während sie ihren Blick nach unten gerichtet hielt.

»Und dann kommen wir bald in die Schule, da werden wir uns jeden Tag sehen.«

Plötzlich vernahm ich feste Schritte, die vom Flur her immer näher kamen. Schwester B. öffnete in ihrer gewohnten Art die Saaltür, Schwester C. im Schlepptau. Nun war es soweit. Ich riss mich zusammen, obwohl ich vor Angst hätte schreien können.

Schwester C. war wie Schwester B. eine burschikose Frau. Ihr Gesicht war leicht gerötet, als ob sie sich aufgeregt hätte. Ihre blauen

Augen hatten einen matten Ausdruck und quollen aus ihren tief liegenden und unterlaufenen Augenhöhlen hervor. Ihre Nase ragte streng aus dem Gesicht. Ihr Gesicht hatte einen harten Ausdruck, es hatte nichts Weibliches. Dieses Burschikose setzte sich auch beim Rest ihrer Erscheinung fort. Ihr Schritt war fest und von weitem zu hören. Ihre Bewegungsabläufe waren steif und kontrolliert.

Schwester C. lachte oft ohne Freude, wobei sie ihre Lippen zusammenpresste. Auffällig daran war, dass sie ihr Lachen während des Lachvorgangs verschluckte, sodass eher eine Art Kichern übrig blieb. Dieses Kichern konnte der Beobachter nicht recht einordnen. Man wusste nicht, ob sie von Herzen lachte, ob es aufgesetzt war, oder ob sie ihre Unsicherheit damit überspielte. Jedenfalls unterschied sie sich in ihrer eigentümlichen Lachgewohnheit von anderen Menschen. Was auch ins Auge stach, waren ihre großen Hände mit von Rissen übersäten Fingern. Drückte man Schwester C. die Hand, so hielt man jedoch ein schlaffes Stück Fleisch in der Hand, ohne Druck und Lebenskraft. Schwester C. hatte einen Waschzwang. Sie hatte wohl das Bedürfnis, die Sünden, die unter ihrer Herrschaft geschahen, abzuwaschen. Dieses Ritual gipfelte in dem anschließenden Einreiben ihrer Hände mit einer Kamillensalbe. Dieser Geruch umgab sie stets und er prägte sich mir tief ein. Er war das einzige an ihr, was ich riechen konnte.

Was ich bei Schwester C. außerdem sofort wahrnahm, war eine unterschwellige Aggressivität, die sich, wie bei Schwester B., in banalen Situationen wie ein Vulkanausbruch entladen konnte. Beim Lernen des ABC zeigte Schwester C. zunächst Geduld. Man konnte jedoch unschwer an der Rötung ihres Gesichtes und an dem ungeduldigen Drehen ihres Kopfes erkennen, wann der Ausbruch nahen würde. Ich hatte zwei Möglichkeiten. Erstens: Ich war beim spätestens dritten Versuch in der Lage, das Alphabet in der richtigen Reihenfolge auf das vor mir liegende orangefarbene Papier zu schreiben. Oder zweitens: Schwester C. zog ein hölzernes Lineal hervor, mit dem sie mir bei jedem falschen Buchstaben auf die Hände schlug. Da kam bei sechsundzwanzig Buchstaben einiges zusammen. Diese Lernmethode hatte durchaus ihren Erfolg. Für Schwester C. zählte nur das, was unter dem Strich herauskam. Dieses Vorgehen flößte uns

Kindern große Angst ein. Widerstand zwecklos. Die Belohnung für erfolgreiches Lernen bestand darin, dass Schwester C. das hölzerne Lineal in ihrem Rock stecken ließ. Lob für gute Leistungen gab es nur äußerst selten. Aufgrund dieser Praktiken lernte ich weitaus schneller Lesen und Schreiben als meine Klassenkameraden.

»Komm Heymkind.« So wurde ich auch in der Bubengruppe beim Nachnamen genannt. »Wir haben es eilig und müssen hoch«, forderte mich Schwester C. mit bestimmtem Ton auf.

Mit einem Gefühl gleich dem einer Sau, die zur Schlachtbank geführt wird, packte ich meine Sachen aus der Schublade in einen bereitgestellten Koffer. Dabei biss ich die Zähne zusammen. Dann richtete ich mich auf und fügte mich in mein Schicksal. Solche Trennungsschmerzen prägten meine Kindheit. In den Trennungssituationen war mir, als würde ich ins Bodenlose fallen. Ich folgte Schwester C. schweigend die Treppen hinauf in die Bubengruppe. Dort war ich wie alle, die aus der Kleinengruppe kamen, der »Neue«.

Schwester C. führte mich in einen großen Schlafsaal, in dem auf jeder Seite drei Doppelstockbetten standen. An der Stirnseite des Saales befanden sich zwei Fenster. Zwischen ihnen hing ein riesiges Kruzifix aus Holz, mit dem blutigen Herrn Jesus daran hängend. Bei diesem Anblick verlor ich die Beherrschung. Ich begann laut zu weinen. Schwester C., die mit Tränen eines Kindes überhaupt nichts anzufangen wusste, brüllte mich an, dass ich ein Bub sei und dass Buben nicht weinten. Diesen Spruch kannte ich ja schon aus der Kleinengruppe. Offensichtlich hätte ich nichts dazu gelernt! Da Schwester C. massiv und bedrohlich war, nickte ich kurz und biss erneut auf meine Zähne. Ich hätte kotzen können, so flau fühlte es sich in der Magengegend an. Nachdem Schwester C. mir die Bettsachen überreicht hatte, forderte sie mich auf, das Bett zu überziehen.

»Vergiss nicht die Gummimatte unter das Leintuch zu schieben. Ich hab von Schwester B. gehört, dass du noch ins Bett seichst«, fügte sie hinzu und verließ sodann den Saal.

Nachdem ich das Bett überzogen hatte, setzte ich mich auf den Bettrand. Die Wände des Schlafsaales waren mit braunen Mustertapeten tapeziert. Später gewöhnte ich mir an, die Muster zu zählen. Vor allen Dingen, wenn ich emotional überfordert war und mich ablenken musste, zählte ich Reihe um Reihe, bis ich die ganze Wandseite durchgezählt hatte. Dann kam die nächste Wand …

Den Schlafsaal teilten sich zwölf Buben. Unsere Anziehsachen lagen in einer klobigen Holzkommode unter dem Kruzifix. Ansonsten sterile Leere und muffiger Geruch. An den Wänden hingen keine Bilder. Neben meinem Etagenbett befand sich ein Nachtschränkchen, in dem ich meine wenigen Habseligkeiten aufbewahrte. Allerdings musste ich diese gegen meinen Bettnachbarn und die anderen Kinder oftmals in Kämpfen verteidigen. Links und oberhalb der Eingangsseite des Schlafsaales befand sich zum Flur hin ein großes Fenster. Dort pressten sich die alteingesessenen Buben von außen ihre Nasen platt und verfolgten mein Ankommen mit neugierigen Blicken. Ich fühlte mich beobachtet und wollte allein sein. Die nun vonstatten gehende Schubserei um den besten Platz entging auch Schwester C. nicht. Ich hörte, wie sie mit festen Schritten den Flur entlang und sodann die Treppen hinauf zum Schlafsaalfenster lief, um mit lauter Stimme die neugierige Kinderschar in den Spielsaal zu befehligen. Langsam wurden die Stimmen leiser. Endlich war ich allein und konnte weinen.

Mir war elend zumute und ich zitterte am ganzen Körper. Wenn es für diese Trennung eine vergleichbare Situation gab, dann nur das erste Herausgerissenwerden aus meiner Familie. Wie mochte es nur meiner Zwillingsschwester gehen? Obwohl ich es nicht wirklich wusste, so spürte ich doch, dass auch sie diesen entsetzlichen Trennungsschmerz empfand. Es war eigenartig: Obwohl die Kleinengruppe und die Bubengruppe nur durch zwei Stockwerke getrennt waren, bewirkte die Trennung einen endgültigen Schnitt von meiner Zwillingsschwester und von Schwester B.

Ich verstand schnell, dass ich in dieser Gruppe nur überleben konnte, wenn ich die hier herrschenden Gesetze lernte. Deshalb beobachtete ich die Buben oft. Wer prügelte und täuschte, setzte sich durch. Es ging bisweilen zu wie in einem Wolfsrudel, wo jeder seinen Platz zu finden gezwungen war. Dieses ungeschriebene Gesetz schwebte wie übler Gestank über der Gruppe.

In meiner ersten Nacht in der Bubengruppe konnte ich nicht einschlafen. Obwohl mich Schwester B. aus der Kleinengruppe sehr lieblos behandelt hatte, vermisste ich sie. Sie war mir vertraut. Der Verlust dieser, wenn auch fragwürdigen Vertrautheit, schien mich am Einschlafen zu hindern. So lag ich da und lenkte mich ab, indem ich an Clara und Schwester B. dachte. Wie ging es ihnen? Immer wieder wollte ich anfangen zu weinen und zu schluchzen, doch musste ich dies unterdrücken, aus Angst davor, von den anderen Buben ausgelacht zu werden.

Gefühle waren hier fehl am Platz. Das galt für alle Gruppen des Heimes. Wer fühlte, wurde verletzlich. Vielleicht war das auch ein Grund dafür, dass die Nonnen uns Buben stählen wollten. Stark, wie Siegfried aus der Nibelungensage sollten wir sein, der zwar im Drachenblut badete, dem aber ein Lindenblatt auf dem Rücken zum Verhängnis wurde.

Und in der Tat, um dass auszuhalten, was uns täglich zugemutet wurde, bedurfte es Stärke.

Schließlich drückte ich mein Gesicht ins Kissen, um mein Schluchzen zu unterdrücken. Ich wollte zu den Buben gehören und deshalb folgte ich der Aufforderung von Schwester C. und weinte nicht. Das Einschlafen gelang mir schließlich nur dadurch, dass ich den Kopf, wie gewohnt, auf dem Kissen hin und her warf.

### Eingewöhnzeit

Seit dem Umzug in die Bubengruppe waren einige Wochen vergangen. Hier war es genauso wie in der Kleinengruppe. Ich wurde von Schwester C. und den anderen Buben wegen meines Bettnässens wie ein Aussätziger behandelt. Gott sei Dank war ich nicht der einzige Bettnässer. So fand ich zumindest eine Art Zugehörigkeitsgefühl unter meinesgleichen, unter denen, deren Seelen weinten.

Als ich eines Morgens vom Heizungskeller zurückkehrte, wo ich die gewaschene Seicherwäsche aufgehängt hatte, begegnete mir Schwester N. aus der Wäscherei auf dem Treppenflur. Ich mochte Schwester N., denn sie ließ Nähe zu. Sie zeigte, was sie fühlte, zeigte ihre Fröhlichkeit, zeigte Mitgefühl. Auch war sie die einzige Nonne, die mich mit meinem Vornamen ansprach. Ich vertraute ihr und ich glaube, dass sie mich auch mochte. Schwester N. litt unter einem Sprachfehler, sie stotterte stark.

»N-n-n-na Clemenserl, w-w-w-wie geht's dir, hast du dich gut eingewöhnt in der Bubengruppe?«

Da ich Schwester N. nicht mit der Wahrheit belasten wollte, antwortete ich, dass ich mich gut in die Bubengruppe eingewöhnt hätte.

»D-d-d-das ist sch-sch-schön zu hören«, antwortete sie mir, wobei sie mir mit der Hand die Wange streichelte. Ich glaube, sie spürte aber, dass es mir in der Bubengruppe nicht gut ging. Sie verlor jedoch kein Wort darüber.

»Ich muss weiter Schwester N., die Morgenmesse fängt gleich an.«

»Hast du dich gut eingewöhnt?« Wie oft habe ich diesen Satz in meiner langjährigen Heimkarriere gehört. Das Schlimme am »Eingewöhnen« war, dass es immer wieder aufs Neue stattfand und dass ich teils durch die Entscheidungen des Jugendamtes, teils durch die familiäre Situation fortwährend aus dem sich bildenden Vertrauen herausgerissen wurde. All jene Trennungssituationen, die wie Gift in meiner Seele wirkten, schwächten mein Vertrauen in die Menschen und meine Bindungsfähigkeit. Ich fühlte mich in diesen Situationen ausgeliefert und entwurzelt. Stumm und schweigend hatte ich diese Abschiede und Neuanfänge, die ich als ein Herumgestoßenwerden empfand, hinzunehmen. Ich hatte kein Recht, Fragen zu stellen. Man ließ mich damit alleine.

Ich gewöhnte mich zwar mit der Zeit an die Bubengruppe und an Schwester C. als »Bezugsperson«, meine Heimat jedoch wurden sie nie. Der triste und lieblose Heimalltag, die Kälte der Heimatmosphäre, in der ich meine Sehnsucht nach Geborgenheit zu unterdrücken hatte, erlaubten es nicht, dass ich mich heimisch fühlte. Zuflucht fand ich in meinen Gedanken. Sie waren der einzige Raum, der mir blieb. Keine Kontrolle durch Schwester C. konnte in ihn eindringen.

Auch litt ich unter Selbstzweifeln: Mit mir musste etwas nicht in Ordnung sein, dass ich hier im Kinderheim gelandet war. Bestimmt hatte das auch etwas mit mir zu tun. So ging es auch den anderen Heimkindern. Dieser stille Zweifel nagte an uns allen und das Verhalten der Nonnen nährte ihn: Ein Gefühl der Wertlosigkeit wurde in uns hineingeprügelt. Auch das Verleugnenmüssen der Grundbedürfnisse, wie Durst, Hunger, Gepflegtwerden bei Krankheit, ganz zu schweigen von Geborgenheit und Zuwendung, führte zu einem gebrochenen Selbstwertgefühl. Wann immer ich »normale Kinder« in der Schule oder in den Straßen sah, fühlte ich mich nicht dazugehörig. Ich fühlte mich wie ein Kranker, wie ein Ausgestoßener. Ich fühlte mich wie ein Heimkind! Der Weg in die Normalität war mir versperrt. Dies war auch der Nährboden meiner Aggressionen. Wenn ich sowieso anders war als die »Normalen«, dann konnte ich sie auch anspucken oder verprügeln. Und das tat ich auch.

Als Heimkind war ich ein Entrechteter, warum also sollte ich das Recht anderer achten?

Mit der Rolle des angepassten und braven Heimkindes, die Schwester C. einforderte, konnte ich mich nie identifizieren, zu sehr war ich darauf bedacht, meine Würde zu bewahren. Deshalb zog ich es vor, mich zu wehren, wann immer ich den Mut und die Kraft dazu fand. So prügelte ich mich oft mit den »trocken gebliebenen« und »braven« Buben, wenn diese mich wegen des Bettnässens aufzogen.

Mit der Zeit jedoch gewöhnte ich mich an das Gefühl in der Fremde. Ich wurde heimisch in der Heimatlosigkeit. Mir war es gelungen, die Dinge mit mir abzumachen und um das, was ich zum Überleben brauchte, zu kämpfen. Dieser Überlebenswille ermöglichte es mir, niemals die Hoffnung aufzugeben, dass irgendwann alles gut werden würde.

> *Auszug aus dem Zeugnis der Hauptschule vom Juli 19…*
>
> *Zeitweise wird Clemens von einer motorischen Unruhe ergriffen: Er läuft in der Klasse umher, stört seine Mitschüler oder versucht durch Zwischenrufe die Aufmerksamkeit auf sich zu lenken. Er muss dauernd zur Arbeit angehalten und ermahnt werden. Von der Klasse wird Clemens größtenteils abgelehnt, da er sehr egozentrisch ist und sich nur schlecht anpassen kann.*

## Die Entdeckung meines Schutzengels

Als Schwester C. uns weckte, rieb ich mir verschlafen die Augen. Dann wagte ich einen Blick unter die Decke – siehe da, das Bett war trocken. Welche Freude. Erleichtert und ohne Angst, streckte ich die Arme von mir, schwang mich aus dem Bett und beobachtete meine nach unten baumelnden Füße. Die Luft im Kinderschlafsaal war, wie jeden Morgen, stickig und roch nach scharfem Urin. Es war einer jener seltenen Tage, an denen ich nicht zu den Bettnässern gehörte und deshalb auch nicht mit weiteren Demütigungen von Schwester C. zu rechnen brauchte. Aufgrund dieser Tatsache wurde ich von einer ungeheuren Kraft erfüllt, bereit für einen neuen Tag. Keine Schmerzen waren heute zu ertragen, keine Ängste zu bändigen. Ja, ich hatte es geschafft. Ich fühlte mich frei, heute war ein Festtag.

Mit Freude schlüpfte ich in die Hausschuhe neben meinem Bett. Wilfried lag noch in den Federn und traute sich nicht aufzustehen. Zu groß waren seine Scham und seine Angst, denn er hatte ins Bett gemacht. Schwester C. setzte all ihr pädagogisches Können ein, um dieser Tatsache ihre persönliche Note zu verleihen.

Nachdem sie den Schlafsaal betreten hatte, lief sie zielstrebig auf jene Betten zu, aus dem verängstigte Kinderaugen blickten, auf der Suche nach Beute. Es befriedigte sie, wenn sie überfallartig die Bettdecke an sich riss, um sodann den vermeintlichen Delinquenten in seiner Not und Angst vor den anderen Kindern bloßzustellen. Ich erinnere mich noch sehr genau daran, wie ich immer anfing zu frieren, wenn sie mir die feuchte Bettdecke wegriss und mich so der wärmenden Hülle beraubte.

Wilfried fing an zu weinen und zitterte am ganzen Körper.

»Raus aus dem Bett, du Drecksau«, brüllte sie ihn an.

Dann der Schall von Ohrfeigen. Wilfried wankte und kam zu Fall. Mit der einen Hand stützte er sich auf den Linoleumboden, mit der anderen hielt er den Bund seiner nassen Schlafanzughose fest. Dann Tritte gegen seinen Hintern.

»Vorwärts du Sau, vorwärts!«

Weitere Tritte gegen seinen Hintern. Dann ein Griff in sein Haar. Sie riss seinen Kopf hin und her. Ich vernahm Wilfrieds Röcheln. Und dann, immer wieder, die sich wiederholende verbale Demütigung:

»Du Sau, du dreckige, wie oft habe ich dir jetzt schon gesagt, du sollst mit dem Bettseichen aufhören. Das machst du wohl mit Fleiß.«

Wilfrieds Schreie wurden mit jedem Tritt lauter, Tränen benetzten sein Gesicht. Reumütig blickte er zu Boden. Dann ein Schlag mit der flachen Hand auf seinen Hinterkopf. Wilfried schlug mit dem Kopf auf dem Boden auf.

»Du wirst schon sehen, das gewöhn ich dir ab«, schrie Schwester C. von oben herab.

Meine zuvor gefühlte Stärke wich angesichts dieser Szene. Auch ich wurde ja als Bettnässer in regelmäßigen Abständen auf allen Vieren durch den Schlafsaal getreten. Was für eine ungeheuerliche Demütigung im Namen des Herrn!

Ich konnte ihm nicht helfen, da ich Schwester C. kräftemäßig nichts entgegen zu setzen hatte. Keiner von uns hatte ein Gegenmittel gegen ihre Härte und keiner von uns Bettnässern wusste, wann er der nächste sein würde, der von Schwester C. auf diese Art und Weise seiner Würde beraubt wurde. Scheiß Welt, in die ich da geraten war. Diese Gewaltexzesse waren einfach zum ins-Bett-Pissen. Dass das Bettnässen ein Ausdruck zurückgehaltener Tränen war, erkannte sie nicht.

Wilfried hörte übrigens nach einer Phase des Stotterns irgendwann ganz auf zu sprechen und zog sich völlig in sich zurück. Später wurde mir bewusst, dass ich schon zu dieser Zeit Angst vor einer solchen Reaktion meiner Seele hatte. Das einzige Gegenmittel, das mir gegen diese Angst zur Verfügung stand, war der innere Widerstand gegen Schwester C. Etwas in mir begehrte gegen Schwester C. und die von ihr praktizierte Willkür auf. Es war die nackte Wut, die Hand in Hand mit meiner Verzweiflung ging, die mir aber die Kraft gab, nicht aufzugeben. Obwohl der Preis, den ich zu bezahlen hatte, sehr hoch war. Aber wenigstens bewahrte ich mir auf diese Weise meine Würde. Das spürte auch Schwester C. Ich hatte in diesen Situationen oft das Bedürfnis, dass uns widerfahrene Unrecht auszugleichen. Deshalb kämpfte ich darum, mich nicht zu verschließen, indem ich immer wieder den Mund aufmachte oder mich gar körperlich gegen Schwester C. zur Wehr setzte.

Wilfried weinte inzwischen bitterlich und zitterte wie Espenlaub. Es war jämmerlich dabei zuzusehen, wie Schwester C. ihren sadistischen Bedürfnissen Befriedigung verschaffte. Es war ihr gleichgültig, dass es ein fünf- oder sechsjähriges Kind war, das da vor ihr herkroch und mit seiner Körperhaltung um Gnade flehte. Und das nur, weil es ins Bett gemacht hatte. Schwester C. verhielt sich, als würde sie einen Teufel austreiben.

Plötzlich drehte Wilfried seinen Kopf zur Seite und sah mich für einen kurzen Augenblick mit all seinem Leid, mit all seiner Hilflosigkeit an. Es war wie: »Tu doch etwas, verdammt noch mal, tue etwas!«

Mein Herz drohte zu zerreißen. Dann nahm ich allen Mut zusammen, schickte ein Stoßgebet zu meinem Schutzengel und erlangte mit seiner Hilfe die zuvor verloren geglaubte Stärke zurück. Es war mir nicht bewusst, was für ein hohes Risiko ich nun einging.

Ich lief direkt auf Schwester C. zu und rief so etwas wie: »Erbarmen, bitte haben Sie Erbarmen mit Wilfried!«

Schwester C. drehte sich ruckartig zur Seite und durchbohrte mich mit stechendem Blick. In diesem Moment spürte ich, wie Urin an meinen Beinen hinunterlief. Ungläubig blickte ich zunächst auf meine Oberschenkel, dann auf den Linoleumboden. Langsam wurde die gelbliche Pfütze größer. Immer wieder wechselten meine Blicke zwischen denen von Schwester C. und denen der umherstehenden Kinder. Es war schlagartig totenstill geworden. Kein Gebrüll mehr, keine Tritte. Die Armee der Schutzengel aller anwesenden Kinder schien ganze Arbeit zu leisten.

Wilfried erhob sich langsam und wischte seine Tränen von den Wangen. Dann starrte er Schwester C. an. Sie, die mir soeben noch so unbeschreiblich stark erschien, schien ihm auszuweichen. Die plötzliche Stille im Raum ließ Tränen in mir aufsteigen. Auch andere Kinder weinten. Schwester C. blieb wie gebannt stehen, gerade so, als würde sie eine unsichtbare Hand zurückhalten. Ich konnte ihren schnellen Atem hören. Das auf ihrem Gewand in Brusthöhe aufgesteckte Metallkruzifix bewegte sich unruhig auf und ab.

Dann trat sie mit festem Schritt auf mich zu, während sie sich dabei die Schweißperlen vom Gesicht wischte, und sah mich an, als wollte sie sagen: »Morgen in der Früh hole ich dich«!

Dann senkte sie den Kopf und verließ den Schlafsaal ohne ein Wort zu verlieren. An diesem Tag hatte ich meinen Schutzengel entdeckt!

## Morgenstreich

Schwester C. sollte Recht behalten. Ich erschrak, als sie wie gewohnt das Saallicht anknipste. Sie hatte es auf mich abgesehen. Entschlossen bewegte sie sich auf mein Bett zu. Ihr wuchtiger Körper und ihre festen Schritte machten mir Angst. Wie immer wirkte ihr rauschender Rock wie ein Alarmsignal. Ich war hellwach. Sie trug dieses fiese Grinsen in ihrem Gesicht, in Vorfreude auf das nächste Opfer. Mir war schaurig zumute und ich begann zu weinen. Sie schien zu wissen, dass ich wieder eingenässt hatte. Ich zog die Bettdecke über mein Gesicht und verkroch mich in den hintersten Winkel meines Bettes. Dann spürte ich einen Schlag auf den Kopf und dann noch einen. Ich kauerte mich zusammen und griff so fest ich konnte in meine Bettdecke.

»Du dreckiger Sauhund, dir werd ich's zeigen«!

Ehe ich mich versehen konnte, entriss sie mir die schützende Decke, sodass ich mich nackt fühlte. Ich schrie vor Angst, sie vor Wut. Links und rechts trafen harte Handflächen meine Arme. Dann spürte ich ihren festen Griff im Haar. Ich wurde aus dem Bett gezerrt. Ein Tritt in den Magen, ich schrie. Einer gegen meine Leiste, ich schrie noch lauter.

»Du Drecksau, dich werd ich schon klein kriegen«, brüllte sie mich an.

Ich spürte Tritte gegen meinen Rücken, gegen meinen Kopf, gegen meine Oberschenkel. Ich rief laut nach meinen Schutzengel.

»Der hilft dir jetzt auch nicht mehr.« Der blanke Hass blitzte aus ihren Augen. Dann weitere Ohrfeigen, links und rechts und immer wieder links und rechts. Sie hatte mich überzeugt: »Schweine gehören gewaschen, weil sie stinken.«

Und ich war ein Schwein. Ich quiekte und winselte um Gnade. Dann griff sie nach meinem mit Urin getränkten Bettlaken. Ich lag auf dem Boden und kauerte mich vor Schmerzen zusammen. Ich schrie erneut, als das nasse Leintuch auf meinem Rücken aufschlug.

»Was ist das hier, was ist das?«, schrie sie weiter. »Nur eine Drecksau liegt in so was Dreckigem.«

Dann ergriff sie meine Haare und schüttelte mich und drehte meinen Kopf dabei im Kreis herum. Ich fühlte mich wie in einer Wäscheschleuder, 1200 Umdrehungen in der Minute. Sie drückte meinen Kopf Richtung Boden, in die Demutshaltung, um mich die »rechte Reue« fühlen zu lassen. Im Grunde genommen kam dies einer Vergewaltigung gleich. Als ich in dieser Haltung endlich den Waschraum erreichte, wusste ich, dass die Tortur bald ein Ende nehmen würde. In diesem Moment schossen mir die Bilder von Jesu Kreuzgang durch den Kopf. Er ist dreimal gefallen …

Jetzt noch das kalte Wasser aus der Dusche, einfach Luft anhalten und durch, dachte ich. Schwester C. ließ mich nun los. Ich erhob meinen Kopf und sah sie an. Ich blickte in ein von Wut, nein, von Hass verzerrtes Gesicht. Sie war nass geschwitzt und ich hatte eine Tracht Prügel bezogen, weil ich ins Bett gemacht hatte. Ich spürte, dass dies ungerecht war und in keinem Verhältnis zum Anlass stand.

Noch ein Tritt, dann saß ich mit meinem eingenässten Schlafanzug in der Badewanne.
Kalt, so kalt wie möglich musste das Wasser sein. Ich holte kurz tief Luft. Ein kräftiger Schlag mit dem Duschkopf gegen meinen Kopf und ich bewegte mich nicht mehr. Nun hatte Schwester C. ihr Ziel erreicht, mich durch und durch zu kontrollieren. Ich spürte, wie sich ein kräftiger und eiskalter Wasserschauer über mein Gesicht ergoss. Ich hielt nach wie vor den Atem an, solange ich konnte. Überall eiskaltes Wasser, das auf der Haut schmerzte. Eine Neigung des Kopfes in Richtung meiner Brust genügte, um ein wenig atmen zu können und mich ihrer Kontrolle zu entziehen. Was für ein Gefühl, ich konnte atmen und blieb am Leben, dieses Mal zumindest. Kurz darauf war der Spuk vorüber.
Egal, wie viele Kinder sie darin malträtierte, es wurde keine Kinderbadewanne, sondern blieb die Ihrige.

## Abendstreich

Ich war überaus erleichtert, als sich der Tag zu Ende neigte. Schweigend stand ich vor meinem Waschbecken im Waschsaal, völlig in mich gekehrt, in tiefer Trauer versunken. Meine Arme waren geschwollen, die Oberschenkel schmerzten, mein Rücken brannte, ich hatte rasende Kopfschmerzen. Ich weiß nicht, wer es war, aber jemand zupfte an meinem Ärmel und sagte, dass Schwester C. noch ein Märchen erzählen wolle. Ich nickte, ohne wahrzunehmen, was um mich herum geschah. Trotz aller Qualen des heutigen Morgens verspürte ich eine stille Vorfreude auf mein Bett. Dort war ich zumindest nachts sicher. Mit gesenktem Kopf betrat ich den Schlafsaal und zog mich, nachdem ich den Kinderhaufen und Schwester C. passiert hatte, in mein Etagenbett zurück. Schwester C. schien von mir keine Notiz zu nehmen, denn sie war sehr nachtragend. An solchen Tagen war ich Luft für sie, abgesehen von den Bestrafungsritualen, die sich wie in einer Kette aneinander reihten und völlig unverhältnismäßig waren. Auch heute war es mir nicht gelungen, ihre Liebe wiederzugewinnen. Dieser Liebesentzug war schlimmer als all die Bestrafungen, da er einem seelischen Hungertod gleichkam. Auch bewirkte ihre Ignoranz noch nachträglich Schuldgefühle bei mir und brachte mich in eine Bettelhaltung. Ich glaube heute, dass es sogar eine bewusste Maßnahme war, um Schuldgefühle aufrechtzuerhalten. Und in der Tat, ich betete zu Gott um Vergebung meiner Sünden!

In meinem Etagenbett hatte ich Ruhe und wurde nicht in meinen Gedanken gestört. An jenen Gewalttagen sehnte ich mich nach der Stille der Nacht. Hier gab es kein Sonnenlicht, vor dem ich Angst hatte. Hier gab es keine Stunden, in denen ich mich ausgeliefert fühlte. Hier gab es nur mich. Zwar drang die dumpf klingende Stimme von Schwester C. an meine Ohren, die den Kindern das Märchen vortrug. Mein Märchen hatte heute auch ein gutes Ende: Rückzug, weit weg von dieser Hölle. Und wenn er nicht gestorben ist, dann …

Ich wollte heute nicht mehr, nein, ich konnte nicht mehr sprechen: kein »Gute Nacht«, kein »Schlaf gut«. In meinem Bett kam ich zur dringend benötigten Ruhe. Meine Bettdecke und das Federkissen waren weich. Das Bettlaken, unter das eine Gummimatte geschoben war, war trocken. Was konnte ich noch mehr wollen, als in meinem trockenen und wärmenden »Nest« zu liegen, geschützt vor unerwünschten Einflüssen? Aber nein, dann wieder diese grässlichen Selbstvorwürfe: »Ich bin ein dreckiges Schwein.« Und so fühlte ich mich auch. Meine Gedanken schienen die Schädeldecke zu durchstoßen, so gewalttätig waren sie. Ich sah in vorbeiziehenden Bildfetzen, wie Schwester C.s Füße gegen mich traten, fühlte, wie das mit Urin getränkte Laken auf meinen nackten Rücken einschlug. »Weg mit euch«, zischte ich jene Bilder an, »weg mit euch«. Aber sie verschwanden nicht. Immer wieder kehrten sie zurück, bis ich die zunehmende Unruhe nicht mehr aushielt. Ich rutschte dichter zur Wand hin, weg von der Saalmitte, wo die Kinder immer noch dem Märchen lauschten. Dort, im hintersten Winkel meines Etagenbettes, stieß ich an eine Grenze, da begrenzte sich der Raum. Endlich eine Grenze, kein freier Gedankenflug mehr. Mit meinen Händen strich ich über die raue Tapete, endlich ein Halt. Ich fühlte mich sicherer als vor ein paar Minuten. Keiner konnte mich, so glaubte ich, sehen und was noch wichtiger war, ich konnte niemanden sehen. Wann endlich würde das alles aufhören? Ich biss in mein Kopfkissen, immer fester und fester. Damit konnte ich die Schmerzen meiner Arme, meiner Beine und meines Kopfes ausschalten. Aber eines konnte ich im abgedunkelten Winkel meiner Isolation nicht abschalten: Die aufflammenden Schuldgefühle, die ich gegenüber Schwester C. verspürte. Ich wusste nach wie vor nicht wirklich, warum ich die Tracht Prügel am Morgen bezogen hatte. Zwar hatte ich wieder eingenässt, aber war das wirklich der einzige Grund für das, was ich erlebt hatte? Ich spürte, dass das nicht die ganze Wahrheit war. Es musste da noch etwas geben, was nur mit Schwester C. zu tun hatte. Ihre hemmungslose Wut wurde von einer noch tiefer liegenden Quelle gespeist, die in ihrem Innersten verborgen lag. Wer hatte sie getreten und geohrfeigt, wer hatte sie auf so schändliche Weise verletzt? Die Kraft, mit der sie zutrat, die Entschlossenheit, mit der sie ihre drakonischen Strafrituale durchzog, ja die sadistische Lust, die sie ergriff, wenn ich heulend vor ihren Füßen lag, hatten eine andere Ursache, das spürte ich. Nur bekam ich diese nicht zu fassen. Es war nicht der gelbe Fleck auf meinem Leintuch oder meine nasse Schlafanzughose. Diese waren nur die Brandbeschleuniger. Den Zündstoff trug Schwester C. in sich. Ich war verzweifelt, weil ich keine Antwort auf meine Fragen wusste, aber ich spürte, dass ich weiter nachdenken wollte. Ich wollte ihr dieses Geheimnis entreißen, um endlich meiner Verzweiflung Herr zu werden. Jene Verzweiflung schmeckte bitter. Auch hatte ich oft vor dem Einschlafen Angst, wieder einzunässen. Deshalb kam ich auch nicht zur Ruhe.

»Und wenn sie nicht gestorben sind, dann leben sie noch heute.«

Das war der Satz, auf den ich insgeheim gewartet hatte. Gleich würde sich der Kinderhaufen auflösen und in die Etagenbetten verschwinden, dann würde das Saallicht ausgeschaltet. So geschah es auch und die daraufhin eintretende Erleichterung war unbeschreiblich. Nun gehörte mein Bett vollkommen mir. Kein ängstigendes Licht mehr. In der Dunkelheit fand ich Frieden. Niemand wollte noch etwas von mir. Was für ein Segen.

## Tod und Auferstehung

Es war wieder einer jener Morgen, an dem ich verängstigt in meinem eingenässten Stockbett lag. Über mir lag Paul. Schwester C. hatte seinerzeit entschieden, dass ich nicht auf der oberen Etage des Stockbettes schlafen dürfe. Den Vorzug hierfür hatte sie Paul gewährt, weil er kein Bettnässer war. Schwester C. hatte mir immer als Begründung gesagt, dass ich als Bettnässer den unter mir Liegenden durch herabtropfenden Urin gefährde. Mein Einwand, dass die meist auf meiner Matratze liegende Gummimatte ein Durchtropfen auf die untere Etage verhindern würde, wies Schwester C. mit einer heftigen Ohrfeige zurück. Ein Bettnässer – und besonders einer von meinem Kaliber, der fast täglich einnässte – hatte hier keine Einwände zu erheben. Trotzdem arrangierte ich mich mit Paul durch Tauschgeschäfte. Dafür, dass er zuweilen Spielzeuge von mir benutzen durfte, ließ er mich stundenweise in seinem Bett liegen. An der gegenüberliegenden Wand befand sich ein kleines quadratisches Fenster, hinter dem Schwester C.s Zimmer lag. Das fahle Licht aus ihrem Zimmer drang durch einen giftgrünen Vorhang, der zu ihrer Seite hin das Fenster verdeckte. Wenn das Licht ausging, wussten wir: Schwester C. war im Bett. Dann begann unser Tauschgeschäft. So kam ich hin und wieder, wenn auch nur für eine Stunde vor dem Einschlafen, in den Genuss, meinen Blick von der oberen Etage des Stockbetts durch den Schlafsaal wandern zu lassen. Was für ein erhabenes Gefühl der Freiheit. Der Schlafsaal war auf zauberhafte Art vom sanften Hoflicht erleuchtet. Dieses erhielt durch die orangefarbenen Vorhänge seine besondere, warme Färbung. Dies erfüllte mich mit Glück, als würde ich einen wunderbaren Sonnenuntergang betrachten. Ich erlebte die unterschiedlichen Etagen des Bettes wie zwei verschiedene Welten. Im unteren Bett fühlte ich mich eingezwängt und düster. Mit ihm verband ich auch den Uringeruch. Mit dem oberen die Freiheit und die Übersicht.

Doch zurück zu jenem Morgen, an dem ich verängstigt auf das verhasste in-die-Hände-Klatschen von Schwester C. wartete. Dann war es so weit. Ich hörte, wie sie die Türen der benachbarten Schlafsäle aufstieß und dabei mehrmals in die Hände klatschte. Dieses

Signal genügte, um mir den Schweiß auf die Stirn zu treiben. Dann stieß sie unsere Schlafsaaltüre auf, trat mit festem Schritt ein, knipste das grelle Licht an, klatschte in die Hände und rief:

»Aufstehen, los, es ist Zeit aufzustehen!«

Die Luft im Schlafsaal roch säuerlich nach Urin und anderen Ausdünstungen. Da die ganze Nacht über die Fenster fest verschlossen blieben, hätte man förmlich die Luft mit dem Messer schneiden können. Müde rieben wir Kinder uns die Augen. Zuerst stiegen die Jungen aus den oberen Betten die Holzleiter hinab, dann erst durften auch wir Unteren aufstehen. Dies war ein feststehendes Ritual. Ausnahmen gab es nur für die Bettnässer.

Ich stand neben meinem Bett und stützte mich auf den Nachttisch. Nun wartete ich, bis Schwester C. vor mich getreten war. Wie gewohnt trug ich einen Schlafanzug. In Erfüllung des täglichen Rituals musste ich nach Aufforderung meine Beine spreizen. Dann griff sie mir mit ihren grobklotzigen Fingern in den Schritt. Auf diese Weise wollte sie ertasten, ob die Schlafanzughose nass war. Nachdem sie ihre Hand zurückgezogen hatte, blickte sie mich mit eiskalter Miene an. Ich erschauerte. In diesen Momenten wusste ich, was auf mich zukommen würde. Ich begann zu weinen. Schwester C. griff nach meinem Haarschopf und drehte mich solange im Kreis, bis ich auf den harten Linoleumboden fiel. Dann schrie sie mich in niederbayerischer Mundart an:

»Du Seichhund, du dreckiger!«

Sie war, wie so oft wütend darüber, dass ich, wie sie es nannte, mit »Fleiß« ins Bett gemacht hatte, also mit Absicht und aus Bosheit. Schwester C. glaubte in der Tat an ihre »mit-Fleiß-Theorie«. Diese übelste aller Theorien, die ich in meinem Leben gehört habe, diente ihr als Rechtfertigung für ihre Gewaltexzesse. Die Gewaltexzesse wirkten wie Gift in unseren Kinderseelen, das allmählich unsere Gefühle abtötete.

Nachdem ich mich aufgerichtet hatte und starr wie ein Zinnsoldat wieder neben meinem Bett stand, um weitere Instruktionen von Schwester C. zu empfangen, lief sie auf die andere Seite des Saales, wo Robert, ebenfalls ein Bettnässer, zitternd vor seinem Bett stand und zu mir herüber starrte. Ich fühlte mich ohnmächtig. Auch er, der blonde Daumenlutscher, gehörte heute zu den »mit-Fleiß-Kindern«. Nachdem Schwester C. auch ihm in den Schritt gefasst hatte, um den Feuchtigkeitsgrad seiner Schlafanzughose festzustellen, kochte sie vor Wut. Es war sechs Uhr in der Früh. Sie griff Robert an den Haaren, zerrte ihn durch den Schlafsaal zu mir herüber und packte auch mich wieder am Schopf. Ich hatte Angst. Nicht etwa deshalb, weil sie wie wild an meinen Haaren zog. Diese Schmerzen verspürte ich schon seit langem nicht mehr. Auch nicht deshalb, weil ich ein verhasster Bettnässer war. Nein, ich hatte Angst vor dem, was nun kam. Nachdem Schwester C. Robert und mich an den Haaren über den langen Flur hinüber in den Badesaal gezerrt hatte, mussten wir uns bis auf die Unterhose ausziehen. Ich begann lauter zu schreien, in der Hoffnung, dass Schwester C. dann von mir ablassen würde. Aber heute zeigte dies keine Wirkung. Ich spürte, wie mich zwei Jungs aus meinem Schlafsaal an meinen Armen griffen und in die Badewanne zwängten. Dann griff Schwester C., während sie das kalte Wasser aufdrehte, nach dem Duschkopf und drückte mir diesen ins Gesicht. Und wieder schmerzte das eiskalte Wasser auf meiner Haut, während ich versuchte Luft zu bekommen. Das erreichte ich immer wieder dadurch, dass ich meinen Kopf entweder ruckartig nach links oder rechts warf, oder den Kopf zur Brust hin neigte. Zwar hatte ich nicht den Hauch einer Chance zu entkommen, jedoch gewann ich auf diese Weise einen Atemzug nach dem anderen. Schwester C. und die von ihr gekürten »guten Jungs« aus meinem Schlafsaal versuchten, mich mit brachialer Gewalt am Atmen zu hindern. Ja, ich hatte das Gefühl, als wollten sie mich ertränken. Sie hatte wieder ihren aggressiven, stechenden Blick, der ihre pure Lust am Missbrauch verriet. Als ich erneut versuchte, meinen Kopf hin und her zu drehen, verspürte ich plötzlich einen harten Schlag auf den Kopf. Das herablaufende, eiskalte Duschwasser färbte sich rot. Ich hatte Glück gehabt, denn Schwester C. und ihre anwesenden Folterknechte waren offensichtlich selbst erschrocken. Der Aufschlag der Brause auf meinen Kopf hatte eine Wunde gerissen. Endlich wurde der Hahn abgedreht. Ich saß in der Wanne und rang nach Luft. Das herabtropfende Blut indessen schützte mich. Meine Peiniger ließen von mir ab. Blut ist ein Saft, der, sobald man ihn aus dem Körper austreten sieht, einem bewusst macht, wie verletzlich der Mensch ist.

Ich sah Schwester C. nur für einen kurzen Augenblick in die Augen. Ihr Blick verriet, dass sie wusste, dass sie sich selbst nicht im Griff hatte, ja, dass sie ihr eigenes »mit-Fleiß-Kind« immer und immer wieder bekämpfte. Sie schien die Bestrafungsrituale zu benötigen, um sich und ihre Macht zu spüren. Durch diese Erfahrungen wuchs in mir das Selbstgefühl eines Überlebenden, sie hingegen schien ihr inneres Kind schon lange abgetötet zu haben. Nur dieser innere Tod ermöglichte ihr, so mit anderen Menschen umzugehen.

Nachdem ich mich abgetrocknet hatte und meine Kopfwunde notdürftig versorgt war, wurde es still in mir. Im Zustand völliger Abwesenheit zog ich meine heimtypische Kleidung an. Ich stellte mir in diesen Momenten vor, wie ich in einem fliegenden Bett lag, geschützt und geborgen, in eine weiche Bettdecke gehüllt. In diesen Vorstellungen erfuhr ich Erleichterung. So in Gedankenspielen versunken, kehrte ich zurück in den Schlafsaal, zog mein nasses Leintuch und den Bettbezug ab. Dann lief ich zurück in den Waschsaal. Dort ließ ich heißes Wasser in die Waschbecken einlaufen. Robert stand neben mir und tat das gleiche. Es war gängige Praxis in St. Niemandsland, die Seicherwäsche selbst von Hand auszuwaschen und dann im Heizungskeller aufzuhängen. Ich hatte wieder mal rasende Kopfschmerzen. Robert sah mich immer wieder an, ohne ein Wort zu verlieren. Seine Augen waren stark gerötet. Auch Robert war geistig abwesend, das konnte ich sehen. Ich war froh, als ich nach mehrmaligem Spülen meiner Bettwäsche keine gelbe Färbung mehr im ablaufenden Wasser sah. Robert nahm, nachdem auch er die Bettwäsche gewaschen hatte, auch meine aus dem Waschbecken und trug sie hinunter in den Heizungskeller, der im untersten Geschoss des Kinderheimes lag. Kurz darauf drehte ich den Schlüssel der schweren Stahltür herum und öffnete die Tür mit ganzer Kraft. Robert, der die tropfende Bettwäsche in seinen Armen hielt, folgte mir. Ich war zwar nicht gerne im Heizungskeller, aber die wohlige Wärme, die die wuchtigen Heizungsrohre abstrahlten, und die darin herrschende Ruhe taten mir gut. Auch konnte kein Sonnenlicht in ihn eindringen. Robert war einen Kopf größer als ich und erreichte die Wäscheleine mühelos. Nachdem er auch meine Bettwäsche aufgehängt hatte, liefen wir in den Speisesaal. Dort tranken wir unseren Malzkaffee und aßen eine Scheibe Marmeladenbrot. Doch auch hier ging die Bestrafung noch weiter. Schwester C. wusste, dass ich keine Aprikosenmarmelade mochte. Genau diese ließ sie mir dann immer hinstellen, wenn ich ins Bett gemacht hatte.

Wenig später saßen wir in der hauseigenen Kapelle zur morgendlichen Andacht. In den vorderen Reihen wir Buben, dahinter die Mädchen. In der letzten Reihe waren die Schwestern. Ich drehte für einen Augenblick meinen Kopf nach hinten und suchte mit verzweifeltem Blick nach meiner Zwillingsschwester. An diesem Tag konnte ich sie jedoch nicht sehen. Stattdessen erntete ich einen strengen Blick von Schwester C., die auch die morgendlichen Andachten mit Argusaugen überwachte. Ich fühlte mich einsam und verlassen. Verzweifelt presste ich mein Kinn auf die Brust und hielt meine Augen geschlossen. Ich würgte die Schmerzen der vergangenen Stunde hinunter. Meine Seele war zu Tode betrübt. Mal sehnte ich mich nach Evas Armen, mal nach der Maria Mutter Gottes, von der uns der Stadtpfarrer in den Morgenandachten so viel erzählte. Ich war fest im Würgegriff jener vertrauten Ohnmacht, von jener unterdrückten Wut. Tränen rannen die Wangen herab und tropften auf die Kniebank. Meine Nase lief. Ich versuchte, mich ruhig zu verhalten. Nur nicht schluchzen, nur nicht bewegen, nur nicht auffallen. Ich spürte Schwester C.s strengen Blick im Nacken. Was war das für eine Welt, in die ich da geraten war?

Trotz meiner Hoffnungslosigkeit und Verzweiflung fühlte ich mich plötzlich wie von einer anderen Energie erfasst. Etwas zog meine Aufmerksamkeit zu den Ministrantenstühlen, die sich rechts vom Altar befanden. Es war, als würde mich eine unsichtbare Kraft, die von dort herkam, in meinem freien Fall auffangen. An jenem Morgen, als ich mich auf die Kirchenbank kauerte und gefühlsmäßig dem Tode nahe war, erhob ich meinen Kopf und sah eine nicht von dieser Welt stammende Erscheinung auf einem der Ministrantenstühle sitzen. Die Gestalt war in ein türkisblaues Gewand gehüllt. An ihm war ein purpurroter Umhang angebracht, dessen

Stoff in filigrane Falten fiel. Ich erblickte das Gesicht eines jungen Mannes. Sanftmütig und erhaben ruhten seine Hände im Schoß, während er aufrecht dasaß und sich nicht bewegte. Seine langen schwarzen Haare fielen bis auf die Schultern. Seine feinen Lippen waren liebevoll zu einem Lächeln geformt. Als ich in seine tiefblauen Augen blickte, aus denen eine unbeschreibliche Kraft strömte, wich ich seinem Blick zuerst aus. Alles an diesem Mann war von Erhabenheit und Vollkommenheit durchdrungen. Dann suchte ich erneut seinen Blick. Dieser erfüllte mich nun mit einer noch nie gekannten Klarheit und Ruhe und brachte die Angst und Verzweiflung zum Erlöschen. Und mit dem Erlöschen jener Gefühle hörte ich auch auf zu fallen. Ich sah immer wieder in die Augen dieses Mannes, um es noch einmal zu erleben: seine alles durchdringende Kraft, seine erhabene Ruhe, sein wohltuender Friede, seine bedingungslose Liebe, die alle Grenzen meines Wesens aufzuheben vermochte. Diese wundervolle Erscheinung war Schutzengel und Jesus zugleich. Sie war wie jene Lichtgestalt, die mich aus dem Paradies vertrieben hatte. In ihr erstand ich auf.

Aber als mir bewusst wurde, dass ich hier jemandem in die Augen sah, der nicht von dieser Welt war, der sich mir vom Ministrantenstuhl aus in aller Klarheit und Kraft offenbart hatte, ergriff mich die nackte Angst. Täuschte mich mein Geist? Ich presste erneut mein Kinn auf die Brust und suchte Schutz in mir selbst. Obwohl ich fühlte, dass mir diese Erscheinung nichts Böses wollte, musste ich mich von ihr zurückziehen, weil mich das von ihr ausgehende Kraftfeld überforderte. Als ich meinen Kopf erneut hob und meine Blicke auf den Ministrantenstuhl richtete, war die Erscheinung verschwunden und mit ihr meine Schmerzen und alles Leiden. Ich fühlte tiefste Entspannung, ja wahren Frieden in mir. Mein Schutzengel, oder was auch immer für ein Wesen das war, hatte an diesem heiligen Ort alle Last und Angst von mir genommen. Mehr noch, er hatte etwas in mich hineingelegt. Eine unbeschreibliche Kraft regte sich in mir, die danach verlangte, gelebt zu werden. Ich wollte in der Hölle von St. Niemandsland nicht untergehen, nein, niemals würde mich Schwester C. brechen. Das war die unausgesprochene Vereinbarung, die ich mit Gott an diesem

Morgen getroffen habe. Von diesem Augenblick an, wusste ich: Ich bin ein Überlebender!

»Danke«, flüsterte ich meinem Schutzengel und Jesus demütig zu.

> *Auszug aus den Akten des Stadtjugendamtes K.*
> *vom 08.03.19...*
>
> An Frau Meggli.*
>
> *Ich muss mich nun mal erkundigen, wie es den Kindern C. und C. in der Schule geht? Hoffentlich machen sie gute Fortschritte. An das Heim werde ich noch schreiben.*
>
> *Mit freundlichen Grüßen*
> *Die Fürsorgerin*
>
> \* Anm. d. Verf.: Brief der Fürsorgerin an meine Tante

## Vermeidung

Es war früh am Morgen. Wie so oft erwachte ich gegen vier Uhr, weil ich wieder ins Bett gemacht hatte. Obwohl ich mich in meinem feuchtwarmen Bett wohl und geborgen fühlte, war es die nackte Angst vor »dem Erwischtwerden«, die mich aus dem Bett trieb. Ich hatte nun etwa zwei Stunden Zeit, um das Bettlaken und meine Schlafanzughose mit den bloßen Händen trocken zu reiben. In dem Moment, als ich bemerkte, dass ich wieder ins Bett gemacht hatte, überfiel mich immer ein Gefühl tiefer Schuld. Noch im Halbschlaf versunken, betete ich gebetsmühlenartig zu Gott, dass er mir verzeihen und mich beschützen möge. Die Angst jedoch war stärker. Sie zwang mich, die Augen zu öffnen, obwohl ich sehr müde war. Diese Nacht durfte nicht vergehen, der Morgen niemals anbrechen. Das Abwägen zwischen »Liegen-bleiben-Wollen« und »Aufstehen-Müssen« kostete mich unbeschreibliche Kraft. Liegenbleiben bedeutete Strafe. Aufstehen und Trockenreiben bedeutete Überleben. Gott rührte sich nicht. Als ich schließlich die Augen geöffnet hatte und in die Dunkelheit des Schlafsaales blickte, sah ich fahles Licht durch die Fenster fallen. Vorsichtig schob ich die Bettdecke beiseite und setzte mich an den Rand. So saß ich etwa fünf Minuten und starrte vor mich hin. Ich sah den Tatzenstock auf meine Hände aufschlagen, spürte den eiskalten Wasserstrahl im Gesicht, der mich zu ersticken drohte. Ich vernahm das krampfhafte Lachen von Schwester C. in der Ferne. Aber was am schlimmsten war, war die unbeschreibliche Angst und Einsamkeit, die mir in diesen Situationen die Tränen in die Augen trieb. In diesen Augenblicken sehnte ich mich nach einem Zuhause, wo ich ein Kind sein durfte. Ich nahm mein Kissen auf den Schoß, beugte mich nach vorne über und biss in den weichen Stoff. Da ich dieses Ritual auch beim Einschlafen praktizierte, hatte der Kopfkissenbezug innerhalb kürzester Zeit unzählige kleine Löcher bekommen. Dann ließ ich meinen Blick an den Stockbetten entlanggleiten. Ich prüfte aufmerksam, ob die anderen Buben schliefen. Die Luft war rein. Dann erhob ich mich. Meine Augen hatten sich inzwischen an die Dunkelheit gewöhnt. Langsam zog ich das eingenässte Leintuch von der Matratze und hielt mit meinen Bewegungen inne, sobald ich hörte, dass sich einer der Buben bewegte. Ich stand unter großer Anspannung. Ich wollte auf keinen Fall erwischt werden. Ich erinnere mich an einen Morgen, ich zog gerade wieder das eingenässte Leintuch von der Matratze, als sich plötzlich die Schlafsaaltür öffnete und Robert hereinkam. Ich hatte ihn jedoch nicht sofort erkannt. Mit einer Drehung warf ich mich wieder auf meine Matratze, wendete meinen Kopf der Wand zu und stellte mich schlafend. Mein Herz raste vor Angst und mein Atem stockte. Robert war auch Bettnässer. Sein Bett stand dem meinen gegenüber. Dann hörte ich seine Schritte auf mich zukommen. Ich kniff, so fest ich konnte, meine Augen zu und biss in mein Kissen, um nicht vor Angst loszubrüllen. Als er mein Bett erreicht hatte, berührte er mich an der Schulter. In diesem Moment machte ich vor Angst erneut ins Bett. Dann zog er mich an meiner Schulter zu sich, bis ich in sein Gesicht sah. Mir fiel ein Stein vom Herzen. Da stand er vor mir, sein Leintuch in den Händen haltend. Triumphierend streckte er es mir entgegen. Es war trocken gerieben. Unter uns Bettnässern war das Trockentreiben der Leintücher und Schlafanzüge eine Methode, um der täglichen Gewalt von Schwester C. zu entgehen.

Nachdem ich die Schlafsaaltür erreicht hatte, stand die härteste Prüfung bevor. Ich musste den langen, dunklen Flur überqueren, vorbei an Schwester C.s Tür, um die Bubentoilette zu erreichen. Am Ende des Flures fiel vom angrenzenden Treppenhaus ein schwacher Lichtstrahl auf den polierten Linoleumboden. Ich zitterte am ganzen Körper. Die nasse Schlafanzughose und das Oberteil hatten seit Verlassen meines Bettes deutlich an Wärme verloren. Dazu kam, dass ich bei all dem Stress, den ich nachts zu bewältigen hatte, immer wieder vergaß, meine Hausschuhe anzuziehen. Ich wartete für einen kurzen Augenblick an der Schlafsaaltür. Sobald sich irgendeiner der Buben im Bett bewegte, hustete oder schnarchte, drückte ich ruckartig die Türklinke, damit dieses Geräusch überdeckt wurde. Dann verließ ich vorsichtig den Raum. Ich hielt das Leintuch fest an die Brust gedrückt, während ich auf Zehenspitzen über den Flur lief. Dabei behielt ich auch die Zimmertür von Schwester C. im Auge. Nicht auszudenken, was geschehen wäre, wenn sie mich erwischt hätte. Der Flur hatte einige dunkle Nischen. Ich hatte stets große Angst, dass sich darin der Bullerwackel versteckt hielt. Besonders die eindrücklichen Darstellungen des Teufels und seiner Mitstreiter in der St. Vincenzskirche beflügelten meine Fantasie und damit meine schnellen Schritte hinüber zur Toilette. Endlich hatte ich sie erreicht. Obwohl es im Eingangsbereich der Toiletten ebenfalls fast dunkel war, weil dort kein Licht brannte, erkannte ich wegen der kalten Fliesen unter meinen Füßen das Ziel. Erst hier beruhigte ich mich. Als ich mich eingeschlossen hatte, setzte ich mich auf die Kloschüssel und begann Stelle für Stelle des Leintuches und meiner Schlafanzughose trockenzureiben. Das geschah in der Weise, dass ich den nassen Stoff zwischen die Handballen nahm und diese solange aneinander rieb, bis die Reibungswärme die Nässe zum Verdunsten brachte. Ich kann mich nicht mehr daran erinnern, wie lange ich für das Trockenreiben benötigte. Ich erinnere mich jedoch sehr gut an das Gefühl der Erleichterung, wenn ich keine feuchten Stellen im Stoff mehr fand. Zurück im Schlafsaal, überzog ich die Matratze mit dem trockengeriebenen Leintuch. Ich freute mich über die Wärme und das trockene Bett und dass es mir gelungen war, Schwester C. zu täuschen. Ich war stolz! Heute war ich ihrem Terror entgangen. Nachdem ich mich zugedeckt hatte, fiel ich erschöpft in den Schlaf zurück.

> *Auszug aus dem Entwicklungsbericht des Kinderheims St. Niemandsland vom 01.12.19...*
> 
> ---
> 
> *Im Heim hat sich Clemens wenig geändert. Er macht sich durch seine Angeberei und Streitsucht in der Gruppe unbeliebt. Freilich hat Clemens auch seine guten Tage und ist den Erzieherinnen gegenüber hilfsbereit und entgegenkommend. Da ist der Punkt mit viel Geduld immer wieder zu versuchen, Clemens zu zeigen, dass uns an seiner Entwicklung zum Besseren sehr viel gelegen ist. Leider muss erwähnt werden, dass Clemens noch öfters einnässt in der Nacht und ist deshalb in ärztlicher Behandlung.\**
> *Die Kinder werden von der Mutter nicht besucht.*
> 
> \* Anm. des Verf.: Ich kann mich lediglich an einen Arztbesuch wegen Bettnässens erinnern. Dabei wurde ich auf eine Vorrichtung gelegt, wo mir über einen Spanngurt mehrere Tennisbälle in den Bauch gedrückt wurden, bis mir schlecht wurde.

## Die Lungenentzündung

Ich wachte mitten in der Nacht auf, weil ich unerträgliche Schmerzen in der Brust hatte. Ich schwitzte und hatte Fieber mit Schüttelfrost. Das Atmen fiel mir schwer. Jeder Atemzug schmerzte. Die anderen Buben schliefen. Deshalb nahm ich mein Kopfkissen und drückte den Kopf hinein, um husten zu können. Es war fürchterlich, denn ich spürte, dass etwas mit mir nicht stimmte. Vorsichtig schob ich das Federbett beiseite und richtete mich auf. Dann ließ ich meinen Atem behutsam tiefer werden, in der Hoffnung, dass die Schmerzen nachlassen würden. Sie ließen aber nicht nach. Mein Schlafanzug, das Kopfkissen und das Bettzeug waren vom Schweiß durchnässt. Zuerst dachte ich, dass ich ins Bett gemacht hätte. Deshalb roch ich am Laken. Kein Uringeruch. Ich beugte immer wieder den Oberkörper nach vorne und presste meine Hände auf die Brust. Diese verfluchten Schmerzen! Dann schüttelte es mich vor Kälte. Es war wie in der Badewanne. Ich hatte das Gefühl zu ersticken. Am liebsten hätte ich laut losgeheult. Aber das ging nicht. Die Buben und Schwester C. nebenan schliefen. Erneut drückte ich mein Gesicht in das Kopfkissen, um husten zu können. Ich wurde von der unbändigen Angst getrieben, dass einer der Buben, oder gar Schwester C., aufwachen würden. Am liebsten hätte ich aber an Schwester C.s Türe geklopft und sie geweckt. Das aber war unmöglich. Also blieb ich auf mich allein gestellt.

Einem spontanen Impuls folgend ging ich in den Waschsaal, um mich kalt abzuduschen. Das wäre das erste Mal, dass ich von mir aus in die Badewanne stieg. Not macht erfinderisch. Zitternd schob ich das Federbett beiseite und streifte mir die Hauspantoffeln über. Ich hatte Durst. Schweiß rann mir vom Körper. Bevor ich aufstand, ließ ich meinen Blick prüfend durch den Schlafsaal wandern. Er blieb am kleinen Fenster mit dem giftgrünen Vorhang von Schwester C. hängen.

Sie blödes Arschloch, dachte ich mir. Sie liegen in ihrem Bett, während ich hier mit Schmerzen kämpfe. Schwester C. war heute Nacht keine Option, das spürte ich. Hilfe würde ich von ihr keine bekommen, das hatte die Erfahrung gezeigt.

Ich war erleichtert, als ich wahrnahm, dass die Buben und Schwester C. schliefen. Dann schlich ich mich, wie so oft, hinüber in den Waschsaal. Mir war kalt. Als ich vor der Badewanne stand und das Wasser aufdrehen wollte, hörte ich ein Geräusch. Ich erschrak. Vorsichtig versteckte ich mich hinter der Trennmauer, an der die Waschbecken hingen. Dann wieder Stille. Angestrengt spitzte ich die Ohren. Immer noch Stille, keine Geräusche mehr. Ich trat erneut an die Badewanne. In mir lehnte sich alles auf, das kalte Wasser aufzudrehen. Ich wollte trotz des hohen Fiebers nicht in die Badewanne steigen, nicht freiwillig. Ich trat zurück und überlegte. Dann wieder Husten und Schmerzen in der Brust. Schnell griff ich nach einem Handtuch und drückte es mir vor den Mund. Leise sein, bloß kein Geräusch machen. In meiner Not kam ich auf eine geniale Idee. Ich betrachtete den graumelierten Fliesenboden und bückte mich, um dessen Temperatur zu fühlen. Er war kalt. Ein guter Ersatz für die Badewanne. Ich zog mich aus, trocknete meinen Körper vom Schweiß und legte mich splitternackt auf den Fliesenboden. Leise weinte ich und betete zu Gott, dass er mich heute Nacht nicht sterben lassen möge. Ich fühlte mich, wie so oft, einsam und verlassen. Es wirkte, ich kühlte ab.

Ich weiß nicht mehr, wie lange ich auf dem kalten Fliesenboden lag. Irgendwann muss ich eingeschlafen sein. Ich wurde durch die Spülung des Klos geweckt, das sich direkt neben dem Waschsaal befand. Ich erschrak. Angespannt sah ich ins Dunkel. Dann hörte ich Schritte. Es waren glücklicherweise nicht die von Schwester C., dazu waren sie zu leicht. Ich lauschte den Schritten, bis sie in einem der Schlafsäle verschwunden waren. Gott sei Dank.

Das Schwitzen hatte nachgelassen. Die Schmerzen in der Brust nicht. Ich war erschöpft und ausgelaugt. Vorsichtig zwängte ich mich in den klammen Schlafanzug. Ein widerliches Gefühl, sich feuchte Klamotten anziehen zu müssen. Aber ich hatte keine andere Wahl. Da ich keine Kraft mehr hatte, machte das Trockenreiben keinen Sinn. Es musste eine andere Lösung her. Als ich mein Bett wieder erreicht hatte, drehte ich das Federbett und das Kopfkissen mit der feuchten Seite von mir weg. Dann legte ich mich ins Bett und zog die Bettdecke bis zum Hals. Immer wieder sah ich hinüber zu Schwester C.s Fenster. Wann würde sie das Licht anschalten? Hatte ich noch genug Zeit, um den Schlafanzug mit meiner Körperwärme zu trocknen? Mit diesen Ängsten schlief ich ein.

Schwester C. betrat den Schlafsaal und knipste das Licht an. Ich lag verschwitzt in meinem Bett. Es hatte nicht geholfen, ich hatte immer noch Fieber und diese grässlichen Schmerzen in der Brust.

»Heymkind aufstehen«, forderte sie mich auf. Ihr Blick verriet nichts Gutes. Ich hatte Angst, auch weil ich mich so schwach fühlte.

»Hast wieder ins Bett geseicht«, raunzte sie mich an.

»Nein, ich habe Fieber«, antwortete ich unsicher.

»Fieber hast du also.«

Als ich vor ihr stand, griff sie mir nicht zwischen die Beine, um zu prüfen, ob ich ins Bett gemacht hätte, stattdessen legte sie die Hand auf meine Stirn, um zu fühlen, ob ich Fieber hätte. Das war ein merkwürdiges Gefühl. Schwester C. hatte mich noch nie auf diese Art berührt. Das war eine völlig neue Erfahrung.

»Das Fieber kommt vom Onanieren«, sagte sie.

Ich tat so, als ob ich nicht verstehen würde. Natürlich wichsten wir Buben bisweilen um die Wette. Das war gängige Praxis in der Gruppe. Allerdings hatte ich nie beobachten können, dass die anderen davon Fieber bekommen hatten. Nun ja, vielleicht war ich ja eine Ausnahme.

»Schau mich net so deppert an«, meinte sie. »Du hast schon verstanden, was ich meine. Wenn du nicht onanierst, kriegst du auch kein Fieber.«

Die Buben starrten mich an. Vielleicht hatten sie Angst, dass ich sie wegen unserer Wichserei bei Schwester C. anschwärzen würde. Das machte ich aber nicht. Ich weiß nicht, wie oft Schwester C. sich selbst befriedigt hatte. Ich glaube überhaupt nicht, denn sie hatte nie Fieber.

Dann wandte sie sich zu meiner Überraschung von mir ab und ließ mich einfach stehen. Kein Mitgefühl, keine Hilfe, aber welch ein Glück, auch keine kalte Dusche …

Erst Jahre später suchte ich als Erwachsener wegen neuerlicher Lungenschmerzen einen Pneumologen auf. Nachdem er das Röntgenbild begutachtet hatte, sah er mich ungläubig an.

»Sie sind hart im Nehmen, Herr H.«, sagte er.

»Warum?«, fragte ich.

»Ihre Lunge weist erhebliche Vernarbungen auf. Können Sie sich an irgendwelche Lungenerkrankungen erinnern, Pneumonie oder ähnliches?«

Sofort kam mir jene schmerzvolle Nacht in Erinnerung, aber ich antwortete nicht.

»Ihnen fehlt ein Stück von Ihrem linken unteren Lungenflügel. Der ist irgendwie zusammengefallen«, konstatierte er.

Schwester C., ich hoffe Sie hatten damals einen ruhigen Schlaf, dachte ich mir nur.

> *Auszug aus den Akten des Stadtjugendamtes K.*
> *vom 21.06.19...*
>
> ---
>
> *Schreiben des Stadtjugendamtes K.*
> *an das Vormundschaftsgericht:*
>
> Clemens ist immer gesund und hat sich auch körperlich normal entwickelt. Auffällig ist er zeitweise nur durch sein Einnässen, was aber bei den älteren Geschwistern teilweise auch der Fall war.

## Die Maiandacht

In mir machte sich stets ein schleichendes Gefühl von Unwohlsein breit, wenn die Tage länger und die Nächte kürzer wurden. In der dunklen Jahreszeit fühlte ich mich geborgener als in den hellen Sommermonaten, in denen die Tage kein Ende nehmen wollten. Im Herbst und Winter fühlte ich mich durch die früh einsetzende Dunkelheit geschützt. Wir mussten früher ins Bett und damit war sichergestellt, dass sich Schwester C. auch früher in ihre Klause zurückziehen würde. Welche Erleichterung.

Morgens auf dem Weg zur Schule trat ich in die Laubhaufen, die der städtische Reinigungsdienst in deutscher Manier ordnungsgemäß zusammengefegt hatte. Ich fühlte mich traurig. Das Unwohlsein wurde durch die mir innewohnende Angst verstärkt, dass die Bäume vielleicht nie mehr grüne Blätter hervorbringen würden. Was, dachte ich oft, wenn Herbst und Winter vergehen und im Frühling keine neuen Blätter nachwachsen?

Hatte ich in Wirklichkeit Angst davor, dass ich den nächsten Frühling nicht erleben würde, vielleicht, weil ich unter dem Strahl des kalten Wassers erstickt wäre?

Gerne hätte ich Schwester C. meine Ängste entgegengeschleudert, hätte sie in diese hineingetaucht, damit sie hätte loslassen können von ihren eigenen Kindheitsängsten, die sie gnadenlos auf uns Heimkinder projizierte. Aber nein, fürs Aufarbeiten ihrer eigenen Verletzungen war sie nicht offen.

Doch dann, nach Monaten der Kälte und Winterstarre, sah ich, wie die Bäume wieder ausschlugen. Auf dem Schulweg richtete ich oft meinen Kopf nach oben, wenn ich unter einem Baum hindurch lief. Die grünen Blätter bewegten sich über mir und reflektierten im rauschenden Klang des Windes das Sonnenlicht, es war wie ein Erwachen. All die blühenden Blumen und Zweige, die zwitschernden Vögel, der blaue Himmel, das helle Licht, der Frühlingsduft, den der Wind brachte, ja, all das ängstigte mich.

Eines Abends im Mai, die Natur war in all ihrer Farbenpracht erblüht, kündigte mir Schwester C. an, dass ich heute Abend mit zur Maiandacht in die St. Vincenzskirche müsse. Ich fand das komisch. Verbrachte ich doch jeden Morgen meine Zeit in der hauseigenen Kapelle zur Morgenandacht. Nun sollte für einen weiteren Monat noch die Maiandacht dazukommen, obwohl ich Protestant war. Wenn ich wenigstens in einer der Andachtsmessen hätte ministrieren dürfen, wie es die anderen Buben aus der Gruppe taten. Das ging aber nicht, weil ich ja Protestant war. Dass diese Tatsache Schwester C. ein Dorn im Auge war, zeigte sich daran, dass sie mir überhaupt keinen Raum zur Entscheidung ließ, ob ich an jenen zeitraubenden Messen teilnehmen wollte. Die täglichen Messbesuche stellten eine, und überdies sich ständig wiederholende, »religiöse Nötigung« gegenüber uns Kindern anderer Konfession dar. Sie verursachten in mir das Gefühl einer tiefen Abscheu gegen das auf-der-Kirchenbank-Sitzen-Müssen. Wie schön wäre es gewesen, wenn es Winter wäre, wo die Tage kürzer waren und ich nicht auch noch die Maiandacht besuchen musste.

Die Maiandacht ist eine Messe zu Ehren der heiligen Maria Mutter Gottes. In unserem Spielsaal wurde die Marienfigur festlich geschmückt. Da Schwester C. mit bürgerlichem Vornamen Maria hieß, war im Mai auch ihr Namenstag, der nach katholischem Brauch wichtiger ist als der Geburtstag. Auf diese Weise verinnerlichte ich mit der Zeit, dass mein Geburtstag nicht so wichtig war und dieser sich hinter meinem Namenstag anzustellen hatte. Diese katholische Logik hinkt jedoch: Ohne Geburtstag keinen Namenstag.

Deshalb musste auch ich an meinem Namenstag keine Gewaltausbrüche von irgendeiner der Ordensschwestern befürchten, selbst wenn ich ins Bett gemacht hatte. Schade, dass ich nur einen Vornamen hatte.

Da saß ich also abends mit weiteren Buben und Mädchen auf einer der in Reih und Glied stehenden, hölzernen Kirchenbänke und langweilte mich zu Tode. Wie so oft versuchte ich mich, sobald ich mich von Schwester C. nicht mehr beobachtet fühlte, dadurch abzulenken, dass ich ziellos im Gesangsbuch blätterte, wobei ich begann, Gesangstexte auswendig zu lernen. Sobald Schwester C. mitbekam, dass ich nicht bei der Sache war, genügte ein strenger Blick und ich wandte mich sofort wieder der Maipredigt des Stadtpfarrers zu. Der Stadtpfarrer berichtete von der schönsten Blüte der Erlösung, nämlich von der Spiritualität der Maria Mutter Gottes. Erlösung hätte ich gut gebrauchen können, vor allen Dingen von Schwester C. Da diese sich aber nicht einstellte, sprach ich oft während der Messen zu Gott, warum er all das passieren ließe. Im Zwiegespräch mit Gott erhielt ich zwar keine Antworten auf all meine Fragen, aber auf einer tieferen Ebene wurde mir so etwas wie »innerer Frieden« zuteil. Vielleicht ist das der Sinn einer Messe, dass wir inneren Frieden erlangen und dadurch das Leben mehr genießen können.

Der Stadtpfarrer machte sich erst gar nicht die Mühe, über derartige dringende Fragen mit uns Kindern zu sprechen. In gewohnter Rhetorik leierte er das Marienandachtprogramm Abend für Abend herunter, im Glauben, der Erlösung dadurch näher zu kommen. Wir aber langweilten uns. Erst wenn wir Kinder am Ende der Andacht ein Mailied sangen, wusste ich, dass das Ende der Messe nahte. Als sie vorbei war, verspürte ich Erleichterung.

Überglücklich war ich, wenn es Juni wurde und dadurch eine tägliche Messe weniger zum Pflichtprogramm gehörte.

## Zwei Welten und ein Raum

Wenn wir Buben aus der Bubengruppe uns die Hände gewaschen hatten, marschierten wir hintereinander die Treppen hinunter zum Speisesaal. Im Speisesaal standen zahlreiche Tische, an denen je sechs Kinder saßen. Die Wände waren mit kakibraunen Karomustertapeten beklebt und an der Wand hing in Höhe der Raummitte ein überdimensionales Kruzifix, mit dem halbtot geprügelten und blutverschmierten Herrn Jesus daran. Für die Leiden, die Jesus in seinem Leben ertragen musste, habe ich ihn stets bewundert, das war Teil meiner Erziehung. Im Laufe der Zeit identifizierte ich mich aber auch mit seiner Fähigkeit, Leid zu ertragen. Uns Heimkindern ging es wie ihm. Im übertragenen Sinne hat man auch uns Kindern von St. Niemandsland täglich das Kreuz aufgebürdet. Oft litt ich unter der Angst, unter der Last des Kreuzes zusammenzubrechen. Die nicht enden wollenden Bestrafungen erlebte ich als fortwährende Kreuzigungen. Auch fühlte ich mich oft von Gott verlassen, wie Jesus in seiner Todesstunde. Das alles war die katholische Heimwirklichkeit.

Der Speisesaal lag auf der Etage zwischen der Mädchen- und der Bubengruppe. Die Buben schritten die Treppen hinab, die Mädchen stiegen sie hinauf, um in ihn zu gelangen. Schon während des Ganges zum Speisesaal streckte ich neugierig den Kopf über die Geländerbrüstung, um zu sehen, ob meine Zwillingsschwester die Treppen heraufkam. Sie zu sehen, war mir immer eine Freude. Es war uns Mädchen und Buben jedoch strengstens verboten, sowohl während des Essens, als auch nach dem Essen, miteinander zu sprechen. So blieb es in diesen Momenten immer nur beim vertrauten Blickkontakt, der nach Beendigung des Essens meistens darin endete, dass wir uns heimlich kleine Geschenke zuschoben. Mal beschenkte ich Clara, mal sie mich. Ich hatte meine Geschenke immer hinter der ledernen Klappe meiner Knickerbockerhose versteckt. Clara und ich gaben uns schon während des Essens unauffällige Zeichen – etwa einen kurzen Wink oder ein Augenzwinkern –, um uns an der Ausgangstüre des Speisesaales nur ja nicht zu verpassen. Auf diese Weise pflegten wir Zwillinge zumindest die geschwisterliche Zuneigung, die uns gebührte.

In der einen Hälfte des Speisesaals standen die Tische der Mädchengruppe, in der anderen jene der Bubengruppe. Auf der Seite der Bubengruppe befand sich an der Stirnseite ein Schwarz-Weiß-Fernseher. Dieser war so postiert, dass hinter dem Fernseher nur ein Tisch für die Bettnässer Platz fand. Die Bestrafungen wegen des Bettnässens, die den ganzen Tag durchzogen, machten vor dem Fernsehen keinen Halt. Wir Bettnässer hatten keine Möglichkeit, auch nur einen Blick auf die Mattscheibe zu werfen. Damit aber nicht genug. Schwester C. vertrat aus pädagogischen Gründen die Auffassung, dass es nicht gut für Bettnässer sei, ab vier Uhr nachmittags noch Flüssigkeit zu sich zu nehmen. Ich meine damit nicht nur den Pfefferminztee, den diejenigen genüsslich schlürften, die vor dem Fernseher saßen. Nein, ich meine überhaupt keine Flüssigkeit. Während also die Kinder vor dem Fernseher Reiberdatschi mit Apfelkompott zum Abend verspeisten, nagten wir Bettnässer an einem trockenen Stück Brot. Ich fühlte mich an diesem Tisch oft gedemütigt und einsam. Da ich fast täglich einnässte, saß ich oft alleine am Bettnässertisch. Schwester C. zog ihr Bestrafungsritual mit unerbittlicher Härte durch. Was Schwester C. allerdings nicht in ihr pädagogisches Kalkül aufnahm, war die Tatsache, dass ich spätestens beim allabendlichen Zähneputzen meinen Durst löschte, indem ich so unauffällig als möglich, einen Becher kalten Wassers nach dem anderen die Kehle hinunterlaufen ließ.

Während ich also oft die Abendbrotzeit durstig und mutterseelenallein hinter dem Fernseher verbrachte, saßen die Buben und Mädchen in trauter Gemeinschaft nebeneinander und gafften in die Röhre. Ich konnte beobachten, wie eines der Kinder sich in der Nase bohrte, Robert genüsslich an seinem Daumen lutschte und hierbei mit der anderen Hand sein Kopfhaar zwirbelte. Meine Zwillingsschwester indessen warf mir immer wieder liebevolle Blicke zu. Während dieser Zeit nahmen die Schwestern im angrenzenden Refektorium ihr Abendessen zu sich. Ich hatte schnell gelernt, einen guten Draht zum »Alfarüden« der Bubengruppe – namentlich Arnold – aufzubauen. Oft putzte ich ihm die Schuhe oder erledigte sein Hausamt, wie Waschbecken reinigen oder Spielsaal auskehren. Arnold also, postierte seinen Stuhl so, dass man – verließen die

Schwestern das Refektorium – nicht sehen konnte, was unterhalb seines Oberkörpers geschah. Ich robbte auf dem Bauch auf seine Stuhlseite und glotzte neugierig zur Mattscheibe hinauf. Gespannt beobachtete ich, wie sich ein Junge Namens Pinocchio zusammen mit seinem Vater im Bauch eines Walfisches befand.

Sobald eine der Schwestern das Refektorium verließ, robbte ich flink wie ein Wiesel zurück hinter den Fernseher, setzte mich wieder auf meinen Stuhl und tat so, als ob ich die ganze Zeit auf diesem gesessen hätte. Von der Ausgangstür des Refektoriums aus konnte man nicht sehen, wer hinter dem Fernseher saß. Dazu musste man erst in die Bubenhälfte laufen und hinter den Fernseher sehen, was Schwester C. auch immer wieder tat. Ich erinnere mich, wie sie mich einmal beim verbotenen Fernsehen erwischte. Zunächst ergriff sie meine Haare, dann holte sie mit der anderen Hand aus und versetzte mir eine Ohrfeige, dass es nur so klatschte.

Dann schrie sie: »Rauf in den Bastelraum, aber dalli dalli!«

Weinend verließ ich den Speisesaal, als sie mich von hinten immer wieder mit Fußtritten traktierte, wie ein Stück Vieh, das man vor sich hertreibt. Auf der letzten Stufe überholte sie mich, stieß die Tür zum Spielsaal auf und lief auf die große Standvase zu, die vor dem Bastelraum stand. Aus dieser zog sie einen Bambusstock und lief geradewegs in den Raum hinein. Ich musste immer würgen, wenn ich den Bastelraum betrat. Irgendetwas lag in diesem Raum in der Luft, was in mir Kotzgefühle auslöste. Man könnte meinen, dass der Bastelraum, wie der Name sagte, zum Basteln bestimmt gewesen war. Weit gefehlt! Ich erinnere mich an keine einzige Bastelstunde in diesem Raum. Alle Buben der Bubengruppe fürchteten ihn. Düster war er und er wurde eigentlich nur dazu genutzt, die sogenannten Tatzen auszuteilen. Hierbei streckte ich Schwester C. abwechselnd die linke und die rechte Handfläche entgegen. Während der Stock auf meine »Tatzen« aufschlug, starrte ich in ihr stark gerötetes Gesicht.

Völlig außer sich schrie sie: »Eins, zwei, drei ...«

Schweißperlen rannen ihr von der Stirn. Dann zog ich die Hand vor Schmerzen weg, so dass der Stock auf ihrem Rock landete. Während ich meine schmerzenden Handflächen hielt, weinte ich und bat laut flehend, sie möge aufhören.

»Was fällt dir ein, du dreckiger Saukerl«, fauchte sie, »ich höre erst auf, wenn wir die Sechs erreicht haben«.

Nachdem ich ihr wieder die Handfläche entgegenstreckte, begann sie wieder von vorne zu zählen: »Eins, zwei, drei, vier, fünf und sechs.«

Dann war das Gruselkabinett beendet. Meine Handflächen brannten. Schwester C. befahl mir, mich in den Badesaal zu begeben und mich bettfertig zu machen. Sie steckte beim Verlassen des Bastelraumes den Bambusstock wieder in die Standvase und kehrte zurück in den Speisesaal. Ich lief langsam den langen Flur entlang und betrat den Duschsaal. Er roch nach scharfem Putzmittel und Kernseife. Wie ich diesen sterilen Geruch verabscheute. Wütend drehte ich den Wasserhahn auf, hielt meine schmerzenden Handflächen unter das kalte Wasser und verfluchte Gott:

»Gott, du bist der größte Verräter, der mir je begegnet ist!«, schimpfte ich vor mich hin.

Umgehend meldete sich mein schlechtes Gewissen. »Warum redest du so mit deinem Schöpfer?«, fragte es mich. Ich hielt für einen Augenblick inne, biss sodann in den Wasserhahn und schrie aus voller Kehle:

»Gott, du bist der größte Verräter, der mir je begegnet ist!«

Dann sank ich unter der Last meiner Verzweiflung für einen kurzen Moment zu Boden.

Falsch wie eine Schlange, meldete sich mein Gewissen zurück: »Weißt du überhaupt, wen du da beleidigst?«

»Ja«, antwortete ich trotzig meinem Gewissen, wobei ich mich wieder aufrichtete. »Ich werde es nicht mehr zulassen, irgendetwas in mir zurückzuhalten, was danach verlangt, herausgeschrien zu werden«, rechtfertigte ich mich.

Da ich unerträglichen Durst hatte, hing ich mich wieder an den Wasserhahn. Als ich genug getrunken hatte, gesellte sich ein weiteres Gefühl zu mir. Ich glaubte nun, die unerbittliche Rache Gottes zu spüren. Wie hatten es uns der Pfarrer und die Nonnen in den täglichen Andachten eingebläut:

»Sündigt nicht, sonst werdet ihr die Rache Gottes zu spüren bekommen.«

Demütig und von Angst geschüttelt fiel ich auf die Knie und entschuldigte mich bei Gott dem Allmächtigen für meine vermeintliche Entgleisung.
Erst dann gab mein Gewissen Ruhe.

**Tagangst**

Es war wieder Sommer geworden. Die sehr früh einsetzende Morgendämmerung, die ihr Licht durch unsere Schlafsaalfenster schickte, fiel in unsere Stockbetten. Der frische junge Tag kam bei mir aber nicht an. Ich wehrte mich gegen sein Licht. Wie andere Kinder in diesem Schlafsaal auch, zog ich gewöhnlich die Bettdecke über meinen Kopf, um mich vor dem anbrechenden Tageslicht zu schützen, das in mir ein diffuses Angstgefühl auslöste. Obwohl der Urin unter meiner Bettdecke scharf roch und das Bettlaken eingenässt war, fühlte ich mich unter der Decke viel wohler, als mich dem Licht auszusetzen. Ich genoss meine Nestwärme. Zwischendurch gab ich meine Deckung immer wieder auf und richtete den Blick zur Schlafsaaltür. Dabei lauschte ich angestrengt, ob sich die Schritte Schwester C.s näherten. Ich war aufgrund der exzessiven Gewalterfahrungen mit Schwester C. inzwischen soweit, dass meine Wahrnehmung unmittelbar mit ihrer Person verknüpft war. Mit ihr begannen die meist trostlosen Heimtage und mit ihr endeten sie. Es war eigenartig. Aber zwischen der Welt unter der Bettdecke und der, die außerhalb begann, verlief eine unsichtbare Grenze. Im Schutze der Dunkelheit fühlte ich mich geborgen. Hier drangen keine ungebetenen Gäste ein, keine Tatzenstöcke und keine Strafarbeiten. Hier verwandelte sich das schleichende Angstgefühl vor dem neuen Tag in Wärme und Geborgenheit. Hier konnte ich leise weinen, hier konnte ich von Eva und meinen Geschwistern träumen. Dieser kleine Schutzwall wurde jedoch unzählige Male aufs Gröbste von Schwester C. eingerissen. Aber spätestens am Abend, wenn die Nacht hereingebrochen war, errichtete ich ihn wieder. Es gab in diesem Schlafsaal auch Buben, die sich hinter ihre Schutzwälle gemeinsam zurückzogen und hierbei ihre früh abhanden gekommene

Geborgenheit nachholen. Natürlich mussten diese konspirativen Treffen geheim bleiben. Ich erinnere mich noch genau daran, wie Paul mich einlud, unter seine Decke zu kommen. Wir berührten und streichelten uns. Auf diese Weise konnten wir der emotionalen Kälte, der gesetzlosen Willkür, die uns täglich entgegen schlug, ein wenig entfliehen. Wichtig war dabei, dass uns Schwester C. nicht erwischte. Sie war der Teufel, der uns alles verbot, was gut tat. Nach der katholischen Ideologie waren der Austausch von Berührungen und das Sich-Fallenlassen in Geborgenheit sündhaft, sobald sie zu intim wurden. Wir aber waren emotional völlig unterversorgt. Schwester C. verstand es nicht, uns in ihre Arme zu nehmen. Wie oft hatte ich davon geträumt. Aber es blieben Träume. Alles, was in diese Richtung ging, erstickte sie sofort durch ihre Vorstellung von Sündhaftigkeit, indem sie unser Bedürfnis nach Zuwendung schon dem Grunde nach als etwas »Schlechtes« bewertete. Wir aber hungerten nach Zuwendung.

Ich kroch erneut aus meinem Versteck, spitzte die Ohren und genoss den Frieden, als die Schritte Schwester C.s ausblieben. Das Tageslicht war inzwischen intensiver geworden und erhellte den stickigen Schlafsaal. Hier und da konnte ich hören, wie sich ein Saalbewohner unruhig in seinem Bett drehte oder laut hustete. Je mehr Leben im Schafsaal erwachte, je mehr Regungen ich vernahm, desto unbehaglicher fühlte ich mich. Werde ich den bevorstehenden Tag meistern, oder werde ich an ihm zerbrechen? Ich wusste es nicht, ich hatte nur eine vage Vorahnung, eine schleichende Angst vor dem Versagen. Die Vergangenheit allerdings hatte gezeigt, dass ich standhaft sein konnte, das gab mir Mut. Ich verkroch mich erneut unter meine Decke und rollte mich wie ein Igel zusammen. So glaubte ich, mein Herz vor weiteren Verletzungen schützen zu können. Der feuchtwarme Urin, der sich auf dem Bettlaken und meinem Schlafanzug breitgemacht hatte, wirkte wie eine Schutzhülle. Besonders an den Sonntagen zog sich das Aufwachen länger hin als unter der Woche. Das lag daran, dass die morgendliche Messe um sechs Uhr nicht stattfand. Sie war an den Sonntagen erst später, gegen zehn Uhr in der St. Vincenzskirche. An den Sonntagen gab sie uns, oder besser, nahm sie sich selbst Zeit, um die friedlichen Morgenstunden zu genießen.

Dann irgendwann vernahm ich doch mit großem Schrecken die harten Schritte von Schwester C. Sie riss mit der ihr eigenen Härte die Schlafsaaltüren der benachbarten Schlafsäle auf. Ich kniff die Augen zu und rollte mich so gut ich konnte ein. Alles um mich herum schien plötzlich in sich zusammenzustürzen. Die Stimmen der Buben im Schlafsaal wurden lauter, jeder schien sich aufzuraffen. Dann weitere Schritte. Ich hörte nun ihre unweibliche Stimme. Ich begann in meiner Verzweiflung im Stillen das »Vater unser« zu beten, obwohl ich ahnte, dass er für mich nicht viel tun konnte. Aber ich betete immer schneller, denn die Hoffnung stirbt zuletzt. Meinen Körper spürte ich nicht mehr, meine Angst war zu stark geworden. Dann wurde mir die Bettdecke weggerissen. Da stand ich ihnen wieder gegenüber, wie so oft: Schwester C. und meiner Ohnmacht. Nichts konnte ich tun, nur aushalten. Mir war übel. Raus aus dem Bett, Beine breit. Dann griff sie mir in den Schritt, um festzustellen, ob meine Schlafanzughose nass war. Das war demütigend.

»Bettseicher«, entfuhr es ihr. Ohrfeige links, Ohrfeige rechts. »Bett abziehen und rüber in den Waschsaal« fauchte sie mich an.

Ich hielt meinen Kopf geneigt und wischte die Tränen von den Wangen. So wurde ich auch an diesem Sonntag eines Freudentages beraubt.

Vater, vergib ihr, denn sie weiß nicht, was sie tut …

## Suche Liebe

Wieder einmal konnte ich nicht einschlafen: Eine Gedankenwelle, wie eine Sturmflut, hatte mich erfasst. Ich spürte, wie mein Blut durch den Körper strömte und ihn dabei unter Spannung setzte. Gedankenfetzen an Eva und Hubert kamen und gingen. Ich dachte mal an Clara, dann an die bruchstückhaft auftauchenden Gesichter meiner anderen Geschwister. All jene waren mir fern. Dann sah ich mich in der Badewanne sitzen, wie das eiskalte Wasser sich über mich ergoss. Ich war auf dem besten Weg, wahnsinnig zu werden. Auf diese Weise löste eine Flutphase die nächste ab. Meine Gefühle gönnten mir nur kurze Pausen.

Dann dachte ich an Schwester C., die ihr Zimmer direkt neben unserem Schlafsaal hatte. Ich blickte immer wieder zu der gegenüberliegenden Wand mit dem eingelassenen Fenster. Schwester C. schien noch wach zu sein, denn das Licht in ihrem Zimmer brannte. Ich wischte mir den Schweiß von der Stirn, warf meinen Kopf zurück aufs Kissen, als die nächste Gefühlserschütterung einsetzte. In mir tat sich eine tiefe Sehnsucht nach Liebe und Nähe auf, die ich in einer solchen Intensität noch nicht bewusst erlebt hatte. Der chronische Mangel an Zuwendung und Nähe zeigte in dieser Nacht seine verheerenden Auswirkungen. Mir war, als hätte man mich bei lebendigem Leibe gehäutet, so schutzlos fühlte ich mich. Tief in mir spürte ich Eiseskälte. Sie schien alles Lebendige in mir ganz langsam einzufrieren. Dann tauchte vor meinen Augen wieder die fiese Fratze von Schwester C. auf, die mich hässlich angrinste. Voll Panik begann ich zu weinen. Paul, dessen Bett längs an meiner Kopfseite stand, begann in diesem Moment meinen Kopf einen kurzen Augenblick zu streicheln. Ich drückte mein mit Tränen benetztes Gesicht ins Kopfkissen und schrie aus voller Kehle meine Verzweiflung heraus. Paul wusste, wie es mir gerade ging. Nun war ich einer von ihnen, denn unter den Buben kam es öfters vor, dass einer ins Kissen schrie und weinte. Und obwohl man sonst hart sein musste, wurde dies verstanden und akzeptiert.

Die nächste Flutwelle brachte mir Bilder, wie ich Schwester C. langsam und mit voller Hingabe an ein hölzernes Kreuz schlug. Das Kinderheim St. Niemandsland und die St. Vincenzskirche waren voll von Kreuzen. Sie schrie vor Schmerzen und Todesangst, genauso wie ich sie an jenen Bettpissertagen, als ein erlauchter Kreis von Buben mich auf die Holzbank zerrte und mit den Pantoffeln auf mich einprügelte, oft hatte aushalten müssen. Nun aber hing Schwester C. am Kreuz und konnte mir nichts mehr antun. Von ihren Handflächen tropfte das Blut. Ich wollte sie nackt sehen. Also riss ich ihr die Kutte vom Leib. Als ich ihre prallen Brüste, ihre gebärfreudigen Hüften und schließlich ihre angenagelten Füße betrachtete, erschrak ich für einen Moment. Irgendjemand hatte ein blitzendes langes Messer vor das stehende Kreuz gelegt. Ich starrte auf das Messer und sah ihr in die Augen. Angstvoll und mit zitternden

Lippen starrte sie mich an. Dann passierte etwas sehr merkwürdiges. Ich hatte einen abgrundtiefen Hass gegen sie, Grund genug, ihr den Dolch in die Eingeweide zu stoßen. Dann aber regten sich mein Gewissen und unbeschreibliche Schuldgefühle. Wie konnte ich nur solche Gedanken haben, so einen Hass empfinden? Schwester C. hatte mir all die Jahre vermittelt, dass Reinschlagen, Machtmissbrauch und Demütigung zulässige Mittel sind, um Kinder gefügig zu machen. Eigentlich hätte ich dem Vorbild von Schwester C. folgen müssen. Nein, ich wollte Schwester C. nichts zu Leide tun und schon gar nicht, wenn sie so hilflos am Kreuz hing. Es war absurd. Aber auf eine Art liebte ich Schwester C. und diese Liebe wollte ich retten. Also formte ich mein Kopfkissen zu einem Kopf und stellte mir vor, dass dieser Schwester C. sei. Hingebungsvoll berührte ich ihr Gesicht und strich mit meinen Fingern über ihre Lippen. Dann flüsterte ich ihr zu:

»Sie dürfen nicht sterben«!

»Ich werde nicht sterben«, antwortete sie.

Langsam bewegten sich meine Lippen auf die ihrigen zu. Ich roch den Kamillenduft, den ihre weiße Haut verströmte, und vernahm ihren immer lauter werdenden Atem. Schwester C. umarmte mich, während sie ihren Mund an meine Ohren presste. Sie schien stark erregt zu sein.

»Küsse mich«, forderte sie mich auf.

Doch dann, ganz plötzlich, biss ich zu.

Es fühlte sich weich und füllig an, als ich den Stoff des Kopfkissens in meinem Mund spürte. Ich saugte und biss zu, so fest ich nur konnte. Nicht jedes Kopfkissen war für dieses Liebesspiel geeignet. Es war wichtig, dass es weich war, weich, wie die Brüste einer Mutter. Das half. Auf diese Weise konnte ich Schwester C. vor ihrem eigenen Tod retten. Ich sah nochmals hinüber zum kleinen Zimmerfenster. Sie hatte das Licht gelöscht.

Sie werden niemals erreichbar sein, dachte ich. Die Gedankenflut war abgeebbt und ich fühlte den Frieden der Nacht. Eines Tages, das wusste ich, werde ich kein Kopfkissen mehr brauchen.

> *Aktenvermerk vom 04.08.19...*
> *des Kinderheims St. Niemandsland*
>
> *C. ist immer noch schwierig, das ist zum Teil bedingt durch seine übersteigende Geltungssucht.*
> *Die Mutter besuchte die Kinder nicht, es kam lediglich nur einmal ein Kartengruß.*

## Besuch bei der Großmutter oder das Versprechen

Langsam rollte die Limousine die geteerte Straße hinunter, die schließlich in einen Schotterweg mündete. Der Kies knirschte dumpf unter den Autoreifen. Ich kniete mich auf die Rückbank und beobachtete durch das Heckfenster, wie der aufgewirbelte Staub wild durch die flimmernde Sommerluft tanzte. Ich blickte auf die linke Seite, wo wir alte und unbewohnte, karminrot gestrichene Holzbaracken aus den Kriegsjahren passierten. Am Ende der Abfahrt kamen wir vor einem baufälligen Geräteschuppen zum Stehen. Hubert drehte sich zu mir und kniff neckisch seine Augen zusammen, während ich auf der Rückbank von einem saftigen Apfel abbiss. Neugierig sah ich durch die halbgeöffneten Seitenfenster, durch die die warme Sommerluft über mein Gesicht strich. Dann drückte Hubert auf die Hupe, öffnete die Fahrertür und schritt geradewegs auf die Betontreppe zu, die den Zugang zur hölzernen Baracke darstellte.

»Mutter, ich bin es, Hubert!«

Neugierig streckte ich nun den Kopf aus dem halbgeöffneten Fenster. Hubert hatte inzwischen die Haustür der Wohnbaracke erreicht, als er wieder nach meiner Großmutter rief:

»Mutter, ich bin es, Hubert!«

Dann verschwand er aus meinem Blickfeld. Aufgeregt blickte ich ihm nach. Schweißperlen liefen mir über die Stirn, es war unerträglich heiß, es war Hochsommer. Ein leichter Windstoß brachte kurze Erleichterung. Ich erkannte den mächtigen Baum wieder, auf dem ich in den Ferien so oft herumgeklettert war. Er schien sich von der kleinen Anhöhe zu mir herunterzubeugen, als wollte er mich begrüßen. Gespannt blickte ich zwischen die Baracke und den Holzschuppen, zwischen denen sich ein kleiner Trampelpfad befand, der in einen großen Garten führte. Plötzlich sah ich eine alte Frau mit mühsamen Schritten, gestützt auf einen Gehstock, auf unser Auto zukommen. Während sie lief, schwankte ihr massiger Oberkörper schwerfällig hin und her. Ihr schneeweißes, welliges Haar stand leicht vom Kopf ab. Ihr von der Sonne gebräuntes Gesicht hatte einen bestimmenden Ausdruck und war von tiefen Furchen durchzogen. Auch sie schwitzte. Über ihren tief liegenden Augen befanden sich buschige Brauen. Mit einer langsamen Bewegung rückte sie ihre mit dicken Gläsern bestückte Brille zurecht, die auf ihrer ebenfalls dicken Nase saß. Während sie lief, streckte sie ihre Zungenspitze aus dem Mund. Tiefes Atmen war zu hören. Ihre Erscheinung war alles in allem würdevoll. Sie war eine Frau, die immer Position bezogen hatte und für die Dinge hatte kämpfen müssen, die ihr recht erschienen. Großmutter musste kämpfen. Sie hatte den Ersten Weltkrieg erlebt. Im Zweiten Weltkrieg zog sie, wie erwähnt, acht Kinder alleine groß. Bei alledem hatte man sie nie klagen gehört. Ich liebte und bewunderte meine Großmutter.

Sie hatte kräftige Füße, die in schmutzigen Halbschuhen steckten. Ihr linker Arm ruderte immer wieder in der Luft, während der rechte seine ganze Kraft benötigte, um die Hand am Gehstock zu halten. Nur so konnte sie ihre Bewegung stabilisieren. Seit Kriegsende lebte sie in dieser Baracke. Dort vermochte sie keiner herauszubringen, nicht ihre Kinder, nicht die Gemeinde. Ihre Kraft und Bodenständigkeit haben mich fasziniert. Großmutter brauchte ihre Baracke am Bach, den schön hergerichteten Garten dahinter, sowie Hasenstall, Geräteschuppen und Kartoffelkeller. Meine Großmutter und ihre Behausung waren die letzten stillen Zeugen der Nachkriegsjahre in dieser südbadischen Gemeinde.

Noch bevor Hubert wieder aus der Baracke trat, öffnete ich die Hintertür des Wagens und lief auf meine Großmutter zu.

»Du bist aber groß geworden!«, rief sie mir erstaunt entgegen.

Das sagte Großmutter immer zu mir, wenn sie mich sah. Am schönsten war in diesen Momenten ihr sonniges Lächeln. Sanft nahm sie mich in die Arme, dabei fühlte ich mich geschützt und verbunden mit meinen eigenen Wurzeln. Ich fiel ihr um den Hals. »Langsam Clemens, nicht so wild«, rief sie freudig aus. Großmutter mochte mich und ich mochte sie.

Dann kam Hubert die Betontreppe herunter. Die Beziehung zwischen meiner Großmutter und ihrem Sohn war zerrüttet. Ihr Begrüßungsritual beschränkte sich auf die flüchtigen Worte: »Grüß dich Hubert.«

Mein Vater küsste, ebenfalls flüchtig, ihre Wange und sagte: »Grüß dich Mutter.«

Trotz dieser scheinbaren Distanz nahm ich wahr, wie sehr mein Vater bei den Begegnungen mit meiner Großmutter litt. Das einzige, was er wollte, war ihre Liebe. Großmutter aber verabscheute ihn, da sie den Schaden an ihren Enkeln wahrnahm, die er in Kinderheimen aufwachsen ließ. Neben der fortgesetzten Verletzung seiner familiären Pflichten trug auch sein ausschweifender Lebensstil dazu bei.

So holten uns entweder Tante Gerda oder Hubert, das Jugendamt oder Freunde meines Vaters aus dem Kinderheim ab. Tante Gerda riss sich um meine Zwillingsschwester und hatte es stets eilig, sich mit ihr aus dem Staub zu machen und in die Schweiz zu fahren, wo sie wohnte. Vater hatte in der Regel immer geschäftlich zu tun und brachte mich, zumindest in den Sommerferien, oft zu meiner Großmutter. Er lud mich regelrecht bei ihr ab und das merkte sie. Für mich war das aber nicht schlecht, denn dadurch kam ich in den Genuss, bei meiner Großmutter zu sein. Großmutter hatte eine andere Vorstellung davon, wie man eine Familie zusammenhielt. Eines Tages hatte sie mich zur Seite genommen und mich darum gebeten, ihr etwas zu versprechen: »Werde nie wie dein Vater, Clemens.«

Wie mein Vater wirklich war, wusste ich gar nicht. Für mich war es normal, dass ich in einem Heim aufwuchs, in dem psychische und physische Gewalt an der Tagesordnung waren. Es war auch normal für mich, dass ich unter schweren Angst- und Einsamkeitsgefühlen litt und mich nicht traute, mit jemandem darüber zu reden. Vielleicht war es ja das Bettnässen und mein unruhiges Wesen, warum mich andere Verwandte nicht gerne zu sich nahmen, zum Beispiel Tante Gerda. Auch empfand ich es als nichts Außergewöhnliches, dass meine anderen Geschwister in anderen Heimen untergebracht waren und Eva in der Nervenheilanstalt. So war meine Familie, mit meinem Vater jedoch konnte ich das nicht in Verbindung bringen.

Dennoch bat mich meine Großmutter so inständig um dieses Versprechen, dass ich es ihr schließlich gab: »Großmutter, ich verspreche dir, nie so zu werden wie mein Vater.«

Nachdem ich das gesagt hatte, spürte ich ihre Erleichterung.

*Aktenvermerk des Stadtjugendamtes Ke. vom 09.10.19…*

*Der Vater der Kinder hat sich in den letzten zwei Monaten so unzuverlässig erwiesen, dass wir nicht erwarten können, dass er das Kindergeld zweckentsprechend verwenden wird. Wir haben dem Vater in aller Deutlichkeit am 30.08. hier gesagt, dass wir einen Antrag auf Sorgerechtsentzug stellen müssen, da er sich nicht ausreichend um die Kinder kümmert. Wir halten ihn für nicht reif genug, solche schwierigen Entscheidungen, die die Entwicklung und die Schulausbildung der Kinder betreffen, richtig zu entscheiden.*

## Fastnacht

Es war kurz vor Fastnacht und ich wollte mich als Kapitän verkleiden. Ich wollte sein wie mein Vater, der am Bodensee ein Motorboot liegen hatte. In den Sommerferien nahm er uns gelegentlich darauf mit. Wenn er am Steuer saß, trug er eine Kapitänsmütze. Erhaben sah er dann aus. Ich fand es aufregend, wenn der Bug die tiefblaue Wasseroberfläche durchschnitt. Ich saß auf der Rückbank des Bootes und genoss den Fahrtwind, der meine Haare wild durcheinander wirbelte. Das gleißende Sonnenlicht wurde vom Wasser reflektiert. Die Luft selbst schien von ihm auf zauberhafte Weise erhellt zu sein. In diesen Stunden konnte ich meinem Vater nahe sein. Da nahm er mich spontan auf seinen Schoß und ließ mich das Boot steuern. Ich spürte seine Nähe, spürte seine Kraft und Sicherheit. Ja, Kapitän wollte ich werden, genau wie mein Vater.

Wir Kinder von der Bubengruppe wurden ein paar Wochen vor Fastnacht von Schwester C. gefragt, wie wir uns denn verkleiden wollten. Nachdem ich meinen Wunsch geäußert hatte, wuchs die Spannung in mir. Ich Kapitän, welch eine Freude! Die einzige Bedingung, die Schwester C. stellte, war, dass ich mich nicht mehr mit den Buben aus der Gruppe prügelte. Und dazu gab es täglich Anlass. Jeder von uns hatte im Spielsaal eine Schublade, in der wir unsere Spielsachen verstauten. Diese galt es täglich, wenn nötig mit den Fäusten, zu verteidigen. Darüber hinaus tätigten wir Buben Tauschgeschäfte, was strikt verboten war. Schwester C. begründete dies damit, dass wir keine »Juden« seien. Ein Tauschgeschäft sah beispielsweise wie folgt aus: Wilfried bekam von mir eine Schlagerkassette. Im Gegenzug dazu musste er mir bei der täglichen Brotzeit, die immer am Spätnachmittag stattfand, sein Butterbrot überlassen. Nun geschah es oft, dass derartige Tauschvorgänge von einem der Partner nicht eingehalten wurden. Dann griff das Faustrecht. Ein großes Vorbild in der Ausübung von Prügeln war mir Schwester C. Sie hatte nie Skrupel, wenn sie auf Kinder einschlug. Im Gegenteil, sie bediente sich sogar diverser Gegenstände, wie den erwähnten Tatzenstock. Ich konnte deshalb nie wirklich verstehen, warum ausgerechnet sie uns wiederum mit Prügel überzog, wenn sie uns beim Prügeln erwischte. Aber das war ja nicht das Einzige, was ich an Schwester C. nicht verstehen konnte.

Stahl einer der Buben etwas aus meiner Spielschublade endete das in der Regel, wenn ich die Siegeschancen für mich positiv einschätzte, in einer wilden Prügelei. Verschenkte dagegen Schwester C. meine Weihnachts- oder Geburtstagsgeschenke an ihre Lieblinge aus der Bubengruppe, weil ich wieder ins Bett gemacht hatte, war das, zumindest nach meinem Empfinden, ebenfalls Diebstahl. Hier gab es niemanden aus der Bubengruppe, der sie verprügelte. Leider.

Zurück zur Fastnacht. Ich war schon Tage zuvor so aufgeregt, dass ich am Vorabend nicht richtig einschlafen konnte. Ich identifizierte mich in meinen Fantasien mit dem Kapitän, sodass ich meinem Vater nahe war. Ich erinnerte mich bruchstückhaft an meinen Vater auf dem Motorboot. Da saß er am Steuer mit seiner Kapitänsmütze. Braungebrannt genoss er die große Freiheit auf dem Bodensee.

Dann kam der Fastnachtstag. Wir Buben wurden der Reihe nach in den Spielsaal gerufen, um die Verkleidung entgegen zu nehmen. Ich hatte an diesem Tag nicht ins Bett gemacht und auch keine Prügelei angezettelt. Ich war sozusagen mit mir im Reinen. Dann hörte ich meinen Nachnamen aus dem Spielsaal:

»Heymkind, du bist dran!«

Ich stürmte die Spielsaaltreppe hinauf, stieß die Saaltüre auf und lief geradewegs auf Schwester C. zu. Diese hielt den ordentlich zusammengefalteten Seemannsanzug einschließlich Kapitänsmütze für mich bereit. Ich war stolz, sehr stolz.

Die anderen Buben, die vor mir hereingerufen worden waren, steckten schon in ihren Fastnachtsklamotten. Da gab es Cowboys mit Pistolen. Indianer mit Pfeil und Bogen. Arnold hatte sich als Frau verkleidet. So vielfältig konnte Fastnacht im Kinderheim St. Niemandsland sein. Nachdem ich mich eilig umgezogen hatte und in voller Seemannsmontur wieder vor Schwester C. stand, hielt ich plötzlich inne. Sie schaute mir tief in die Augen und ich spürte, dass sich da nichts Gutes anbahnte.

Dann begann sie mich zu fragen: »Heymkind, hast du die fünf Mark aus Hartmuts Tasche geklaut?«

Hartmut der Bluter, der als Hexe verkleidet war, rekelte sich hinter Schwester C.s Rock und streckte die Zunge raus. Das sah Schwester C. aber nicht. Ich war wie vor den Kopf gestoßen und völlig sprachlos.

»Also hat der Hartmut doch Recht gehabt«, schlussfolgerte sie.

Ich wurde kreidebleich. Noch bevor ich meine Unschuld beteuern konnte, forderte mich Schwester C. auf:

»Der heutige Nachmittag unten in der Turnhalle ist für dich gestorben. Du wirst heute kein Fastnachtsfest mehr feiern. Stattdessen wirst du hundert Mal schreiben: ›Ich darf nicht stehlen‹.«

Ich hatte mich zu spät verteidigt, das genügte, um mich schuldig zu sprechen. Alles, was ich nun noch zu meiner Verteidigung hätte hervorbringen können, zählte nicht mehr. Da ich die Konsequenzen Schwester C.s. fürchtete, getraute ich mich auch nicht, Hartmut die von ihm verbreitete Lüge heimzuzahlen. Ich biss wie immer die Zähne zusammen und schluckte die Enttäuschung und den Schmerz herunter. Wieder einmal machte sich der faulige Geruch der Willkür breit und stach in mein Herz. Denn wieder einmal wurde ich wegen einer handfesten Lüge ausgegrenzt.

Als ich alleine im Spielsaal am Tisch saß und auf das orangenfarbene Papier den Satz: »Ich darf nicht stehlen«, schrieb, dachte ich an meinen Vater. Wie stolz wäre er gewesen, wenn er mich so als Kapitän hätte sehen können ...

## Schulbesuch

Ich war wie immer müde, als wir Kinder uns wie gewohnt bei den Händen nahmen, um den gemeinsamen Weg zur Schule anzutreten. Die vergangene Nacht war die Hölle gewesen. Ich hatte wieder einmal Schwierigkeiten beim Einschlafen gehabt, weil das Gedankenkarussell nicht stillstehen wollte:

Angsteinflößende Tötungsfantasien gegenüber Schwester C.

Eva weit weg, in der Irrenanstalt weggesperrt.

Hubert, der Lebemann: Was kostet die Welt – Scheißkerl!

Die Tränen meiner Zwillingsschwester, gestern Morgen auf dem Schulweg, weil Schwester A. sie wieder – wie ein Hering in der Dose – in die Badewanne mit eiskaltem Wasser gezwängt hatte. Kneippkur auf bayerisch sozusagen.

Meine Ohnmacht in diesem heuchlerischen System der Nächstenliebe.

Mein Körper, obwohl müde, stand unter einer unerträglichen Spannung. Ich hatte erst vor einer Stunde die Badewanne verlassen, in der ich, vor Kälte schlotternd, die täglichen Demütigungen aushalten musste. Clara fehlte. Also ergriff ich heute keine Hand.

»Sie hat Mumps und liegt im Bett«, flüsterte mir Inge zu.

»Mumps, was ist das?«, fragte ich.

»Eine Krankheit«, antwortete sie.

Aha, dachte ich. Ein Bett würde mir jetzt auch gut tun, wo ich mich so müde fühlte.

»Heymkind, los geht's«, schrie Schwester A., die Leiterin der Mädchengruppe, über unsere Kinderköpfe hinweg. »Los, lauft schneller, wir sind spät dran«, spornte sie uns an.

Schwester A. hatte ein extremes Schritttempo, so richtig zum Wachwerden. Als wir in der Schule ankamen, keuchte ich, aber das Spannungsgefühl war verflogen. So hatte der Marsch, obwohl anstrengend, auch sein Gutes.

Ich nahm in meiner Schulbank Platz. Die drei Italobuben, die rechts neben mir saßen, gaben mir unmissverständlich zu verstehen, dass es heute nach der Schule Dresche geben würde, weil ich sie am Vortag »Spaghettifresser« genannt hatte. So wurden sie aber auch von anderen Mitschülern bezeichnet. Das war normal. Deshalb brauchte ich mir eigentlich keine Vorwürfe zu machen. Je länger ich meine Zeit mit Schulbankdrücken verbrachte, desto mehr nahm das Spannungsgefühl wieder zu. Ich war nicht wirklich beim Unterricht. In mir brodelte es, es war ein völliges Durcheinander in meinem Kopf. Wohin mit den Gefühlen? Wohin mit der Energie? Sie nahmen mir meine Konzentration und meine Motivation zum Lernen. In den Hintern hätte ich Schwester C. auf der Stelle treten können, ja, sie aufschlitzen, als sie so in meinem Kopf herumspukte.

Verdammt, dachte ich mir, wenn Jesus oder der liebe Gott meine Fantasien mitbekommen, dann werde ich für immer in der Hölle schmoren. Vielleicht aber auch nicht. Schließlich sahen mir Jesus und der liebe Gott doch täglich zu. Reichte das Bettnässen wirklich aus, um mich ständig derart vor der Bubengruppe vorzuführen? Hier im Klassenzimmer bekam ich jedenfalls keine Antwort. Nervös rutschte ich auf der Schulbank hin und her. Ich sah immer wieder zu den drei Italobuben hinüber. Alle waren kleiner als ich. Ich wusste, dass sich die drei nur deshalb so stark fühlten, weil sie in der Gruppe waren. Sie streckten während des Unterrichtes immer wieder ihre schwarzen Lockenköpfe zusammen, um mich dann dreckig anzugrinsen. Ihr Zusammenhalt sollte Eindruck bei mir schinden, das spürte ich. Was die drei Italobuben jedoch nicht wussten, war, dass ich mit Prügeleien eine Menge Erfahrung hinter den Mauern

St. Niemandslands gesammelt hatte. Ich war deshalb im Faustkampf geübt. Gewiss, mit dreien hatte ich es noch nie aufgenommen, aber es war eine spannende Vorstellung, dies heute zu tun. An jenem Schultag hatte ich wegen der Demütigungen von Schwester C. eine unbeschreibliche Wut in mir. Das wussten die Italobuben ebenfalls nicht. Meine Wut verlangte danach, rausgelassen zu werden. Ich erinnere mich noch gut daran, dass die in mir aufgestauten Aggressionen sich häufig in provokativen Pöbeleien entluden, die dann in wilden Prügeleien mündeten. Schwester C. musste dann den »blauen Brief« des Klassenlehrers unterschreiben. Das hatte zur Folge, dass ich hundert Mal schreiben musste: »Ich darf mich nicht prügeln.« Manchmal musste ich auch Bibeltexte abschreiben, bis mir die Finger wehtaten.

Wo aber sollte ich sonst hin mit der aufgestauten Wut, deren Samen immer wieder aufs Neue von Schwester C. gelegt wurde? In gewisser Weise konnte man sagen, ich habe Schwester C.s Wut in die Schule getragen.

Die Schulglocke läutete, endlich Schluss mit dem Sitzen.

Ich drehte meinen Kopf zu den Italobuben. Einer von ihnen forderte mich auf, raus zu kommen. Ich schob das Schulbuch samt Federmäppchen in den mit Fell und roten Katzenaugen besetzten Lederranzen und erhob mich von meinem Platz. Die Italobuben hatten das Klassenzimmer bereits verlassen. Als ich den Pausenhof betrat, standen sie da und fingen an, mich umher zu schubsen. Dabei machten sie Witze wegen meiner Heimkleidung, wegen der Lederhose und der Sandalen, die wir Heimkinder zu tragen pflegten. Ich ließ meinen Schulranzen fallen, ballte die Fäuste, und blind vor Wut schlug ich mit ganzer Kraft zu. Ich hörte nur noch das Geräusch einschlagender Fäuste.

Es war eigenartig: Obwohl ich auch von Fausthieben getroffen wurde, spürte ich keine Schmerzen. Ich nahm auch die umherstehenden Schüler nicht mehr wahr, die das Spektakel durch lautes Zurufen anheizten.

Ich fühlte mich nun wie Schwester C.

Nun hatte ich die Macht reinzuschlagen, meinen ganzen Frust heraus zu prügeln. Ich war im Rausch: Jede Bewegung und jeder

Atemzug verzerrten sich ins Unwirkliche. Ich spürte, wie meine Faustschläge ihren Weg in die Gesichter der Italobuben fanden, vernahm bruchstückhaft meine eigenen Wutschreie. Dann, völlig außer mir, begann ich auf die herumstehenden Mitschüler einzudreschen, bis mich plötzlich von hinten der Hausmeister mit festem Griff am Nacken packte und mir eine schallende Ohrfeige versetzte.

Erst jetzt nahm ich die entsetzten Gesichter der Mitschüler und die der herbeigeeilten Lehrer wahr. Dieses »Zurückgeworfenwerden« in die Wirklichkeit erlebte ich als eine Bruchlandung. Einer der Italobuben blutete am Kopf, der andere aus dem Mundwinkel. Wo der dritte geblieben war, weiß ich nicht mehr. Ich fühlte mich leicht und befreit. Das Spannungsgefühl war gewichen. Ich atmete schnell. Aus meiner Nase lief Blut, die linke Hand war zerkratzt. Als ich in die Augen meines Klassenlehrers sah, begann ich zu weinen. In was für eine Scheiße hatte ich mich da wieder hineinmanövriert? Ich hatte völlig die Kontrolle über mich selbst verloren. Wie Schwester C. an diesem verhassten Morgen.

*Aktenvermerk vom 02.12.19…,
Kinderheim St. Niemandsland*

*Clemens besucht nun die vierte Klasse der Volksschule. Bei einer Nachfrage in der Schule klagt auch die Lehrkraft wiederum über das störende Benehmen während des Unterrichtes und sein vorlautes Wesen. Durch seine Aggressivität ist er auch öfters in Schlägereien verwickelt worden. Nach Angabe der Lehrkraft ist es nach den großen Ferien, die er ja wieder bei seinen Angehörigen verbrachte, besonders schlimm.*

Stunden nach solchen Wutausbrüchen bekam ich dann ein schlechtes Gewissen: Mir wurde klar, dass es nicht in Ordnung war, was ich gemacht hatte. Ein tiefes Bedürfnis des »Wiedergutmachenwollens« vereinnahmte mich. Ich litt unter entsetzlichen Schuldgefühlen. Von diesen beiden Extremen, Wut und Schuldgefühlen, fühlte ich mich hin und her gerissen. Deshalb fand ich auch keinen Frieden. Sie waren die Ursache meiner Ängste. Erst später wurde mir klar, dass die Gewalt, die in mich hineingeprügelt wurde, wieder heraus aus mir wollte. Sorry Italobuben.

## Das Gesicht hinter der Maske

Auch an diesem Morgen hatte Schwester C. den Buben, die mit mir den Schlafsaal teilten, wieder einen Freibrief ausgestellt, mir auf der Holzbank im Badesaal mit ihren Pantoffeln den Hintern zu versohlen. Ich hatte aus voller Kehle geschrien. Mein Hintern brannte. Schwester C. war es wieder einmal gelungen, ihre Aggressionen gegen den »Bettseicher« auf die ganze Bubengruppe zu übertragen. Nicht Zusammenführung war ihr Ziel, sondern Spaltung. Auf jeden Fall hatte mein Schreien an diesem Tag keine Wirkung gezeigt. Maximale Demütigung. Ich versuchte den Pantoffelschlägen dadurch zu entgehen, dass ich meinen Körper von der Bank wegdrückte, bis er seitlich von ihr herabhing. Die auf mich einprügelnden Buben ließen sich jedoch weder durch mein verzweifeltes Flehen, noch durch meinen Fluchtversuch beirren. Immer wieder befeuerte Schwester C. die auf mich einschlagenden Buben: »Sauhund dreckiger, Bettseicher verdammter!«

Für einen kurzen Moment gelang es mir, den Kopf zur Seite zu drehen. Während die Buben nun auch auf meinen Rücken und meine Beine einschlugen, konnte ich in die Augen von Schwester C. blicken. Ihr Kopf war stark gerötet, ihr Atem ging schnell und war deutlich zu hören. Sie war es, die meinen Kopf mit ganzer Kraft auf die Holzbank drückte.

»Sauhund dreckiger«, presste sie zwischen ihren zusammengepressten Lippen hervor.

Sie kam mir vor wie eine Hyäne, die ihre Beute kurz vor der Zerfleischung voller Gier anfletschte. In der Tat: Meine Hilflosigkeit schien ihren Sadismus zu beflügeln, ein Teufelskreis, aus dem es kein Entrinnen gab. Ich hatte Angst und verspürte unerträgliche Schmerzen am ganzen Körper.

Wann endlich würde diese Bestie im Nonnengewand ihre vom Waschzwang zerschlissenen Hände von meinem Nacken nehmen? Wann würde dieser brutale Mob endlich von mir lassen? Dann, für einen kurzen Moment, tat sich ein weißes, helles Licht vor mir auf und ich konnte nichts mehr sehen und hören. Ich verspürte eine wohltuende Wärme, die das Geschehen um mich herum völlig erblassen ließ. Es war, als wäre ich im Begriff, diese Welt verlassen. Ich weiß nicht mehr, ob ich ohnmächtig geworden war, oder ob ich tatsächlich an der Schwelle des Todes stand. Vielleicht hatte jene Gestalt aus der Hauskapelle für einen kurzen Moment schützend ihre Hand über mich gehalten – oder war es mein Schutzengel?

Augenblicke später wurde ich zurück in die grausame Realität geworfen. Das Licht und die schützende Wärme verschwanden, so schnell, wie sie gekommen waren. Dann fühlte ich wieder die Schmerzen. Dieses kurze Verweilen im Licht und der Wärme gaben mir jedoch Kraft, unermessliche Kraft, um weiterleben zu wollen, ja, um mich nicht zu beugen, um mich nicht brechen zu lassen. Aus diesem Zustand heraus erhob sich mein Lebenswille und begann herauszuschreien, was ich empfand:

»Ich will nicht sterben, ich will nicht sterben, lasst ab von mir!«

Ganz plötzlich ließ der Mob erschrocken von mir ab. Einer der Buben trat noch einmal nach mir, sodass ich mich vor Schmerzen krümmte und nun auch mit dem Kopf auf dem Kachelboden aufschlug.

»Dreckiger Bettseicher, für dich gibt es heute kein Frühstück«, vernahm ich die Stimme von Schwester C. Auch die Buben schienen außer Atem zu sein. Ich hörte sie schnaufen. Erbarmen? Fehlanzeige! »Um sieben sehe ich dich in der Kapelle zur Morgenandacht«, raunzte sie mir noch zu.

Nachdem auch die Buben den Badesaal verlassen hatten, drehte ich mich auf dem Boden zur Seite und hielt meinen schmerzenden Bauch. Da lag ich nun wie ein Stück Dreck auf dem kalten grauen Kachelboden des Badesaales und versuchte, mich aufzurichten. Mein ganzer Körper brannte. Ich zitterte. Schwester C. und die Buben aus meinem Schlafsaal hatten mich zurückgelassen, als ob ich ein Stück Vieh wäre. Und das war ich ja auch: eine dreckige Bettseichersau.

Dann wurde es still. Ich roch nicht mehr den Duft der Kernseife. Mein Blick wanderte die Waschbecken entlang, streifte die hornhautgelben Kacheln und kam zur Ruhe, als ich durch die großen Fenster den Himmel erblickte. Wolken zogen gemächlich ihre Bahnen und ich lag hier. Ich begann erneut zu weinen, tief zu weinen, nicht der Schmerzen wegen. Nein, ich spürte die Dornen des Unrechts, die sich in meine Seele bohrten und tiefe Wunden hinterließen. Ich spürte diese unendliche Einsamkeit und Verzweiflung in mir, diesen abgrundtiefen Hass. Ich litt unter der Isolation, in die mich diese Bestrafungsrituale immer wieder trieben.

Mir war übel und ich schaffte es noch, mich an einem der Waschbecken hochzuziehen. Als ich so dastand, beugte ich mich ruckartig über das Becken und erbrach mich. Es war dieser Hass, den man soeben in mich hinein geprügelt hatte. Er musste wieder raus, einfach nur raus, denn er wirkte wie Gift.

Ich sah in einen der vergilbten Spiegel und begann ihn zu fragen: Wo sind Vater und Mutter? Wo ist Frau Riedlinger?

Seit diesem Morgen glaubte ich nicht mehr daran, dass ich die kalten Duschen und Prügel nur deshalb bezog, weil ich ein Bettnässer war. Nein, diesem Märchen schenkte ich keinen Glauben mehr. Mein Vertrauen in Schwester C. hatte sie mit Hilfe der Buben nun vollends zum Zerbersten gebracht. Zu gewalttätig und unverhältnismäßig waren die Bestrafungen, die sie mir zumutete. Zu willkürlich ihre Vorgehensweise.

Warum rührte sich Gott der Allmächtige nicht? Wo war der Frieden, den uns Schwester C. im Umgang mit unseren Heimgenossen immer predigte?

Abends saß ich hinter dem Fernseher am Bettnässertisch und kaute an einem trockenen Stück Brot, das ich am liebsten ausgespuckt hätte. Nur schwer ertrug ich die anhaltenden Schmerzen, die mir der Morgen zugefügt hatte. Die anderen Kinder saßen wie gewohnt vor dem Fernseher und gafften in die Röhre. Die Schwestern hatten sich zum Abendbrot ins Refektorium zurückgezogen. Da sprang ich ruckartig vom Bettnässertisch auf, riss die Tür vom Essenssaal auf und rannte hinauf ins Bubenklo, wo ich mich einschloss. Jetzt erst begriff ich, wie beschämend es für mich war, hinter dem Fernseher sitzen zu müssen. Diese Schmach empfand ich als sehr entwürdigend. Rückzug, nichts als Rückzug wollte ich, weg von dem Wahnsinn, der mich umgab. Es war mir egal, ob Schwester C., wenn sie ihr Abendbrot zu Ende gegessen hatte, mich, weil ich den Saal ohne die Frage »Bitte, bitte darf ich aufs Klo gehen?«, verlassen hatte, erneut bestrafen würde. Sie hätte es mir sowieso nicht erlaubt aufs Klo zu gehen. Außerdem hatte ich von ihren sadistischen Bitte-bitte-darf-ich-Spielchen die Schnauze gestrichen voll. Was jetzt zählte, war, dass ich zur Ruhe kam, dass mich keiner störte. Selbstgewählte Isolation sozusagen.

Ich setzte mich auf die Kloschüssel und betrachtete den vollgepissten Toilettenboden. Die Urinpfütze war so groß, dass meine Socken in den Hausschuhen nass wurden. Dieses Mal hielt ich die Nase nicht zu, weil ich den Uringeruch gar nicht mehr wahrnahm. Ich krümmte mich vor Bauchschmerzen. Die Tritte heute Morgen hatten mir schon den ganzen Tag zu schaffen gemacht. Als ich so auf der Kloschüssel saß, erschien mir plötzlich das Gesicht von Schwester C. Ich erblickte ihr unweibliches, vom Unglück gezeichnetes Gesicht. Ihre Gesichtsfarbe veränderte sich, es wurde röter und röter. Dann begann sie, unsicher zu lachen. Dabei warf sie ihren Kopf von einer Richtung in die andere. Ich sah, wie sie ihre trockenen Lippen zusammenpresste. Die Krampfschübe in meiner Magengegend wurden immer heftiger. Ich beugte mich nach vorne und drückte meinen Oberkörper auf die Oberschenkel. Dadurch ließen die Krämpfe nach. Dann sah ich meine Hand über ihr Gesicht streifen. An der linken Seite ihres Gesichtes konnte ich einen offenen Hautfetzen erkennen.

»Ich will sehen, wer du bist«, sprach ich vor mich hin. Meine Füße tappten nervös in der Urinpfütze hin und her. Ich schwitzte.

»Mich tötest du nicht«, fauchte ich sie wütend an.

Mit festem Blick starrte ich in ihre tief liegenden Augen, die sich unruhig bewegten. Dann nahm ich all meinen Mut zusammen, griff nach dem herabhängenden Hautfetzen und riss ihr die Haut vom Gesicht.

Ich sah in ihr nacktes Gesichtsfleisch, das jedoch nicht blutete. Ihre Muskelfasern vibrierten im Rhythmus des Herzschlages. Dann konnte ich nicht mehr in diese Fratze sehen. Ich zog meine Hose herunter und griff an den steifen Penis. Ich nahm ihn zwischen meine Handflächen und rieb ihn, wie wenn ich nasse Bettpisserwäsche trocken reiben würde, immer schneller, bis plötzlich ein angenehmes Vibrieren meinen Körper durchdrang. Dann trat Entspannung ein.

Dieses Bild des nackten Gesichtsfleisches trug ich noch viele Jahre in mir. Es wurde zum Synonym meiner Sozialphobie. Bei jedem Menschen, der mir begegnete, vermutete ich, dass das Gesicht, das ich sah, nur eine solche Maske sei. Eine tiefe Vertrauensstörung drückte sich hierin aus. Mehr noch, sie war Quelle meines Wunsches, anderen Leuten »die Fresse zu polieren«.

Ich hatte an diesem Abend auf dem voll gepissten Bubenklo, unter unbeschreiblichen Schmerzen, ein Bild von Schwester C. gefunden, das ihrem Wesen entsprach und durch das ich sie besser einordnen konnte: Das Grauen hatte in diesem Anblick ein Gesicht bekommen.

## Verinnerlichung

Es war Nachmittag. Ich hatte soeben meine Hausaufgaben erledigt und saß wieder einmal allein an dem großen Tisch im Spielsaal, wo wir Buben gewöhnlich unsere Hausaufgaben machten. Richtete ich meinen Blick durch das Saalfenster, konnte ich das mit römischen Zahlen versehene Zifferblatt der Uhr der St. Vincenzskirche sehen. Oft beobachtete ich verträumt, wie der große Zeiger, für mich in seiner unmittelbaren Bewegung nicht sichtbar, von einem Minutenstrich zum nächsten vorrückte. So verging meine Zeit hinter den Heimmauern, Minute für Minute, Stunde für Stunde, Tag für Tag, Monat für Monat, Jahr für Jahr.

Bestimmte typische Heimgerüche und andere, immer wiederkehrende Eindrücke, hatten sich mir inzwischen tief eingebrannt. Betrat ich den großen Flur, der sich vom Spielsaal aus vorbei an den Schlafsälen und dem Badesaal erstreckte, roch ich den Duft der

Unschuld: Linoleum und Terpentin. Ich konnte die Schrittfolgen aller Nonnen auseinander halten, die sich auf unserem Flur bewegten. Schwester C. zum Beispiel hatte einen streng militärischen Gang: schnell, fest, laut. Schwester Oberin hingegen ging langsamer und schlurfte dabei. Düster war dieser Flur und erhielt nur dann Licht, wenn sämtliche Türen der angrenzenden Schlafsäle geöffnet waren. Um auf diesen Flur zu gelangen, musste man eine Treppe vom Spielsaal aus hinab gehen, etwa zehn Stufen. Rechts vom Flur lag mein Schlafsaal. Auch dort hing, wie erwähnt, ein überdimensionales Kruzifix, dessen Ausfertigungen immer demselben Muster folgten.

Die Kruzifixe von St. Niemandsland stehen für mich für eines der Dinge, die ich heute noch der katholischen Kirche vorhalte: Sie ist am Kreuz hängen geblieben. Sie hat die Auferstehung vergessen.

Das kleine Fenster mit dem grünen Vorhang, das sich an der meinem Bett gegenüber liegenden Wand befand, war niemals geöffnet. Und so war Schwester C. ja auch. Sie vermochte sich nicht zu öffnen. Auch sorgte sie dafür, dass vor ihrem Fenster kein Stockbett stand. Man sollte ihr nicht unter den Vorhang schauen. Da sie für uns Kinder in der Bubengruppe das einzige erwachsene Vorbild war, hielten auch wir Heimkinder unsere Herzensfenster fest verschlossen. Dies machte sich besonders dann bemerkbar, wenn fremde Kinder oder andere Erwachsene in unser Leben traten. Ich erinnere mich noch deutlich daran, dass einmal im Jahr eine Schar von Erwachsenen ins Kinderheim einfiel, um uns Heimkindern etwas Gutes zu tun. Für gewöhnlich waren es verheiratete Paare, die uns mit Einkäufen überhäuften und zum Essen ausführten. Das schönste an diesen Ausflügen war, dass keine Nonnen zugegen waren und die Erlebnisse deshalb unbeschwert waren. Gleichwohl kam mir diese Art der Zuwendung sonderbar vor. Waren es doch Fremde, die sich unserer annahmen.

Verließ man den Schlafsaal und lief den Hauptflur entlang, so erreichte man nach etwa zehn Metern den verhassten Badesaal. Hier roch es nach Kernseife und Reinigungsmittel. In der Mitte des Badesaales stand das hornhautgelb gekachelte Mauerwerk. An ihm befanden sich die Waschbecken. In der Regel teilte man sich ein

Waschbecken zu zweit. Links hinter dem Mauerwerk stand die Badewanne. Der Badesaal hatte, wie der Schlafsaal, zwei große Fenster, die den Blick in den Hinterhof des Kinderheimes freigaben und hinter denen sich eine Balkonbrüstung befand. Ich fühlte mich in diesem Badesaal stets unwohl, nicht nur der morgendlichen Folter wegen, sondern auch, weil er so unwirtlich war, so kahl und steril. Ich ging nur dann gerne in den Badesaal, wenn ich Durst hatte oder von der süßlich schmeckenden Zahnpasta naschen konnte. Sie war das einzig Süße, was in diesem Heim zu bekommen war.

Den Badesaal konnte man durch eine weitere Türe verlassen, die direkt zu den Bubentoiletten führte. Schon im Nebenflur, der Bad und Toilette trennte, musste man sich die Nase zuhalten, weil ein scharfer Uringeruch aus der Toilette drang. Das lag daran, dass die meisten Jungs – einschließlich mir – es beim Pinkeln nicht fertig brachten, im Stehen die Kloschüssel zu treffen. Wenn man also die Toiletten betrat, trat man in der Regel in eine riesige Urinpfütze. Derjenige, der Toilettendienst hatte, musste am nächsten Morgen zur »Ämterzeit« mit dem Putzlappen Urin aufwischen. Da ich in der Regel mit dem Auswaschen meiner Bettnässerwäsche beschäftigt war, traf mich dieses Amt eher selten. Gleichwohl pinkelte auch ich, wenn ich mit dem Amtsinhaber im Streit lag, mit voller Inbrunst neben die Schüssel. Das machten alle Buben so. Eine kleine Vergeltung für das, was wir ansonsten erlitten. Da ich meine Bettnässerwäsche im Vorraum der Toilette auswaschen musste, versuchte ich nicht durch die Nase zu atmen, weil der scharfe Geruch nicht auszuhalten war. So hielt ich während des Waschens immer wieder die Luft an, rannte hinüber in den nahe gelegenen Badesaal und japste dort nach Luft.

Aber damit nicht genug. Die Nonnen trugen stets schwarze Schuhe mit einer festen Sohle. Diese hallten beim Laufen und hinterließen hässliche, schwarze Streifen auf dem Linoleumboden im Flur. Die mussten wir dann, auf den Knien rutschend, mit einem terpentingetränkten Lappen wegrubbeln. Auch sonst ging es laut zu.

Diese Gerüche und Geräusche wurden fester Teil meiner kindlichen Welt. Meine Wahrnehmungen trieben mich bisweilen zum Wahnsinn. Ich verfügte über keinen Raum, hatte kein eigenes Zimmer. Lediglich neben meinem Bett hatte ich ein Nachtkästchen, sowie eine Schublade im Spielsaal. Dort versteckte ich meine wenigen Habseligkeiten. Da wir Kinder keine Rückzugsmöglichkeiten hatten, lebten wir unsere Aggressionen durch wilde Prügeleien aus. Mal steckte ich ein, mal teilte ich aus. In der Bubengruppe galt eine Art Ehrenkodex. Keiner der bei einer Schlägerei Beteiligten verpfiff den anderen bei Schwester C. In der Regel wurden die Prügeleien im Badesaal oder im Vorraum der Bubentoilette ausgetragen. Dabei standen mehrere Buben Schmiere. Es gab Kinder, die in der Gruppenhierarchie aufstiegen, andere wiederum, wenn sie verloren hatten, stiegen ab. Ähnlich wie bei der Fußballbundesliga. Mal spielte ich in der ersten, mal in der zweiten. Ich hatte mir allerdings einen kleinen Trick ausgedacht, um vor allem bei den Großen der Bubengruppe Land zu gewinnen. Wenn ich mal zu einem Großen frech gewesen oder anderweitig in Ungnade gefallen war, fing ich, nachdem ich den ersten Faustschlag eingefangen hatte, sofort an, laut zu schreien. Da ich über ein lautes Organ verfügte, zeigte diese Methode schnell Wirkung. Die Großen ließen von mir ab, wenn auch nicht zum Nulltarif. So musste ich immer wieder deren unangenehme Dienste, wie Schuhputzen, Toilettendienst oder Kehrdienste, übernehmen. Bis auf den Toilettendienst machte ich eigentlich gerne Dienste, weil ich in dieser Zeit für mich alleine war. Ich entwickelte ein ausgesprochenes Bedürfnis nach Ruhe. Keine Schritte, kein Kindergeschrei, keine Prügeleien.

## Der Pädophile

Ich verspürte Vorfreude, als die Nachricht die Runde machte, dass Schwester C. in Kürze in Urlaub fahren würde. Für uns Kinder war die Urlaubsabwesenheit von Schwester C. selbst wie Urlaub. Das bedeutete keine morgendlichen Kaltduschexzesse, keine Prügel- und Schreibstrafen mehr. Als Vertretung hatte sich Schwester Oberin angekündigt. Schwester Oberin, die das Kinderheim leitete, war eine in die Jahre gekommene Nonne, die ihr Herz am rechten Fleck hatte. Wenn ich in dieser Zeit ins Bett gemacht hatte, musste ich morgens zwar auch in die Badewanne steigen. Dies geschah jedoch ausnahmslos in gütigem Respekt vor mir. Anstatt kaltes Wasser aufzudrehen, fühlte sie zunächst mit ihren Händen die Wassertemperatur, bis sie angenehm warm war. Dann reichte sie mir die Seife, sodass ich mich einseifen konnte. Hierbei lachte sie großmütterlich, um mich dann liebevoll abzuduschen. Ich habe es bis zum heutigen Tag nicht verstanden, dass Schwester Oberin nichts von den in den Gruppen herrschenden Gewaltexzessen mitbekommen haben will. Zwischen den Nonnen der Buben- und Mädchengruppe schien es keinen Informationsfluss zu geben. Vielmehr schien Schwester C. ihr eigenes Privatuniversum zu unterhalten, in dessen Machtbereich sie alleine das Sagen hatte.

An jenen Tagen, an denen Schwester Oberin ihre Vertretung nicht wahrnehmen konnte, wurde sie von Kurt A. vertreten. Kurt A. war selbst einmal ein Heimkind in St. Niemandsland gewesen. Er hatte ein gutes Verhältnis zu Schwester C. und hatte daher uneingeschränkten Zugang zur Bubengruppe. So war Kurt A. häufig von den Morgen- bis zu den Abendstunden Gast in der Gruppe, ohne eine genau definierte Aufgabe zu haben.

Kurt A. war ein etwa 1,90 Meter großer Mann. Er hatte einen Silberblick und schütteres Haar. Sein Oberlippenbart war kurz geschnitten und er leckte, wenn er unsicher war, stets mit seiner Zunge daran. Ich mied seine Nähe, weil mich sein strenger Körpergeruch abstieß. Außerdem fühlte ich an diesem Körpergeruch, dass etwas mit ihm nicht stimmte. Sein Körpergeruch setzte sich aus Schweiß, Nikotin und Currywurst zusammen. Kurt A. hatte ein ungepflegtes Äußeres. Sein weniges Haar glänzte vor Fett, seine Fingernägel waren lang und unter ihnen hing der Dreck vergangener Tage. Wenn er uns Kinder ansah, konnte er das nie direkt zu tun. Er drehte hierbei seinen Kopf zur Seite und spähte aus den Augenwinkeln. Er schien immer nach etwas zu suchen. Dabei zog er den rechten Mundwinkel nach unten. Kurt A. war in seinem Verhalten auffallend ruhig und kontrolliert. Er lachte selten und bemühte sich stets, freundlich und verständnisvoll zu wirken. In der Tat hatte er im Unterschied zu Schwester C. überhaupt keine aggressiven Anfälle. Deshalb genoss er in der Bubengruppe das Vertrauen der Kinder. Angst brauchte man vor Kurt A. nicht zu haben. Es waren vornehmlich die zehn- bis vierzehnjährigen Buben, die er um sich scharte. Sie durften ihn begleiten, wenn er seine in Alufolie verpackte Currywurst von der Imbissbude um die Ecke holte. Der ungewohnte Geruch der Currywurst brachte einen völlig neuen Duft in die Bubengruppe, so anders als Kernseife und Terpentin. Dieser Geruch hatte etwas Befreiendes. Gerne spendierte er den Buben, die ihn begleiteten, ein Eis. Das war also die liebenswerte Erscheinung des Kurt A., die Schwester C. zu schätzen wusste.

Eines Morgens, Schwester Oberin fiel zur Vertretung aus, betrat Kurt A. unseren Schlafsaal, um uns zu wecken. An diesem Morgen kam er geradewegs auf mein Bett zugelaufen und fragte mich, ob ich hinein gemacht hätte. Ängstlich nickte ich mit dem Kopf. Nun ergriff er meine Hand und führte mich wortlos in den Badesaal. Mein Herz begann unruhig zu klopfen, mir stockte der Atem. Da ich die Situation überhaupt nicht einzuschätzen vermochte, glaubte ich nun, dass mich dasselbe Bestrafungsritual wie bei Schwester C. erwarten würde. In dem Moment, als die Badtüre in das Schloss fiel, hatte ich ein Gefühl des völligen Ausgeliefertseins. Ich spürte, irgendetwas passiert jetzt. Es lag in der Luft. Es war merkwürdig. Keine Buben, die mich in die Badewanne zwangen, keine Prügel, keine Befehle, in die Badewanne zu steigen.

Stattdessen forderte er mich auf, mich auf die Holzbank zu setzen. Mit ruhiger, ja fast verführerischer Stimme, fragte er mich, ob ich Lust auf ein Photo hätte. Verdutzt sah ich ihn an. Dann griff er in eine Tasche, die er zuvor in den Badesaal gestellt hatte und zog eine Polaroidkamera hervor.

»Na?«, fragte er mich erneut, während er ein seltsames Grinsen aufsetzte und in seiner Vorfreude unruhig die Lippen hin und her bewegte. »Wenn du möchtest, dann photographiere ich dich unten rum. Du musst dafür heute nicht in die Badewanne.«

Als ich das hörte, nickte ich schweigend und richtete meinen Blick vor Scham auf den Boden. Statt wie sonst, Prügel zu beziehen, fand ich mich plötzlich in einer Situation wieder, in der ich verführt wurde. Das verwirrte und überforderte mich.

Ich spürte plötzlich Kurt A.s schwere Hand in meinem Nacken. Sie war schweißnass. Erneut nahm ich seinen Körpergeruch wahr. Er ekelte mich. Widerwillig wandte ich meinen Kopf zur Seite, um mich aus seinem Griff zu lösen. In diesem Moment stand er auf und ohne ein Wort zu verlieren, lief er direkt auf die Badewanne zu. Mein Blick folgte ihm, ich begann vor Angst zu zittern. Dann nahm er den Brausekopf aus der Halterung und drehte für mich deutlich sichtbar den blau markierten Hahn für das kalte Wasser auf, wobei er mich mit seiner widerlich bärtigen Fresse angrinste und mich damit in das Gefühl absoluter Ohnmacht stieß.

Diese Drohung war eindeutig und machte mich gefügig.

Nachdem Kurt A. zunächst meine Schlafanzugjacke geöffnet hatte, streifte er diese sanft von meinem Oberkörper. Sein Anblick schien ihn geil zu machen. Sein dreckiges Grinsen wich nun einer beinah hingebungsvollen Mine. Nachdem er meinen nackten Oberkörper photographiert hatte, forderte er mich auf, meinen rechten Arm in den Nacken zu legen und ihm das Gesicht zuzuwenden. Seine Reaktion war schneller Atem. Ich befand mich mitten in einem Vorspiel, in das er mich durch seine subtile Manipulation hineinzwang.

Ich versuchte mich dieser morgendlichen »Photosession« dadurch zu entziehen, dass ich mich innerlich zurückzog. Zwar nahm ich das Geschehen physisch noch wahr, aber deutlich abgeschwächt.

Kurt A. merkte dies und forderte mich nun auf, aufzustehen.

Ich erhob mich von der Holzbank. Dann griff er mir mit der Hand in den Schritt. Dabei verzog er in der für ihn typischen Weise die Mundwinkel. Ich fühlte seine Gier. Ich starrte ihm in die Augen. Er sah weg. Irgendwann aber trafen sich unsere Blicke. Dann sah er wieder weg. Ich starrte auf die hornhautgelben Kacheln, in der Hoffnung, dass dieser Spuk bald ein Ende nehmen würde.

»Zieh deine Unterhose bis auf die Knie herunter«, forderte er mich nun auf.

Wie in Trance, gehorchte ich, erfüllt von einem unbeschreiblichen Schamgefühl.

Dann sah ich das kurze Aufblitzen der Kamera.

Da dieses Fotoshooting Kurt A. in höchste Erregung versetzte, öffnete er seine Hose und präsentierte mir sein erigiertes Glied. Es roch, wie der Rest seiner armseligen Existenz, aufs Übelste. Ein solches hatte ich noch nie gesehen. Ich verspürte Schreck, Scham und Ekel. Sein Penis war der Herr der Stunde, das verriet sein Blick. Sodann berührte er meinen Penis. Dabei masturbierte er. Ich drehte den Kopf beiseite, weil mich sein Mundgeruch, der durch sein erregtes Atmen noch stärker zu mir drang, anwiderte.

Ich hätte schon alleine seines scharfen Körpergeruches wegen kotzen können. In dieser ausweglosen Situation verloren die moralischen Gesetze ihre Gültigkeit. Kurt A. drängte mich mit subtiler Gewalt in eine Sackgasse, in der meine Bedürfnisse völlig bedeutungslos waren. Im Vortäuschen von Freundlichkeit und Mitgefühl verfolgte er ausschließlich seine Interessen. Ich spürte seine Macht. Ihm war es wohl egal, was ich empfand. Je hilfloser und unschuldiger ich ihm erschien, desto größer schien sein Kick. Das er mich in die Rolle seines Gespielen zwang, zerstörte meine Integrität. Doch genau das schien ihn zu befriedigen. In dieser Situation wurde nun auch jener Rest von kindlichem Vertrauen zerstört, der durch die sonstigen Prügelorgien nicht erreicht worden war. Ich hätte vor Scham und Angst in den Badesaalboden versinken können. Die Badewannensession bot auch keine bessere Alternative, das war gewiss. Daher ertrug ich das Gefühl der Ohnmacht, das mir den Hals abschnürte.

Kurt A. begann nun laut zu stöhnen – er ejakulierte. Währenddessen drückte er meinen Penis so fest zwischen seine Finger, dass ich vor Schmerz aufschrie. Das schien ihn nicht zu stören. Seine Handbewegungen wurden nun immer langsamer, bis er schließlich zu masturbieren aufhörte.

Ich vermochte das ganze Geschehen nicht einzuordnen. War das normal oder nicht? Was geschah da gerade mit mir? Eine ganz besondere Energie hatte sich in diesem Raum breit gemacht. Es war die Energie des Missbrauchs. Kurt A. hielt noch eine Weile seine Augen geschlossen und schien voller Genuss zu sein. Hätte nur noch gefehlt, dass er sich eine Zigarette anzündete.

Ich zog sofort meine vollurinierte Unterhose hoch. Als ich den Badesaal verließ, fühlte ich mich schuldig und schmutzig. Was war hier gerade passiert?

Ein anderes Mal, es war Heiligabend, lockte mich Kurt A., als wir aus der Hauskapelle kamen, unter einem Vorwand in den Schlafsaal. Die anderen Kinder waren auf dem Weg in den Spielsaal. Kurt A. war in höchstem Maße notgeil und drückte mich hinter die Schlafsaaltüre.

»Wenn du heute Abend das Weihnachtsgeschenk haben möchtest, das dir dein Vater geschickt hat, kann ich mich für dich bei Schwester C. einsetzen.«

Noch bevor ich antworten konnte, hatte er sein steifes Glied aus der Hose hervorgeholt und hielt es mir direkt vor das Gesicht. Ich hätte kotzen können. Und wieder blickte ich in seine bärtige Fresse und sah, wie seine Zunge unruhig über seine Lippen glitt. Ich hätte vor Angst schreien können. Ich war aber wie gelähmt und brachte keinen Ton heraus. Wo war Schwester C.? Warum vermisste mich keiner im Spielsaal? Dann wiederholte er eindringlich, was er soeben gesagt hatte.

Ich hatte nicht den Hauch einer Chance. Ich spürte, wie seine Hand meinen Kopf gegen seinen Schwanz drückte. Er forderte mich auf, den Mund zu öffnen. Dann rammte er mir seinen Penis in den Mund. Am liebsten hätte ich zugebissen, aber meine Angst war stärker. Dann hatte ich einen Filmriss. Erst Jahrzehnte später, in der Therapie, wurde mir bewusst, dass dies eine Vergewaltigung war.

Augenblicke später saß ich im Spielsaal, zusammen mit den anderen Buben. Dort stand der mit Kerzen und Weihnachtskugeln geschmückte Baum. Es roch nach Weihnachten. Dieser Geruch vermochte jedoch nicht jenen von der soeben erfolgten Vergewaltigung zu überdecken. Ich hatte noch immer dieses Kotzgefühl und fühlte mich beschmutzt.

Schwester C. stimmte nun an: »Oh du fröhliche, Oh du selige, Gnaden bringende Weihnachtszeit.« Die Buben sangen andächtig mit. Ich hielt meinen Kopf zum Boden geneigt. Nun hörte ich auch noch Kurt A.s Stimme, der zusammen mit Schwester C. und den anderen Buben das Weihnachtslied sang. Was für ein Fest!

Die Geschenke lagen unter dem Weihnachtsbaum und warteten darauf, ausgepackt zu werden. Wie der Verlauf des Heiligen Abends zeigte, gehörte ich wegen meines Bettnässens nicht zum erlauchten Kreise der Auspackenden. Ich wurde von Schwester C. auf die Holzbank verbannt und betrachtete das muntere Geschenkauspacken aus sicherer Distanz. In diesem Moment fühlte ich wieder das Fallbeil der Einsamkeit, das mich von meinen Spielkameraden abschnitt. Meine Brust schmerzte vor Unglück. Dennoch nahm ich an dem Geschehen teil, indem ich die anderen neugierig beobachtete. Ich sah, wie Wilfried vor Freude lachte, als er sein Geschenk in Händen hielt. Überall raschelte Geschenkpapier. Ich aber saß einsam auf der Holzbank und hätte am liebsten alle angekotzt. Schwester C. und Kurt A. indessen, waren unbeschwert und guter Dinge. Sie erfreuten sich an der fröhlichen Kinderschar und dem gelungenen Fest. Kurt A. hatte in all der Freude vergessen, mit Schwester C. über das Geschenk meines Vaters zu sprechen ...

Ich war nicht der einzige, der von Kurt A. sexuell missbraucht worden war. Sexueller Missbrauch war hinter den Mauern von St. Niemandsland ein offenes Geheimnis. Und er manifestierte sich nicht nur in der Person des Kurt A.

Irgendwann bekam Schwester C. von den Photos Wind. Es waren eine Reihe Kinder aus der Bubengruppe gewesen, die die Photosessions über sich ergehen lassen mussten. Kurt A. erschien daraufhin nicht mehr im Kinderheim. Welch eine Erleichterung. Was allerdings dem Fass den Boden ausschlug, waren die Anschuldigungen, die Schwester C. gegenüber den betroffenen Kindern erhob. Ich erinnere mich noch genau daran, wie ich von der Schule zurückkam und von Schwester C. in den Bastelraum zitiert wurde. Angeblich waren wir photographierten Kinder an allem Schuld, weil wir das schließlich alles mitgemacht, ja ihn sogar verführt hätten. Ein berühmter irischer Schriftsteller hat einmal geschrieben: »Dummheit ist grausam«. Es schwang unbewusst aber sicherlich auch mit, dass sie das ganze Thema von sich fernhalten wollte, da sie spürte, dass auch sie selbst etwas damit zu tun hatte. Es war ihr sichtlich unangenehm, dass das Thema »Photosession« derartige Wellen schlug. Da war es am einfachsten, schnell einen Schuldigen bei der Hand zu haben und das waren wieder einmal wir Kinder. Die Krönung der Angelegenheit bestand darin, dass wir sexuell missbrauchten

Kinder – als Wiedergutmachung sozusagen – tausendmal einen bestimmten Satz schreiben mussten. Ich erinnere mich nicht mehr genau an den Wortlaut. Er beinhaltete eine Mahnung, ähnlich denen, die an anderen Stellen zum Einsatz kamen, wie: »Ich darf nicht onanieren.« So wurden die Opfer zu Tätern gemacht. Damit war die Sache bereinigt.

### Die Weihnachtskrippe

Weihnachten in einem anderen Jahr. Der Himmel war mit schweren, dunklen Wolken behangen, und die Natur war in weißen Schnee getaucht. Ich blickte aus einem der Fenster im Spielsaal und beobachtete etwa ein Dutzend Meisen, die hastig mit ihren Schnäbeln in einen Meisenknödel hackten. Im Spielsaal stand ein großer Tannenbaum, der mit bunten Weihnachtskugeln und Lametta behangen war. Die Zweige waren mit weißen Kerzen bestückt und über der Baumkrone glänzte ein großer Silberstern. Obwohl Weihnachten war und wir Kinder eine stille Vorfreude auf den bevorstehenden Heiligabend verspürten, fühlte ich mich traurig. Ich dachte an meine Eltern Eva und Hubert. Lange hatte ich nichts mehr von ihnen gehört. Das einzig Tröstliche war, dass ich beim Weihnachtsessen meine Zwillingsschwester gesehen hatte. Clara hatte auf mich ebenfalls keinen glücklichen Eindruck gemacht. Vielleicht fühlte sie sich genauso einsam wie ich. Der Grund für mein Unwohlsein war wohl auch darin zu finden, dass Weihnachten normalerweise ein Familienfest war. Von meiner Familie jedoch war weit und breit nichts zu sehen. Ich vernahm die Stimmen meiner Heimgenossen, als wären sie nur Hintergrundgeräusche. Robert saß wie gewohnt auf seinem Stuhl und lutschte am Daumen. Er bewegte seinen Oberkörper in gleich bleibendem Rhythmus hin und her und zwirbelte dabei mit dem rechten Zeigefinger sein Haar. Dieses Verhalten von Robert hatte etwas Trostloses. Es war exemplarisch für das »autistische« Heimkind. Er schien sich dadurch in einer anderen Welt zu halten. Dann kam Wilfried auf mich zu. Wilfried war aufgeregt. Ich sprang von meinem Stuhl auf und fragte ihn:

»Was ist los, Wilfried?«

Wilfried teilte mir mit, dass Arnold und Paul hinunter in den Keller gegangen waren, wo die Weihnachtskrippe aufgebaut war. Die Weihnachtskrippe befand sich hinter einem großen Glasfenster, das man mit zwei Verschlusshaken öffnen konnte. Arnold und Paul hatten mir ausrichten lassen, dass sie dort auf mich warten würden. Nachdem ich den Keller erreicht hatte, dachte ich, mich würde ein Blitz treffen. Sie hatten das Glasfenster geöffnet, waren in die Krippe eingestiegen und hatten dort sämtliche Figuren umgeworfen. Arnold, der einer der Lieblinge von Schwester C. war, grinste mich schadenfroh an. Dann gab er Paul ein Zeichen und wortlos verließen sie den Keller.

»Die Grippenfiguren liegen dort«, stotterte Wilfried aufgeregt.

»Ich hab's gesehen, es waren Paul und Arnold.«

Kurz darauf hörte ich Schritte die Kellertreppe hinunterkommen. Diese Schritte waren mir vertraut. Hastig und bestimmt näherten sie sich. Dann stand Schwester C. im Raum. Ohne ein Wort zu sagen, holte sie aus und schlug mir mit der flachen Hand ins Gesicht. Ich fiel hin. Dann griff sie nach Wilfrieds Haaren und riss ihn im Kreis hin und her. Ich lag wie benommen am Boden, als sie meine Haare ergriff, mich hochzog und nochmals ausholte. Dann stieß sie uns die Kellertreppe hinauf und befahl uns, ihr in den Bastelraum zu folgen. Obwohl heute Weihnachten war, ein Fest des Friedens und der Freude, ja ein Fest der Nächstenliebe, zog sie wie gewohnt den Bambusstock aus der vor dem Bastelraum stehenden Vase. Ich erinnere mich noch genau. Ich habe nicht geweint, als der Bambusstock auf meinen flach ausgestreckten Händen aufschlug. Wilfried keuchte vor Schmerzen. Selbst heute kannte Schwester C. kein Erbarmen. Sie zog ihre Bestrafung mit der ihr eigentümlichen Härte und Routine bis zum Ende durch. Nachdem wir den Bastelraum wieder verlassen durften, wurden Wilfried und ich zurück in den Keller geschickt, um die Weihnachtsfiguren wieder aufzustellen. Ich schwor Rache. Als wir später in der Abendmesse in der hauseigenen Kapelle saßen, grinsten Arnold und Paul immer wieder zu uns herüber. Wilfried saß neben mir auf der Kirchenbank und starrte traurig auf den Boden.

Am liebsten wäre ich aufgestanden und hätte Arnold und Paul eins in die Fresse gehauen.

Nach dem Weihnachtsessen begaben wir Buben uns in den Spielsaal. Unter dem Weihnachtsbaum lagen zahlreiche Geschenke. Zunächst bildeten wir Kinder zusammen mit Schwester C. einen Kreis und sangen Weihnachtslieder. Die Luft roch nach süßem Weihnachtsgebäck und Punsch. Dann wurde das Hauptlicht abgeschaltet. Feierlich leuchtete der Weihnachtsbaum mit seinem großen Silberstern. Wir Kinder waren alle angespannt, denn gleich war es soweit. Als ich an der Reihe war, durfte ich ein riesengroßes Paket auspacken, das mir mein Vater zu Weihnachten geschickt hatte. Endlich ein Lebenszeichen von ihm, er schien an mich zu denken! Aufgeregt riss ich das Geschenkpapier von der Kartonage und öffnete den Deckel. Mein Vater hatte mir eine kleine Carrera-Rennbahn geschenkt. Als ich mich gerade zusammen mit Wilfried zurückziehen wollte, um die Rennbahn aufzubauen, stellte sich mir Schwester C. in den Weg.

»Für dich ist Weihnachten heute beendet!«, zischte sie mich an.

Was hätte ich tun können? Gar nichts, nur mich in mein Schicksal fügen. So waren es die anderen Jungs, wie Arnold und Paul, die die Rennstrecke einweihen durften. Wilfried hatte einen Kassettenrecorder bekommen, den er ebenfalls gleich abgeben musste. So wurde uns auch an diesem Heiligabend verboten, an den Spielen und Geschenken der anderen Heimgenossen teilzunehmen. Wilfried und ich wurden dazu verdonnert, uns an den Ecktisch zu verziehen, der abseits vom Geschehen stand. Dort mussten wir hundert Mal schreiben: »Ich darf keine Weihnachtsfiguren umschmeißen.«

Das Glück hatte Wilfried und mich jedoch an diesem Weihnachtsabend nicht vollständig verlassen. Robert nämlich schlich immer wieder zu uns herüber und versorgte uns mit Weihnachtskeksen und Mandarinen. Zwar versetzte mich diese Tatsache nicht in wirkliche Freude, sie milderte jedoch meinen Verlust darüber, dass meine Carrera-Rennbahn, um die sich eine große Traube von Kindern gebildet hatte, von den anderen eingeweiht wurde. Neugierig richtete ich immer wieder meine Blicke in die Mitte des Spielsaales. Wie gerne würde ich jetzt selbst spielen. Aber heute Abend zeigte Schwester C. wieder einmal kein Pardon. Wir durften erst wieder von unserem Stuhl aufstehen, nachdem wir in monotoner Weise die hundert Zeilen auf dem orangefarbenen Papier gefüllt hatten. Während die anderen noch bis in die späten Abendstunden spielen durften, schickte man Wilfried und mich vorzeitig ins Bett.

Dort fühlte ich jene Spannung in mir, die immer dann aufkam, wenn ich mich zutiefst ungerecht behandelt fühlte. Ich konnte nicht abschalten vom Gedanken des Unrechts, das uns widerfahren war. Voll Wut biss ich in das Kissen und schlug mit den Fäusten auf die Matratze ein. Ich wischte mir die Tränen aus den Augen und begann meinen Kopf hin und her zu werfen. Ich wollte nicht mehr denken und ich wollte nicht mehr fühlen. Ich wollte auch nicht mehr an das blöde Grinsen von Paul und Arnold denken müssen. Ich wollte nur noch eines, tot sein. Um einschlafen zu können, warf ich meinen Kopf solange hin und her, bis ich müder und müder wurde.

## Der Geigenmann

Es war früh abends, als ein Mädchen aus der Mädchengruppe aufgeregt unseren Spielsaal betrat und schnurgerade auf Schwester C. zulief. Es überbrachte die Nachricht, dass Schwester A. von der Mädchengruppe eine Überraschung für die Buben habe. Das laute Stimmengewirr im Spielsaal verstummte, als Schwester C. uns aufforderte, uns im unteren Flur der Mädchengruppe einzufinden. Auch ich durfte mit hinunter. Für mich war es eine besondere Freude, weil ich meine Zwillingsschwester wiedersehen würde. Unten angekommen sah ich, wie ein alter Mann mit weißen Haaren und Spitzbart auf dem Treppenaufgang des Spielsaales der Mädchengruppe saß und eine Geige samt Bogen in den Händen hielt. Ich weiß nicht, wer dieser alte Mann war, oder woher er kam. Jedenfalls schienen sich Schwester A. und der Geiger sehr gut zu kennen, zumindest hatte ich diesen Eindruck, denn sie redeten herzlich miteinander.

Neugierig streckten wir Kinder die Köpfe in die Höhe, um möglichst viel von dem seltenen Anblick zu erhaschen. Dieser Mann brachte alleine durch seine Anwesenheit frischen Wind hinter die Mauern vom St. Niemandsland. Wir Kinder nahmen alle auf dem Linoleumboden des langen Flures Platz. Ich war glücklich, neben meiner Zwillingsschwester zu sitzen. Wir hielten uns an den Händen und genossen die Vertrautheit zueinander. Das gab uns Kraft und Freude. Ich hatte an diesem Tage wohl auch nicht ins Bett gemacht und saß deshalb stolz in der Mitte der Gruppe. Heute gehörte ich zu ihnen und das machte mich überglücklich! Schwester C. hatte sich vorne am unteren Treppenrand postiert und wechselte einige Worte mit Schwester A. und dem Geigenmann.

Dann stand er auf, lief ein paar Treppenstufen hinauf, wandte sich uns zu und war sichtlich erfreut, dass er so viele Zuhörer vor sich hatte. Wir Kinder waren gespannt, was nun passieren würde.

»Ich werde euch nun ein Zigeunerlied spielen«, kündigte er an.

Vor Aufregung klatschten wir in die Hände. Hier und da rutschte einer auf seinem Hosenboden hin und her, um sich in die beste Lauschposition zu bringen.

Ich liebte Musik. So sangen wir regelmäßig an den Sommerabenden nach dem gemeinsamen Abendessen im Speisesaal Lieder aus der »Roten Mundharmonika«, wie »Und wieder blühen die Linden«, oder »Hoch auf dem gelben Wagen«. Hierbei wurde die Mädchen- und die Bubengruppe in vier Teile geteilt, sodass auch im Kanon gesungen werden konnte. Ich liebte das gemeinsame Singen deshalb so sehr, weil es mich von meinen alltäglichen Sorgen, wie dem »kalt Abduschen« oder »Strafarbeiten schreiben« ablenkte. Wenn wir gemeinsam sangen, vergaß ich all meine Sorgen. Ich glaube, das erging vielen anderen Kindern auch so.

Aber nun zurück zum Geigenmann. Wir saßen also in vertrauter Runde im Flur und wurden ganz still, als die ersten Laute der Geige ertönten. Leicht und unbeschwert drangen sie an unsere Ohren. Ich hörte das erste Mal Zigeunermusik. Sie war so temperamentvoll und voller Kraft. Die Melodie erfasste die gesamte Kinderschar. Selbst Clara, die eher ruhig war, begann sich im Rhythmus der Zigeunermusik zu bewegen. Dabei lachten wir uns an. Der Geigenmann bog beim Spielen seinen Oberkörper mal nach vorne, mal zur Seite. Voller Leidenschaft ließ er den Bogen über die Saiten streichen, als wäre er sein Zauberstab. Ich konnte dabei sein lautes und rhythmisches Atmen hören. Während er spielte, hielt er immer wieder die Augen geschlossen, als ob er tief in sich hineinhorchte, um diese wundervollen Töne aus der Tiefe hervorzuholen. Seine spitze Nase schien er, genauso wie seinen Geigenstock, in alle Richtungen zu bewegen. Oh, das war schön. Als der Geigenmann sein Zigeunerlied zu Ende gespielt hatte, rief er uns zu: »Wollt ihr noch eines hören?«

Was für eine dumme Frage, natürlich wollten wir.

Die Musik schien hier alle glücklich zu machen. Bis auf Schwester C.

Erst fiel sie mir gar nicht auf. Aber im Verlauf des Geigenkonzerts, ging mein Blick immer wieder zu ihr. Sie stand steif am unteren Treppenende und starrte hinauf zum Geigenmann. Ihr Gesichtsausdruck war reglos und ohne Freude. Sie presste nervös die Lippen aufeinander, als ob die Gefühle in ihr nicht entweichen durften. Schwester A. hingegen heizte die Kinderschar immer mehr an. Dann kam der beste Teil der Vorstellung.

»Wer hat einen Musikwunsch?«, fragte uns der Geigenmann.

»Sag mir wie viel Sternlein stehen«, rief ich ihm zu. Andere Kinder wiederum wollten »Aber Heidschi Bumbeidschi« hören. Egal, was wir Kinder uns wünschten, der Geigenmann erfüllte es.

Schwester A. forderte nun ihre Mitschwester Schwester C. auf, sich etwas zu wünschen. Plötzlich rief ein Kind aus: »Das Zigeunerlied.«

Schwester C. schaute fast böse in die Richtung, aus der der Wunsch gekommen war. Dann ertönte das Zigeunerlied von neuem. Ich verspürte wieder dieses Feuer in mir. Ich liebte diese Art von Musik, die so viel von der Ferne zu erzählen hatte. Schwester C. schien nach wie vor die einzige zu sein, die sich nicht auf den Geigenmann einlassen konnte. Nachdem die Vorstellung zu Ende war und wir wieder in den Spielsaal der Bubengruppe zurückgekehrt waren, erfuhr ich warum.

»Wie die Juden mit ihrer Geigenmusik, das ist doch keine Musik«, gab sie wütend von sich. »Habt ihr seinen Spitzbart gesehen«, donnerte sie weiter. »Wie bei den Juden. Und dann dieses widerliche

Zigeunerlied. In jedem Kieswerk hausen die Zigeuner und beklauen die Leute«, rief sie. Ich schenkte ihr keinen Glauben, weil ich weder an der Musik, noch an ihm etwas Anstößiges finden konnte.

Schwester C. kam aus einer »braunen Hochburg« in Niederbayern. Sie hatte wohl auch eine entsprechend »braune« Erziehung genossen. Ihr Verhalten im Kinderheim, bis hin zu den Gewaltexzessen, mag wohl damit zusammengehangen haben.

Heute, im Rückblick, bin ich mir sicher, dass Schwester C.s gezielte Diskriminierung von uns Bettnässern auch ihrer braunen Erziehung zuzuschreiben war. Das Schwache und Kranke wurde ausgegrenzt. Auch hatten blonde Kinder mit blauen Augen bei weitem nicht soviel an Prügel und Demütigung einzustecken, wie dunkelhaarige mit braunen Augen, wie ich einer war. Diejenigen Kinder oder auch Erwachsenen, die nicht ihrem Weltbild entsprachen, bekamen das deutlich zu spüren. Da wurde aus dem Geigenmann schnell ein Jude und auch er blieb von ihren verbalen Attacken nicht verschont, auch wenn sie als Nonne doch der christlichen Nächstenliebe verpflichtet sein müsste. Die Schönheit der Geigenmusik zählte für Schwester C. nicht. Und sie versuchte gar, auch uns die Freude an der Geigenmusik zu verderben. In meiner Seele jedoch hallte die Musik noch lange nach.

## Albert und die heiße Suppe

Es war Mittag und wir Kinder saßen gemeinsam im Speisesaal. Auch wenn ich ins Bett gemacht hatte, saß ich für gewöhnlich beim Mittagessen nicht hinter dem Fernseher. Diesen Platz mussten wir Bettnässer erst zum Abendessen einnehmen. Vor dem Mittagessen war ich immer schon aufgeregt, was es wohl geben würde. Wenn der Duft von der im mittleren Stockwerk gelegenen Küche herauf in unseren Spielsaal stieg, wusste ich, dass es nicht mehr lange dauern würde. Ich nahm am Mittagstisch stets den Platz an Alberts Seite ein. Albert war ein quirliger und aufgeweckter Junge. Besonders auffällig an ihm war, dass man ihn sehr leicht zum Lachen bringen konnte. Es genügte eine Grimasse oder ein Schubser – sofort fing Albert an zu lachen. Während er lachte, hielt er immer seinen rechten Zeigefinger an den Mundwinkel und warf den Kopf in den Nacken, dabei erreichte das Lachen seinen Höhepunkt. Ich gebe zu, wenn keine Schwester in der Nähe des Tisches war, an dem wir sechs bis acht Kinder saßen, ging es bisweilen turbulent, um nicht zu sagen chaotisch zu. Wir stahlen uns gegenseitig die Plastikteller, versteckten die Löffel in unsere Lederhosentaschen oder spuckten uns das Wasser, das wir aus Plastikbechern tranken, gegenseitig ins Gesicht. Waren die Schwestern aber da, dann griffen sie durch.

»Lasst uns jetzt beten«, rief Schwester A. mit ihrer markanten, tiefen Stimme.

Da Schwester A. von den meisten Kindern wegen ihres aufbrausenden Wesens respektiert wurde, musste sie uns nur selten zweimal etwas sagen.

An diesem besagten Mittag saß ich wie gewohnt neben Albert, der mich während des Gebets immer wieder mit dem linken Arm anstieß. Der ganze Speisesaal wurde von den Kinderstimmen erfüllt, als Schwester C. verspätet eintraf.

»Gib Ruhe«, flüsterte ich Albert zu.

Ich spürte Schwester C.s Blick, ohne sie dabei anzusehen.

»Unser tägliches Brot gib uns heute …«, fuhren die Kinderstimmen fort. Albert versetzte mir immer wieder einen leichten Stoß in die Seite. Ich blickte in die Richtung, in der Schwester C. stand. Ihr Blick war stechend und böse. Eigentlich hätte sie mit uns beten sollen. Ich hatte eine jener dunklen Vorahnungen, dass ihr Blick nichts Gutes bedeutete. Albert brach während des Gebets immer wieder in Gekicher aus. Ich richtete meinen Blick nach unten und verkniff mir das Lachen.

Als wir das Gebet zu Ende gesprochen hatten, mussten wir an unserem Tisch warten, bis der Suppenbottich auf einem Stahlwagen herbeigerollt wurde. Heute wies Schwester C. Schwester A. jedoch an, in das Refektorium zu gehen, um dort ihr Mittagessen einzunehmen. Sie wolle heute das Ausschöpfen der Suppe selbst übernehmen.

Schwester C. rollte den Stahlwagen, entgegen der sonst üblichen Verteilungsweise, direkt an unseren Tisch heran und griff nach Alberts Teller, der sie daraufhin erschrocken anstarrte. Mir war heiß. Es muss Hochsommer gewesen sein, denn wir Buben saßen in kurzen Lederhosen und kurzärmligen Hemden da. Ich blickte in die – wie soll ich sagen? – wuterfüllten Augen von Schwester C. Sie presste die Lippen fest aufeinander, wobei sie errötete. Das war das Alarmsignal. Ich hörte, wie die Aluminiumkelle im Suppentopf verschwand. Kurz darauf ergoss sich die kochend heiße Suppe in die grünen Plastikteller. Albert wurde nun ebenfalls nervös, denn es lag etwas Unausgesprochenes in der Luft. Dann reichte Schwester C. Albert langsam den Teller:

»Für dich Albert, nimm!«, sagte sie wie eine böse Hexe.

Vom Teller stieg sichtbar der Dampf auf. Albert hob beide Hände um nach dem Teller zu greifen. Dann, blitzschnell, kippte sie mit einer Handdrehung den Teller direkt über Alberts Oberschenkel aus.

Ich rutschte erschrocken zur Seite. Ich sah, wie sich die Suppe über Alberts Oberschenkel ergoss. Reflexartig legte er seine Hände zum Schutz auf den Oberschenkel und begann zu schreien. Er schrie wie am Spieß. Alle sahen zu uns herüber. Schwester C. hatte jetzt ein knallrotes Gesicht und presste die Lippen noch stärker zusammen. Sie verzog keine Miene, zeigte keine Regung.

Albert wand sich vor Schmerzen. Er zitterte. »Kaltes Wasser«, rief einer der Großen vom Nachbarstisch, »holt kaltes Wasser«.

»Da braucht es kein kaltes Wasser«, widersprach Schwester C., »des ist sowieso gleich abgekühlt«.

Kaltblütig und selbstsicher genoss sie ihre Macht. Ihr kalter Blick war stechend. Wie ein Vampir schien sie aus dem Leiden anderer etwas zu gewinnen. Ja, sie genoss es, andere leiden zu sehen.

Durch Alberts Geschrei alarmiert, eilten die anderen Schwestern aus dem Refektorium herbei. Als sie unseren Tisch erreicht hatten, verwandelte sich die sadistische Miene von Schwester C. in den Blick einer unschuldigen Ordensschwester. Diese Rolle beherrschte sie perfekt. Dann rechtfertigte sie sich:

»Mir ist der Teller versehentlich aus der Hand gerutscht!«

Alle Kinder, die an diesem Tisch saßen, wussten, dass das kein Unfall war. Aber wir hatten Angst, den Mund aufzumachen. Ich fühlte mich ohnmächtig vor Wut. Am liebsten wäre ich aufgesprungen

und hätte den ganzen Bottich über ihr falsches Gesicht geschüttet. Aber ich hatte Angst. Ich hatte immer Angst, wenn ich in dieses hasserfüllte Gesicht blickte. Sie war unberechenbar.
Alberts Oberschenkel war inzwischen stark gerötet. Aufgeregt befahl Schwester A. einem Buben aus meiner Gruppe, sofort einen kalten Waschlappen zu holen. Dieses Mal widersprach Schwester C. nicht.
Albert hörte nicht auf zu schreien. Nun begannen auch andere Kinder und ich im Speisesaal, laut zu weinen.
Ich hatte in dem Moment als Schwester C. mit dem Stahlwagen auf uns zukam, Angst gehabt, weil ich spürte, dass von ihr eine starke Bedrohung ausging. Was wäre passiert, wenn Schwester A. nicht so rasch gekommen wäre? Wäre dann Schwester C. vielleicht nochmals versehentlich die Hand ausgerutscht? Ein weiterer Unfall?
Ich hasste sie und ich glaube, ich war mit meinem Hass nicht allein.
Gott weiß, dass es kein Unfall war. Albert wusste, dass es kein Unfall war. Nach diesem Vorfall begann er sich zu verändern. Er lachte weniger als vorher. In seinen Augen schien das Licht der Freude erloschen zu sein und mit ihm auch sein Vertrauen in Schwester C. Sie hatte es wieder mal geschafft, ein Kind zu brechen.
Mich, das wusste ich, würde sie nicht brechen.

## Ausflug

Inzwischen war es normal geworden, dass ich mit einem alles durchdringenden Gefühl von Angst, Verzweiflung und Mutlosigkeit durch den Tag ging. Kurzum, ich fühlte mich niedergeschlagen und ausgezehrt. Es waren viele Stunden, Tage, Wochen und Jahre vergangen, die ich bereits im Kinderheim St. Niemandsland zugebracht hatte. Der einzige Lichtblick war meine Zwillingsschwester Clara. Das bloße Wissen, dass sie ein Stockwerk unter mir ihre Heimkarriere fristete, beruhigte mich, weil ich das unsichtbare Band zwischen uns spürte. Sie litt nicht weniger als ich. Wenn ich ihr begegnete, wollte – nein – musste ich stark sein, um ihr mein Leid nicht zusätzlich aufzubürden. Aber Clara war eine sensible Seele. Sie spürte es, wenn ich meine Trauer, meinen Lebensschmerz zu überspielen versuchte. Sie war es, die mich tröstete und die mich ihre Schwesternliebe spüren ließ. Ein kleines Spielzeug nach dem Mittagessen, welches sie mir heimlich zuschob, ein tröstendes Wort, wenn ich weinte. Ich bin mir heute sicher, dass mich all die grässlichen Erfahrungen und die daraus resultierenden Schmerzen, all das sinnlose Leid, das uns das katholische Erziehungssystem aufzwängte, gebrochen hätten, wenn Clara nicht da gewesen wäre. Wir schafften uns unsere Glücksmomente. Auf dem gemeinsamen Weg zur Schule gingen wir in Begleitung der Nonne Seite an Seite, ohne uns jedoch an die Hände zu nehmen zu dürfen. Auf dem Rückweg gingen wir dann Hand in Hand, denn da gab es keine Nonnen, die uns abholten und für die das Hand-in-Hand-gehen schon ein sexueller Akt war. Wir lachten und spaßten miteinander. In ihrer Gegenwart fühlte ich mich nicht als Heimkind. Ich war stolz, eine Zwillingsschwester zu haben, und wenn wir zusammen waren, waren wir wieder lebendig. Oft nahmen wir einen großzügigen Umweg auf dem Heimweg von der Schule, der durch Fußgängerzonen und verwinkelte Gassen führte. Vergessen waren in diesen Momenten unsere Ängste, unser Voneinandergetrenntsein. Wir erzählten uns, was uns belastete.

»Ich habe dich heute Morgen bis in die Mädchengruppe herunter schreien gehört«, sagte sie, während ich neben ihr her schlenderte.

Zunächst schwieg ich, weil ich mich schwach fühlte und deshalb schämte. Ich hielt meinen Blick starr auf den Boden gerichtet. Das verriet mich.

»Du kannst es mir ruhig sagen«, meinte sie.

»Du hast richtig gehört«, antwortete ich beschämt, während ich weiterhin meinen Blick starr auf dem Boden gerichtet hielt.

Clara griff nach meiner Hand und drückte sie fest. Dieser Händedruck ermöglichte es mir, mich zu entspannen. Es war unser Signal, das nur Clara und ich kannten, unsere Geheimsprache sozusagen. Es war das Signal, Vertrauen zu fassen. Ich hatte nun nicht mehr das Gefühl, alles mit mir alleine abmachen zu müssen. Ich hatte einen liebenswerten Menschen an meiner Seite, der mir zuhörte und meinen Schmerz dadurch milderte. Ihr Händedruck riss mich fort von meinen quälenden Gedanken. Die schrecklichen Erlebnisse des heutigen Morgen, die in mir aufstiegen, warfen mich in ein Gefühlschaos.

»Die haben mich heute Morgen an den Haaren aus meinem nassen Bett gezerrt und mich dann mit den Füßen in den Badesaal getreten. Dann haben sie mich auf die Holzbank gelegt und mit den Pantoffeln auf mich eingeprügelt. Da habe ich laut geschrien, weil es unglaublich wehgetan hat.«

Clara schwieg zunächst, wie sie es immer tat. Sie drückte meine Hand nur noch fester, und fast glaubte ich, ihre Schmerzen zu spüren, die meine Erzählungen bei ihr ausgelöst hatten.

»Clemensi«, sagte sie dann, »nun ist es vorbei«.

Ich nickte, während ich eine plattgetretene Coladose zornig auf die Straße kickte.

»Ich will da nicht mehr zurück«, sagte ich.

»Ich auch nicht Clemensi«, erwiderte sie. »Ich musste mich gestern wegen des Bettnässens auch in eine Badewanne mit kaltem Wasser legen.«

Nun drückte ich ihre Hand, so fest ich konnte. Clara hatte Tränen in den Augen. Ich auch. Schweigend liefen wir Hand in Hand durch die Straßen von Marienburg, beide dazu entschlossen, nicht mehr zurück ins Kinderheim St. Niemandsland zu gehen.

»Komm«, sagte ich, »wir hauen einfach ab«.

Clara schwieg. Wahrscheinlich, um meinem Vorschlag keinen weiteren Raum mehr zu geben. Clara konnte sich nicht vorstellen, dass Abhauen eine echte Alternative war. Ich auch nicht, also schwieg ich. Unsere Angst, von der Polizei aufgegriffen, um dann zurück ins Heim verfrachtet zu werden, war zu groß. Die Erfahrung mit anderen Heimkindern, die diesen Weg gewählt hatten, hatten wir deutlich vor Augen. Ich erinnere mich an einen Ausbruchversuch von Dietmar. Als die Polizei ihn wie einen Schwerverbrecher bei Schwester C. abgeliefert hatte, verschwand sie mit ihm im Bastelraum. Wir bekamen Dietmar erst wieder am Abend im Schlafsaal zu Gesicht. Er war von Schwester C. wegen »Hochverrats« bestraft worden. Seine Lippen waren blutig geschlagen, sein Gesicht geschwollen. Was haut man auch aus so einem Kinderheim ab, mit so freundlichen Nonnen? Nichts durfte nach außen dringen aus dem Kinderparadies St. Niemandsland.

»Egal«, sagte ich, »dann kommen wir eben nur zu spät zurück, vielleicht eine Stunde?«

Clara wollte erst nicht, stimmte aber dann zu.

Ich wusste, dass heute Mittag nach den Hausaufgaben noch hundert Mal Schreiben von »Ich darf nicht ins Bett machen« auf dem Programm stand. Dann müssten noch sechs Tatzen dazu kommen, die ich heute Morgen wegen des Bettnässens aus Zeitgründen nicht mehr von Schwester C. bekommen hatte. War da noch was? Ja genau, das Spielverbot im Hof mit den anderen Kindern. Schlimmer konnte es heute Nachmittag nicht mehr kommen, also, drauf geschissen! Ich hatte Clara überzeugt. Sie nickte, das war das Zeichen.

Ich verzichtete auf das pünktliche Nach-Hause-, pardon, Ins-Heim-Zurückkommen. Ich wusste von den anderen Buben, dass es immer einen zeitlichen Überziehungsspielraum gab. Ich würde Schwester C. einfach erzählen, dass ich der Klassenlehrerin geholfen hatte. Wobei genau, konnte ich mir noch überlegen.

»Komm, lass uns hoch zum Ritterturm«, rief ich Clara freudig zu. Wir rannten los. Es war herrlich. Da spürte ich sie wieder, meine Kraft, meine Lebensfreude, die all die Schmerzen, all die Ängste und Sorgen einfach beiseite schob. Ich war im Hier und Jetzt. Das faszinierte auch meine Zwillingsschwester. Nun begannen wir wieder zu leben. Wir rannten mit unseren ledernen Fellschulranzen auf dem Rücken die breite Fußgängerzone entlang. Ich spürte, wie der Schulranzen auf dem Rücken tanzte, während die Lederriemen die Schultern massierten. Unsere Schritte hallten auf den Pflastersteinen. Dann bogen wir rechts an der St. Vincenzskirche ab. Deren Turm kannte ich ja überwiegend aus der Perspektive des Strafarbeitenschreibers. Dann liefen wir weiter, die schmalen Gassen hinauf, vorbei an zierlichen Fachwerkhäusern aus dem späten Mittelalter, bis wir den Ritterturm erreichten. Wir waren völlig außer Atem.

»Komm, ich weiß, wo die Turmtreppe ist«, feuerte ich sie an. »Robert hat sie mir gezeigt.«

Aber wir hatten Pech, die Tür war verschlossen. Wir sahen uns an. Clara wirkte plötzlich besorgt.

»Wir müssen zurück«, rief sie unruhig, »lass uns gehen, bevor es zu spät wird«.

Ich war ein wenig enttäuscht, dass uns der Ausblick vom erhabensten Bauwerk Marienburgs verwehrt blieb. Wir machten also kehrt und liefen zurück. Durch eine schmale Seitentür gelangten wir in den Innenhof des Kinderheims. Ich hatte ein flaues Gefühl im Magen, Clara auch, als wir die Klingel an der Pforte drückten. Wir waren beide entschlossen, zu dem zu stehen, was wir vor einer Stunde gemeinsam beschlossen hatten. Auf der Treppe, unterhalb der Mädchengruppe angekommen, griff ich nochmals nach Claras Hand, während ich den Schulranzen von der Schulter gleiten ließ.

»Warte kurz, ich habe noch was für dich.« Dann holte ich einen kleinen Plastikcowboy aus der Schultasche. »Der ist für dich.«

Clara lächelte mich an, sie war genauso glücklich wie ich, dass wir Zwillinge uns hatten.

### Der Tatzenstock oder die Geißelung

Schwester C. verfügte über verschiedene Waffen, die sie je nach Schweregrad unserer Verfehlungen wählte: Eckenstehen, Strafarbeiten schreiben, Seicherwäsche von Hand auswaschen, schwarze Streifen mit Terpentin vom Linoleumboden scheuern, und, und, und.

Vor einer Waffe graute es uns am meisten: Dem Tatzenstock. Mit dem schlichten, etwa ein Meter langen Bambusstock verschaffte sie sich »Respekt« und sie »schaffte Ordnung.« Der Stock steckte für gewöhnlich in der Vase vor dem Bastelraum. Dort konnte ihn jeder sehen. Der Tatzenstock kam immer dann zum Einsatz, wenn wir Buben ins Bett gemacht hatten oder wenn wir gegen geltende Heimregeln verstießen: etwa das Vergessen des Hausdienstes oder das unruhige Hin- und Herrutschen auf der Kirchenbank während der Gottesdienste, um nur einige zu nennen. Kurzum, Schwester C. fand immer einen Grund, diesen Stock, »ihren Liebling«, wie sie es ausdrückte, auf unseren Händen »tanzen« zu lassen. Fand sie einmal keinen Grund, dann wurde dieser Grund schier an den Haaren herbeigezogen.

So erinnere ich mich noch genau daran, wie eines Abends einer der großen Buben, Erich, laut schreiend und blutüberströmt in den Speisesaal stürmte. Er wurde von Schwester C. verfolgt, die dabei mit dem Tatzenstock wahllos auf ihn einschlug. Sie war völlig außer Atem, ihr Gesicht vor Erregung stark gerötet. Während Erich sich mit den Armen zu schützen versuchte, schlug Schwester C. immer wieder auf ihn ein.

»Du dreckiger Sauhund!«, schimpfte sie ihm hinterher. »Dir werde ich es zeigen, wenn du meinst, mir auf den Nerven herumzureiten«!

Ich sah, wie der Stock immer wieder mit voller Wucht mal auf dem Kopf, mal auf den Rücken schlug. Erich schrie. Wir Kinder bekamen es mit der Angst zu tun, weil das Blut über sein ganzes Gesicht strömte. Erich schien schwer verletzt zu sein. Weder das viele Blut noch unsere Anwesenheit schienen Schwester C. zu stören. Sie war wie im Blutrausch.

Dann öffnete sich die Türe des Refektoriums und Schwester A. von der Mädchengruppe trat heraus.

Erich krümmte sich vor Schmerzen und röchelte ihr entgegen: »Ich war das nicht, ich war das nicht!«

Wie sich herausstellte, hatte Erich angeblich einen Gegenstand aus Schwester C.s Zimmer gestohlen. Diesen wollte sie in seiner Schublade entdeckt haben.

»Aber Schwester, so beruhigen Sie sich doch«, trat ihr Schwester A. entgegen. »Der Junge blutet ja.«

Dass Verstöße gegen die Zehn Gebote konsequent geahndet wurden, war uns Buben hinlänglich bekannt. Es war auch jedem bekannt, dass Schwester C. einen Schlüsselbund in ihrem Rock trug, mit dem sie ihr Zimmer aufschloss. Wir Kinder waren uns sicher, dass sich keiner von uns getraut hätte, auch nur die Türklinke ihres Zimmers zu berühren, geschweige denn einzutreten. Davor hatten wir einfach zuviel Respekt, da gab es eine klare Grenze.

Schwester C. hatte die Eigenart, sich je nach Laune willkürlich einen Buben zu greifen und unter fadenscheinigen Gründen zu beschuldigen. Ich weiß nicht, was in diesen Momenten in ihr vorging. Ich nahm wahr, dass sie selbst oft unter Druck stand und von irgendetwas getrieben schien, etwas, das sie zu kontrollieren versuchte und das sie nie benannte. Das machte es für uns Buben auch so schwer, sie zu verstehen, weil wir nie erfuhren, was die wahren Gründe ihrer Prügel-Anfälle waren. Die Ursachen hierfür schien sie hinter einem dicken Schutzpanzer verborgen zu halten. Ich hatte oft den Eindruck, dass da etwas »Gewaltiges« aus ihr heraus wollte, sie es aber mit aller Kraft zurückhielt. Im Akt des Zuschlagens jedoch zerbarst dieser Panzer. Dann trat blanker Hass zu Tage, mit einer hässlichen Fratze, die Angst und Schrecken verbreitete. Ihr Hass schlug ein wie ein Blitz und drohte unsere Kinderseelen zu verbrennen. Als Betroffener half es nur, möglichst laut zu schreien. Zwar half dies auch nicht immer, weil unser Schreien sie oft noch wütender machte. Teilweise schlug sie solange auf unsere Körper ein, bis der Stock zerbrach. Dann stoppte sie, völlig außer Atem und scheinbar befriedigt.

Mit dem Tatzenstock, der eigentlich für sechs Tatzen – drei für die linke, drei für die rechte Hand – vorgesehen war, verletzte sie selbst die Bestrafungsregeln, indem sie in grenzenlose Gewaltausübung abglitt. So schlug sie mit dem Bambusstock Köpfe und Lippen blutig, hinterließ Striemen auf dem Rücken ihrer Schutzbefohlenen. Es passierte oft, dass unsere Handflächen schon nach sechs Tatzen anschwollen. Man konnte sich nie sicher sein, ob aus den sechs Tatzen nicht plötzlich zehn, fünfzehn oder gar zwanzig wurden.

Was mich am meisten erschütterte, war, dass sie nach derartigen Vorfällen überhaupt keine Gewissensbisse zu haben schien. Ihr fehlte auf ganzer Ebene das Mitgefühl. Ihr Tatzenstock war Recht und Gesetz zugleich, das genügte. Sich unterzuordnen war deshalb mehr als geboten. Auch hatte Schwester C. immer Recht. Und wenn sie einmal danebenlag, dann erprügelte sie sich ihr Recht. In diesem System gab es keine moralischen Grenzen. Es wurde ohne Kontrolle durchgesetzt und riss tiefe Wunden. Zurück blieben tief verstörte und verletzte Kinderseelen.

Es gab mehrere Überlebensstrategien. So verhielten sich einige Buben unterwürfig. Andere begannen zu stottern. Irgendwann schwiegen sie ganz. Ich gehörte zu jenen, die das, was man in sie hineingeprügelt hatte, an anderen Stellen wieder herausprügelten. Das war eine Möglichkeit, um mich zu spüren und wieder eine gewisse Balance herzustellen. Ich erinnere mich daran, dass ich irgendwann, wenn die kalten Duschen, der Bambusstock oder die Strafarbeiten zum Einsatz kamen, es einfach über mich ergehen ließ. Weinen konnte ich schon lange nicht mehr, ich hatte es irgendwann verlernt. Die Tränen haben wir Buben uns manchmal bewusst herbeigeführt, indem wir uns gegenseitig an den Haaren zogen oder ins Gesicht schlugen. Dadurch, dass die Schläge nicht von Schwester C. kamen, konnten die Tränen fließen.

Ich kann mich nicht mehr daran erinnern, wie das mit Erich endete. Wenn ich heute an jene Gewalterfahrung zurückdenke, sehe ich noch deutlich sein blutüberströmtes Gesicht, wie das von Jesus an den Kruzifixen.

### Der Englischlehrer

Nun war sie vorbei, die Grundschulzeit. In mir war eine Mischung aus Abschiedsschmerz und Angst vor dem Neuen. Was würde mich in der Hauptschule erwarten? In der Grundschule hatte ich innerhalb von vier Jahren meinen Platz gefunden. Meine schulischen Leistungen gewannen an Konstanz. Das einzige, was mir den Abschied von der Grundschulzeit erleichterte, war die Vorfreude darauf, dass meine Zwillingsschwester und ich in Zukunft gänzlich und ohne die Beaufsichtigung der Nonnen den Schulweg zurücklegen würden. Das war ein befreiendes Gefühl. So konnten wir uns Zeit nehmen, um die zahlreichen Schaufenster, die auf unserem Weg lagen, zu bestaunen. Es war eine bunte und in ihrer Vielfalt beeindruckende Welt, die sich von den Riesenkruzifixen und öden Sälen hinter den Mauern von St. Niemandsland abhob. Hier, auf dem Weg zur Schule, pulsierte das Leben. Ich genoss die Schritte der Freiheit. Ich hörte, wie Autotüren in die Schlösser fielen, und vernahm das Brummen von Motoren. Hektisch liefen Menschen an mir vorbei, um pünktlich zur Arbeit zu kommen. Verschiedenfarbige Häuserfassaden reihten sich aneinander, Bäume rauschten.

Ich nahm Clara an der Hand, und lachend rannten wir über die Zebrastreifen. Den Buben und Mädchen aus St. Niemandsland, die unseren Schulweg teilten, schien die neu gewonnene Freiheit auch zu gefallen. Keine schwarzen Schleier, keine todernsten Blicke, die uns beäugten. Keine Nonnenkommandos, die uns antrieben. Das war eine große Entlastung. Ich war älter geworden und hatte damit zumindest außerhalb der Klostermauern an Selbstständigkeit gewonnen. Was sich allerdings nicht geändert hatte, war die Heimkleidung. Je nach Jahreszeit lederne Knickerbockerhose, gehalten durch lederne Hosenträger, darunter eine Baumwollstrumpfhose, Rollkragenpulli und Halbschuhe, im Sommer kurzes Hemd und Sandalen. Auch in der Hauptschule fielen wir Kinder von St. Niemandsland also durch unsere Heimkleidung auf. Da begannen dann die wohlbekannten Hänseleien. Diese parierte ich wiederum durch Prügeleien. Von daher ging es so weiter wie an der Grundschule.

Aber etwas war auch neu: Ich lernte eine neue Sprache, Englisch. Ich mochte Herrn K., unseren Englischlehrer, weil er mit meinen Leistungen sehr zufrieden war. Eine Fremdsprache hatte nichts mit dem Umgangston von St. Niemandsland gemeinsam, deshalb sprach ich sie gern und erhielt Lob. Ich lernte leicht bei Herrn K.

Obwohl ich in der Hauptschule durch meine Prügeleien und mein feuriges Temperament bei der Schulleitung auffiel, gab es keine Blauen Briefe für Schwester C. Nein, Herr K. löste das Problem auf seine Weise. Nach Unterrichtsende bat er mich, im Klassenzimmer auf ihn zu warten. Herr K. war groß gewachsen, hatte krauses, lockiges Haar und einen Vollbart. Auf der Nase trug er eine Nickelbrille. Er war kein typischer Lehrer, er war ein Menschenfreund. Seine Stimme war sanft und ruhig. Immer wenn ich etwas ausgefressen hatte, nahm er mich zur Seite und begann zu fragen, wie die Situation aus meiner Sicht entstanden sei. Dabei setzte er sich auf einen der Klassenstühle und befand sich so mit mir auf Augenhöhe. Herr K. wurde mir gegenüber nie laut. Aufmerksam und häufig unter Tränen berichtete ich ihm über die Hänseleien, die ich als Heimkind wegen meiner Kleidung einzustecken hatte. Schon in der Grundschule, so erklärte ich, wurden wir Heimkinder von den anderen Mitschülern gehänselt und ausgegrenzt. Herr K. hörte mir aufmerksam zu und nickte. Das war für mich etwas völlig Neues und ich gebe zu, dass ich nicht immer einzuschätzen wusste, ob er authentisch war in seinem Verständnis oder nicht, das heißt, ob ich ihm vertrauen konnte, oder nicht. Ich erinnere mich gut daran, dass ich immer diese hautlose Fratze von Schwester C. vor Augen hatte, wenn ich mit Herrn K. sprach. Deshalb erzählte ich ihm zunächst nichts von den grausamen Geschehnissen, die sich täglich hinter den Mauern von St. Niemandsland abspielten. In diesen Begegnungen mit Herrn K. wurde ich mir meines Misstrauens bewusst, unter dem ich im Stillen litt. Mir wurde klar, dass ich in jedem Menschen eine potentielle Bedrohung sah. Dieses Angstgefühl prägte sämtliche Begegnungen mit anderen Menschen. Es war die Saat der schwarzen Pädagogik, die ich in all den Jahren erfahren hatte und die nun in Gegenwart von Herrn K. aufging. Ich kannte es nicht, dass man mir zuhörte, dass man mich ernst nahm. Nun saß dieser schlaksige Englischlehrer vor mir, dazu noch auf Augenhöhe, und lieferte mir den Beweis dafür, dass es auch andere pädagogische Methoden gab.

Meine Antwort auf sein Zuhören waren gute Schulleistungen. Diesbezüglich konnte und wollte ich ihn nicht enttäuschen. Herr K. stärkte mich in meinem Selbstvertrauen. Auch nannte er mich bei meinem Vornamen und gab mir damit meine Identität zurück, derer mich Schwester C. mit allen Mitteln zu berauben versuchte. Im Kinderheim wurde ich immer nur mit dem Nachnamen genannt. Ich weiß nicht, ob er spürte, dass ich, trotz seines Bemühens um meine Person, dies häufig mit Misstrauen quittierte, aber manchmal konnte ich nicht anders, zu groß war die Angst vor weiteren Enttäuschungen und Verletzungen. Herr K. aber blieb beharrlich. Selbst in Situationen, in denen ich völlig entgleiste, bewahrte er die Ruhe. Einfühlsam und voller Aufmerksamkeit erklärte er mir, was mein ungestümes Verhalten mit den anderen Mitschülern und Lehrern machte. Er lehrte mich, dass ich Verantwortung für meine Taten zu übernehmen hätte.

Eines Tages, ich weiß nicht mehr, was ich ausgefressen hatte, schubste mich ein Dutzend Jungs nach Schulende auf dem Pausenhof hin und her. Dann plötzlich spürte ich einen Schlag ins Gesicht. Dann einen Tritt in den Hintern, dann einen Schlag auf

den Rücken. Das hätten die Jungs aus meiner Klasse besser nicht tun sollen. Ich fühlte mich wie in der Badewanne, mit dem Rücken zur Wand. Da ballte ich die Fäuste und schlug blindlings auf die um mich stehenden Klassenkammeraden ein. Ich trat nach ihnen. Dabei brüllte ich panisch aus voller Kehle. In mir brachen die Bilder von der Holzbank und den auf mich einschlagenden Pantoffeln hervor. Mit ganzer Kraft schrie ich sie an:
»Mich verprügelt keiner mehr!«
Die Klassenkameraden schienen zu spüren, dass ich mich nicht wehrte, weil sie nach mir traten. Nein, sie hatten in eine Kerbe geschlagen, die ich als lebensbedrohend empfand: Alle gegen einen, wie im Kinderheim, wenn Schwester C. die Buben wegen des Bettnässens gegen mich aufhetzte. Ich war außer mir, ohne Kontrolle. Das wirkte bedrohlich. Sie spürten meine rohe Kraft und Gewaltbereitschaft, sowie den unbändigen Willen, aus dieser Situation lebend herauszukommen. Ich schleuderte ihnen meine Vernichtungsängste entgegen, die von der Gewalt, die Schwester C. all die Jahre gegen mich ausgeübt hatte, gespeist wurde. Nun wussten sie, dass sie es mit einem Heimkind zu tun hatten. Ich durchbrach das Eis der mir vertrauten Prügelkonventionen und überschüttete sie mit dem Schmelzwasser meiner aufgestauten Wut. Ich wehrte mich:
»Ihr Schweine, ihr dreckigen«, schrie ich sie an.
Dann schlug ich weiter wild um mich, blind vor Wut. Dann stand Herr K. plötzlich vor mir, ruhig und gelassen, wie immer.
»Geht nach Hause«, forderte er die Jungs auf.
Ich schwitzte und war völlig außer Atem.
Herr K. griff nach meinen Händen: »Beruhige dich, Clemens, beruhige dich!« Ich zitterte.
In dem Moment, als ich ihm in die Augen sah, geschah etwas in mir. Herr K. ließ seinen Blick nicht von mir. »Sieh mich an, Clemens«, forderte er mich auf, während er meine beiden Hände festhielt. »Lass uns nach oben gehen und über das Geschehene reden.«
Ich begann zu weinen und nickte. In diesem Moment schämte ich mich. Ja, ich spürte Scham für das, was ich getan hatte. Was tat er nicht alles für mich, und ich schlug so wild um mich?

Als wir uns im Klassenzimmer wieder auf Augenhöhe gegenüber saßen, fragte er mich:

»Warum Clemens, warum soviel Gewalt?«

Ich starrte auf den Boden und wippte nervös mit dem rechten Fuß hin und her. Dann begann ich fürchterlich zu weinen und antwortete: »Im Kinderheim St. Niemandsland werde ich oft von Schwester C. und den Buben aus der Bubengruppe geschlagen.«

»Warum?«, fragte er weiter.

Ich schwieg, weil ich mich zutiefst schämte. Mein Vertrauen reichte nicht aus, obwohl ich klar spürte, dass Herr K. es gut mit mir meinte. Ich konnte ihm nicht sagen, dass ich mit elf Jahren noch ins Bett machte und deshalb oft folterähnlichen Bestrafungen ausgesetzt wurde. Nein, das konnte ich nicht, zu groß war meine Angst vor den Repressalien von Schwester C.

Ich sah Herrn K. an und weinte.

»Warum Clemens?«, fragte er mich erneut, während er mit der Hand durch mein Haar strich. »Du kannst mir vertrauen.«

Nachdem ich meine Tränen von den Wangen gewischt hatte, fasste ich all meinen Mut zusammen. Herr K. schien zu spüren, dass ich ihm nun etwas überaus Bedeutsames mitteilen wollte. Ich wollte ihn nicht länger hinhalten, ich wollte endlich frei sprechen können. Und das tat ich dann:

»Ich mach noch ins Bett und werde deshalb morgens geschlagen und kalt abgeduscht.«

In Herrn K.s Mimik machte sich Bestürzung breit. Sichtlich irritiert fragte er: »Wie, du wirst geschlagen und kalt abgeduscht, weil du ins Bett machst?«

Ich vermutete, dass er mir nie glauben würde, eben weil es so abartig war. Dennoch fuhr ich fort, denn schließlich wollte er es so: »Nach der Schule, wenn ich die Hausaufgaben gemacht habe, muss ich, wenn die anderen Kinder spielen dürfen, auf orangenem Papier hundert Mal schreiben: Ich darf nicht ins Bett machen.«

Herr K. schluckte, wobei er mich ungläubig ansah.

»Dann darf ich nach vier Uhr keine Flüssigkeit mehr zu mir nehmen und nichts mehr essen, was Feuchtigkeit enthält, wie etwa ein Butterbrot. Wenn die anderen abends Fernsehen dürfen, sitzen wir

Bettnässer hinter dem Fernseher und bekommen nur trockenes Brot zu essen«, fuhr ich fort.

Herr K. konnte all das nicht glauben. Obwohl er sichtlich bestürzt war, fasste er sich und antwortete: »Clemens, du musst keine Angst haben. Das, was du mir heute erzählt hast, bleibt unter uns.«

Ich fühlte mich erleichtert, nun fiel sie ab, all diese Last der Geheimnistuerei, die ich seit Jahren wie ein Geschwür in mir trug.

»Sie dürfen nichts der Schwester C. erzählen«, bat ich ihn inständig.

Er nickte.

Wie sich später zeigte, hat Herr K. sein Versprechen gehalten. Zumindest wurde ich von Schwester C. nicht darauf angesprochen.

Ein anderes Mal hatte ich nicht so viel Glück: Bei einem der Besuche von Frau Riedlinger wurde ich von ihr gefragt, ob ich mich in St. Niemandsland »wohlfühlen« würde. Im kindlichen Vertrauen und ohne die Konsequenzen zu bedenken, antwortete ich frei heraus und erzählte ihr das, was ich Herrn K. berichtet hatte. Ich erinnere mich noch gut an ihren ungläubigen Gesichtsausdruck und daran, dass sie, während ich ihr von meinem Heimalltag erzählte, nervös an ihrem Rock herumzupfte. So, als würde sie Halt suchen. Diese schrecklichen Vorgänge entsprachen offensichtlich nicht ihrer Vorstellung eines katholischen Kinderheims. Waren wir doch stets sauber herausgeputzt, wohl im christlichen Sinne erzogen und gut genährt. Auch ließ sich in ihren Akten nichts über derartige Vorfälle finden. Von dieser oberflächlichen Betrachtungsweise ließ sich Frau Riedlinger blenden. Sie konnte oder wollte sich nicht vorstellen, dass Ordensschwestern, die sich im Namen der Nächstenliebe täglich für uns Heimkinder aufopferten, ein derartiges Verhalten an den Tag legten. Das überstieg ihre Vorstellungskraft, das konnte nicht sein! Deshalb war wieder ich der Dumme.

Als sich Frau Riedlinger verabschiedet hatte, wurde ich von Schwester C. in den Bastelraum gerufen. Sie tobte vor Wut. Nachdem ich eine doppelte Portion Tatzen und Ohrfeigen bezogen hatte, saß ich kurz darauf wieder allein im Spielsaal am Tisch, um die Strafarbeit, die sie mir aufgebrummt hatte, abzuarbeiten. Meine

Handflächen und Finger waren geschwollen und schmerzten. Ich konnte kaum den Bleistift halten. Dann hörte ich das fröhliche Geschrei der spielenden Kinder vom Hof herauf an meine Ohren dringen. Schwester C. hatte mir wie gewohnt, ohne jede Gefühlsregung, das orangefarbene Papier und einen Bleistift auf den Tisch geknallt. Nachdem sie den Spielsaal verlassen hatte, begann ich mit zittriger Hand tausend Mal zu schreiben: »Ich darf nicht lügen.«

Evas Besuch

Ich lief eines Vormittages, es müssen gerade Ferien gewesen sein, die Treppe hinunter zum Heizungskeller, um dort meine Bettnässerwäsche aufzuhängen. Plötzlich, als ich die große Glastüre erreicht hatte, die im Erdgeschoss den Wohnbereich von der Empfangshalle trennte, blieb ich überrascht auf der letzten Stufe stehen. Ich traute meinen Augen nicht. Eva stand rauchend da.
»Hallo Mama«, begrüßte ich sie überrascht.
»Hallo Clemensi«, erwiderte sie hoch erfreut.
Es war ein gutes Gefühl, »Mama« zu sagen, obwohl ich sie so selten sah. Auch zwischen uns schien es eine unsichtbare Verbindung zu geben. Gerne hätte ich die Plastikschüssel mit der Bettnässerwäsche fallen gelassen und wäre Eva um den Hals gefallen. Eva aber fragte neugierig und offensichtlich ohne zu überlegen, was ich da in der Plastikwanne habe. In einem kurzen Satz klärte ich sie darüber auf, dass ich meine Bettwäsche im Heizungskeller aufhängen müsste.
»Machst du noch ins Bett?«, fragte sie mich neugierig.
Verschämt nickte ich ihr zu, ohne ihr dabei in die Augen zu sehen. Eva schien mir nicht abnehmen zu wollen, dass ich noch Bettnässer war. Am liebsten hätte ich ihr von den kalten Duschen, den Tatzen und den Strafarbeiten erzählt, die ich deswegen zu ertragen hatte.
»In deinem Alter macht man doch nicht mehr ins Bett, Clemi«, konstatierte sie in nüchternem Ton.
Scheiße, dachte ich, da hast du's. Wenn deine eigene Mutter es nicht für gut heißt, dass du ins Bett machst, dann werden wohl all die Bestrafungen berechtigt sein. Ich wollte in diesem Augenblick

nicht mehr über das Bettnässen mit Eva sprechen. Es war mir zu peinlich. Ohne ihr noch einmal in die Augen zu sehen, lief ich links in einen kleinen Flur und öffnete die Heizungstür. Eva folgte mir. Sie roch nach Zigarettenrauch und Eukalyptusbonbons.

»Warum musst du die Wäsche selbst aufhängen?«, fragte sie.

»Ich hänge die Wäsche nicht nur selbst auf, sondern ich wasche sie auch von Hand«, antwortete ich stolz.

Ich merkte, wie ich wütend wurde. Eva stand nach wie vor rauchend neben mir und fragte nach einem Aschenbecher.

»Gegenüber vom Heizungsraum ist die Besuchertoilette«, raunzte ich sie an.

Ich ärgerte mich maßlos darüber, dass Eva mir zuschaute wie ich diese verdammte Seicherwäsche auf die Leine hievte. Schwester C., die ansonsten auch das Wäscheaufhängen mit Fußtritten und Ohrfeigen in sadistischer Hingabe begleitete, war heute nicht dabei. Ich hörte, wie die Wasserspülung der Besuchertoilette rauschte. Noch das eine Leintuch, dann war es geschafft. Ich konnte auf keinen Fall zulassen, dass meine eigene Mutter mir weiter beim Wäscheaufhängen zusah. Ich beeilte mich. Als ich den Heizungskeller verließ, stand Eva vor mir.

»Clemensi, ich bin hier, um euch abzuholen.«

Erfreut sah ich sie an und versicherte ihr sofort, dass ich diesbezüglich nichts einzuwenden hätte. Eva griff in ihre Handtasche und zog drei Bahnfahrkarten hervor.

»Noch heute fahren wir alle drei nach Keppstadt.«

Mein Herz begann vor Aufregung zu klopfen.

»Wo ist Clara?«, fragte mich Eva.

»Ein Stockwerk höher in der Mädchengruppe«, erwiderte ich.

Eva nahm mich bei der Hand und lief entschlossenen Schrittes die Treppen hinauf in Richtung Mädchengruppe, um Clara abzuholen. Hoffnung keimte in mir auf, als ich ihre Entschlossenheit und ihren festen Händedruck spürte: Bald würden wir aus dieser Hölle rauskommen!

»Warte hier«, bat ich meine Mutter, als wir am Spielsaal der Mädchengruppe angekommen waren.

Ich fühlte mich großartig, als ich den Spielsaal betrat. Ich lief direkt auf meine Zwillingsschwester zu, ergriff sie bei der Hand und ohne mich noch einmal umzusehen, schob ich sie vor die Saaltür. Clara war aus irgendeinem Grunde überhaupt nicht erfreut, als sie Eva erblickte. Eva standen vor Freude die Tränen in den Augen, als sie Clara mit einer herzlichen Umarmung begrüßte. Dabei küsste sie sie aufs heftigste. Da Clara nicht auf Evas spontanen Besuch vorbereitet war, reagierte sie verängstigt. Sie riss sich los und lief zurück in den Spielsaal. In diesem Moment betrat Claras Gruppenschwester den Flur.

»Wer hat Sie hereingelassen?«, fragte sie meine Mutter aufgeregt.

»Ich bin hier, um meine Kinder abzuholen.«

Zum Beweis zeigte sie Schwester A. die Zugfahrkarten.

»Clemens, geh hoch und hole Schwester C., schnell lauf,« befahl mir Schwester A.

Ich realisierte, dass sich etwas zusammenbraute. Deshalb ließ ich mir Zeit. Langsam lief ich Stufe für Stufe hinauf. Ich hielt am großen Fenster inne, bevor ich den letzten Treppenabschnitt nahm, und starrte in den Hinterhof.

»Ich will meine Kinder mitnehmen«, hörte ich Eva lautstark rufen.

»Sie können Ihre Kinder ohne die Erlaubnis des Jugendamtes nicht mitnehmen«, entgegnete Schwester A. »Frau H., so verstehen Sie doch, Clara möchte nicht mit Ihnen kommen.«

Aber ich, ich will mit ihr kommen, dachte ich in diesem Moment. Lieber mit einer durchgeknallten Mutter, die gerade der Nervenheilanstalt entflohen war, zusammen zu sein, als hier hinter diesen Mauern der Gewalt und Willkür ausgesetzt zu sein. Und wieder roch ich den Duft der großen Freiheit, bald würde alles anders werden. Als ich schließlich im Spielsaal der Bubengruppe ankam, war Schwester C. gerade dabei, Wilfried und Oskar im Bastelraum »abzuschmieren«. Ich schrie aus voller Kehle: »Schnell, kommen Sie runter in die Mädchengruppe, es ist hoher Besuch da!«

Meine Stunde war schien gekommen. Ich war der festen Überzeugung, dass meine Mutter es schaffen würde, uns hier rauszuholen. Dem Entsetzen nahe, ließ Schwester C. von Wilfried ab und folgte mir.

»Wer ist denn da gekommen?« fragte mich Schwester C. Sie war noch völlig außer Atem von den Prügeln, die sie den Kindern verabreicht hatte.

»Meine Mutter ist da und will Clara und mich abholen, sie hat mir die Fahrkarten gezeigt«, erwiderte ich voller Stolz. Mittlerweile war die Schwester Oberin herbeigeeilt.

»Meine Kinder bleiben nicht länger hier!«, schrie Eva immer wieder. Sie schien schon lange zu spüren, dass es uns hier nicht gut ging. Am Treppengeländer hingen inzwischen einige Kinder, um dem Spektakel aus sicherer Entfernung zuzusehen. Schwester C., die größte und kräftigste der Nonnen, versuchte meine vor Wut schäumende Mutter an die Wand zu drücken und festzuhalten. In diesem Moment riss Eva ihr den Schleier vom Kopf. Ich kam aus dem Staunen nicht mehr heraus und ich glaube, den anderen Kinder ging es nicht anders: Wir erblickten das erste Mal in unserem Leben den fast kahl geschorenen Schädel einer Nonne. Schwester C. schien sich für diese Entblößung sehr zu schämen. Hastig griff sie nach dem Schleier, den Eva festhielt. Es war wie beim Tauziehen. Eva zog an der einen Seite des Schleiers, Schwester C. an der anderen. Sie verlor jedoch das Tauziehen. Eva war stärker. Auch das war demütigend für Schwester C. Nun stand sie auf einmal »nackt« da und das vor versammelter Mannschaft. Welch eine Genugtuung für mich.

Schwester Oberin wollte in diesem Moment in das nahe gelegene Büro laufen, um die Polizei und den Krankenwagen anzurufen. In diesem Moment befreite sich Eva aus dem Griff von Schwester A. und ging auf Schwester Oberin los. Schwester C. schickte mich zurück in die Bubengruppe. Ich kam allerdings nur bis zum Treppengeländer, wo eine Traube neugieriger Kinder mir den Weg nach oben versperrte. Also blieb ich.

»Seht«, brüstete ich mich, »das ist meine Mutter«.

Ich war unendlich stolz auf sie, zeigte sie doch den Nonnen endlich, wer die Herrin im Hause war. Robert, Wilfried, Oskar, Dietmar, Paul und die anderen Kinder kicherten hinter vorgehaltener Hand und zeigten dabei auf das Geschehen. Auch ihnen schien dieses Theater zu gefallen.

Dann plötzlich sah ich, wie vom unteren Stockwerk aus Schwester N. zwei Männern in Weiß den Weg nach oben wies. Schwester C. trat und schlug nach meiner Mutter. Schwester A. versuchte Eva dadurch in Schach zu halten, dass sie sie an den Haaren zog und sie kratzte. Meine Mutter hatte sich also gegen drei Nonnen zur Wehr zu setzen. Clara hatte sich in den Spielsaal zurückgezogen. Dann traf auch die Polizei ein.

> *Auszug aus den Akten des Stadtjugendamtes vom 30.12.19...*
>
> *Absender: Stadtjugendamt K.*
>
> *An das Kinderheim St. Niemandsland*
>
> *Betreff: Kinder Clemens und Clara*
>
> *Wir teilen Ihnen mit, dass Frau H., die Mutter der obigen Kinder, in letzter Zeit wieder recht auffällig war. Nach unserer Ansicht sollten deshalb die Kinder der Mutter nicht überlassen werden. Falls Frau H. zu Ihnen kommt, um die Kinder zu besuchen, möchten wir Sie darum bitten, dass Sie die Kinder der Mutter nicht mitgeben. Frau H. kann ja die Kinder bei Ihnen im Haus besuchen und sich dort mit den Kindern aufhalten.*
>
> *Kinderheim St. Niemandsland*

Schwester N. zischte uns Kinder an, wir sollten vom Geländer verschwinden und zurück in die Gruppen gehen. Ich hörte nur noch lautes Geschrei. Minuten später sahen wir, wie Eva gestützt und mit halb geschlossenen Augen von zwei Pflegern in den Krankenwagen verfrachtet wurde. Sie hatten ihr ein Beruhigungsmittel gespritzt. Ihre Frisur war völlig verwüstet, ihre Schminke lief die Wangen herab, ihr Lippenstift war verschmiert. Nun war auch ich Zeuge einer »Teufelsaustreibung« geworden.

Als die Polizei und der Krankenwagen vom Hof fuhren, wurde mir klar, dass der Befreiungsversuch meiner Mutter gescheitert war. Ich war wütend auf die Nonnen, die sich nicht besser als meine Mutter verhalten hatten. Gewiss, sie hatte sich unabgemeldet aus der Nervenheilanstalt entfernt und hatte, wie sich später herausstellte, ihre Medikamente nicht eingenommen. Ich hatte Angst, dass sich Schwester C. an mir für die Befreiungsaktion meiner Mutter rächen würde. Vielleicht tausend Mal schreiben: »Ich darf meine Mutter nicht lieben!« Gewundert hätte es mich nicht. Aber nichts geschah, keine Strafarbeiten, keine Tatzen, kein Spielverbot. Wir durften im Hof bleiben. Nur Clara blieb nach diesem Vorfall im Spielsaal. Mama, dachte ich, ich bin stolz auf dich!

## Wünsche

Zufrieden lag ich in meinem Stockbett. Es war Abend und heute war ein friedlicher und daher guter Tag gewesen. Ich hatte nicht ins Bett gemacht und durfte deshalb zusammen mit den anderen Kindern vor dem Fernseher sitzen. Wir sahen »Don Camillo und Peppone«. Es fühlte sich gut an. Ich gehörte zur Gruppe und fühlte mich nicht ausgestoßen. Es war eigenartig. Es gab mir immer ein Gefühl von Geborgenheit und Kraft, wenn ich mich zur Bubengruppe gehörig fühlen durfte, wenn Schwester C. nicht das trennende Schwert des »Bettnässens« schwang. Das Abgesondertsein von den anderen Kindern trieb mich in die Einsamkeit und nahm mir viel Kraft. Es schnitt mich ab vom Leben. Gott sei Dank, heute war das nicht so.

Mich hatte der Film mit Don Camillo fasziniert. Vor allen Dingen seine Fähigkeit mit »Jesus, dem Herrn« zu sprechen, wenn es galt, Rat einzuholen, um die widrigen Umstände des Lebens zu überwinden. Ich liebte Don Camillos Klarheit, seine Kraft und seinen unerschütterlichen Glauben, dass er – mit Hilfe des Herrn Jesus – alle Schwierigkeiten des Lebens meisterte.

Ich richtete mich vorsichtig auf und ließ meinen Blick durch den abgedunkelten Schlafsaal wandern. Wie immer drang das fahle Licht der Hofbeleuchtung herein. Dann lehnte ich mich mit dem Rücken zur Wand und schloss die Augen. Ich konzentrierte mich mit aller Kraft darauf, Herrn Jesus anzurufen und ihn darum zu bitten, dass nun mit dem Bettnässen für immer Schluss sein sollte. In meinen Ohren hallte die sanftmütige Stimme Jesu wider, die heute im Fernseher zu Don Camillo gesprochen hatte. Da ich es selbst im Fernseher gesehen hatte, wusste ich, dass Jesus mir antworten würde. Ich hielt meine Augen geschlossen und wartete auf seine Stimme. Nichts geschah.

Ich glaube, du machst was falsch, dachte ich. Don Camillo ist ja schließlich immer vor das Kruzifix getreten, richtete seinen Blick zu ihm hinauf und sprach so mit dem Herrn. Also öffnete ich die Augen und wendete meinen Blick dem Kruzifix zu, das bei uns im Schlafsaal hing. Deutlich konnte ich die Silhouette des Herrn Jesus erkennen. Ich hörte das laute Atmen und Schnarchen der Buben. Vorsichtig schob ich die Decke zur Seite und stieg langsam aus dem Bett. Im Schlafsaal empfand ich die Geräuschkulisse als störend: Da ein Schnarchen, dort ein Wälzen. Nein, wenn ich mit Jesus in Verbindung treten wollte, musste dies in völliger Ruhe und Abgeschiedenheit geschehen, das spürte ich. Was würden die Buben denken, wenn ich vor dem Kruzifix stünde und so mit unserem Herrn sprechen würde, wie Don Camillo es heute im Fernseher getan hatte? Die Spannung stieg. Obwohl ich höllische Angst davor hatte, allein den dunklen Flur hinauf in den Spielsaal zu laufen, wo ein Kruzifix hing, entschloss ich mich, die Begegnung mit unserem Herrn Jesus im Spielsaal zu vollziehen. Dort war ich ungestört, dort konnte ich sprechen.

Vorsichtig schob ich die Füße in die Pantoffel. Dabei ließ ich einen letzten prüfenden Blick über alle Betten gleiten. War noch jemand wach, würde ich beobachtet werden? Erst als ich mir sicher war, dass die Luft rein war, stieß ich ein kurzes Stoßgebet aus, dass mich keiner erwischen und dass Schwester C. einen tiefen Schlaf haben möge. Ich vertraute darauf und machte mich auf den Weg nach oben. Mein Herz schlug unruhig, ich war aufgeregt.

Als ich oben angekommen war, atmete ich erleichtert auf. Dann trat ich unter das menschengroße Kruzifix und kniete nieder. Demütig hielt ich den Blick auf den Boden gerichtet und faltete die Hände. Dann begann ich leise zu sprechen: »Lieber Jesus, bitte mache, dass ich ab morgen nicht mehr ins Bett mache. Bitte mache auch, dass ich ab morgen jeden Tag mit den anderen Kindern vor

dem Fernseher sitzen und im Hof spielen darf. Bitte mache auch, dass ich von Schwester C. keine Prügel mehr bekomme.« Dann hielt ich für einen Moment inne. Ich überlegte kurz, was ich noch so bräuchte von unserem Herrn Jesus. Dann fuhr ich mit meiner Wunschliste fort: »Lieber Jesus, bitte mache, dass ich keine Strafarbeiten mehr machen muss. Bitte mache, dass Clara und ich so schnell wie möglich aus St. Niemandsland rauskommen.«
Plötzlich überfiel mich das Gefühl, in diesem Heim ein Gefangener zu sein, der seine Strafe absitzt. Ich begann zu weinen. Kniend ließ ich mich zurückfallen, wobei ich meine Arme fallen ließ und auf das Kruzifix starrte.
Jesus antwortete nicht.
Auch Hubert antwortete nicht.
Eva antwortete nicht.
Keiner war da.
»Bitte antworte mir«, flehte ich ihn innbrünstig an.
Ich wusste aus dem Film von Don Camillo, dass Jesus nicht immer antwortet. Auch Jesus hat seine Launen. Vielleicht habe ich mir zuviel auf einmal gewünscht, dachte ich mir. Ich wischte mir die Tränen von den Wangen und wartete. Dabei starrte ich unermüdlich auf das Kruzifix. Dann regte sich ein Impuls in mir, der mich dazu veranlasste, meine Arme zu öffnen. Ich sprach zu mir selbst: »Öffne deine Arme, damit du empfangen kannst.« Die innere Stimme, die ich nun vernahm, hörte sich nicht so an, wie die von Jesus aus dem Fernseher. Aber das störte mich nicht.
Ich kniete mich erneut hin und öffnete die Arme. Es war eigenartig, aber ein unbeschreiblicher Friede durchdrang mich und beruhigte meinen Geist. Ich begann zu hoffen, dass sich all das Leid, all der Schmerz und die Ungerechtigkeit verwandeln würden in Frieden. Das war es, was ich mir wünschte: Frieden. Erst als es still in mir wurde, spürte ich die verheerenden Auswirkungen von Schwester C.s gewalttätigem Verhalten in meiner Seele. Ich fühlte mich schuldig, schmutzig und schutzlos. Heute Nacht griff ich nach den Händen unseres Herrn Jesus, obwohl ich mir nicht sicher war, ob er sie schützend über mich halten würde. Obwohl ich Jesus' Stimme nicht vernehmen konnte, wichen meine Zweifel, nicht gehört zu

werden. Deutlich erinnerte ich mich nun an jene Erscheinung, die mir Jahre zuvor in der Hauskapelle Kraft und Trost gespendet hatte. »Bist du hier?«, fragte ich ehrfürchtig. »Ich kann dich nicht hören.«
Keine Antwort. Jesus hing an dem Kruzifix, leidvoll und blutverschmiert wie immer. Ich betrachtete ihn, in der Hoffnung, dass er antworten würde. Dann plötzlich offenbarte sich die Antwort: Frieden und Ruhe waren in meine Seele eingekehrt. Ich hatte dem Herrn Jesus meine Wünsche anvertraut. Meine Sorgen waren verschwunden. Ich genoss den Frieden der Nacht, das Zusammensein mit dem Kruzifix. Heute Nacht ängstigte es mich nicht.

## Das Ferienhaus

An einem warmen Sommernachmittag marschierten wir Kinder Hand in Hand zum Ferienhaus des Kinderheimes St. Niemandsland, das ein wohlwollender Gönner kürzlich gestiftet hatte. Das Ferienhaus lag am Stadtrand von Marienburg in einem Waldstück. Ich war glücklich, weil meine Zwillingsschwester neben mir lief und wir uns an den Händen hielten. Diese Nachmittage waren für Clara und mich immer etwas Besonderes. All der Druck, der hinter den Mauern St. Niemandslands auf uns Kinder ausgeübt wurde, fiel dann ab. Clara und ich konnten uns unbeschwert austauschen, konnten miteinander lachen und Kinderfreuden teilen. Ich habe nie verstanden, warum die Nachmittage im Ferienhaus frei von Sanktionen waren, frei von jedweden Einschränkungen und Gewaltausbrüchen der Nonnen. Hier an diesem Ort konnten wir uns frei bewegen und frei atmen, hier durften wir das sein, was wir waren: Kinder. Es schien, dass im Kinderheim St. Niemandsland die Dämonen des Hauses mit hineinspielten. Die Natur hingegen, in die das Ferienhaus eingebettet war, hatte etwas Befreiendes. Vielleicht war das der Grund für die gute Atmosphäre. Auch hingen im Ferienhaus keine meterhohen Kruzifixe und es standen auch keine Vasen mit Bambusstöcken auf dem Boden.

Ich erinnere mich noch genau daran, wie die uns begleitenden Nonnen schon auf dem Weg zum Ferienhaus miteinander scherzten und lachten. Das war ungewöhnlich. Diese gute Laune sprang auch auf uns Kinder über. Langsam bewegte sich der muntere Kinderhaufen durch die Straßen Marienburgs. Allen voran schritten Schwester A. und Schwester C. Sie achteten darauf, dass keiner verlorenging. Sie hielten uns durch lautes Zurufen und Ermahnen im Zaume. Die Sommerhitze ließ mir manchmal den Atem stocken. Die jüngeren Kinder aus der Kleinengruppe hatten Mühe, unseren Schritten zu folgen. Deshalb kam es immer wieder zu lauten Zurufen, doch auf die Kleinen zu warten. Da wir einige Ampeln und Kreuzungen zu passieren hatten, fügten die Ermahnungen das kunterbunte Treiben am nächsten Ampelstopp wieder zusammen.

Das Ferienhaus war von einer großen Wiese umgeben, die uns als Fußballfeld diente. Um die Wiese herum war Wald. Ein hoher Maschendrahtzaun, der das gesamte Gelände umgab, schützte uns vor unerwünschten Eindringlingen. Zugleich fühlte auch ich mich durch ihn geschützt. Für mich waren die sommerlichen Wanderungen zum Ferienhaus wie die Reise ins Paradies. Obwohl die Schwestern oft nachtragend waren, schienen sie an diesem Ort all ihre Wut und Machtgelüste zu vergessen. Sie schienen hier loslassen zu können.

Neben dem Ferienhaus stand ein kleiner Holzschuppen, der mit Tretrollern und Fahrrädern gefüllt war. Von diesem Schuppen aus gelangte man über einen Kiesweg ins Innere des Waldes, der ebenfalls zum Gelände gehörte. Ging man etwa dreißig Meter diesen Weg entlang, gelangte man inmitten des Waldes an eine kleine Holzhütte, die uns Jungs zum Spielen zur Verfügung stand. Die Gefühle, die sich in mir beim Betreten des Waldes und beim Anblick unserer Hütte auftaten, waren dieselben, die mich immer beim Zuhören des Märchens »Hänsel und Gretel« ergriffen. Ich verspürte eine Art Zauber, wenn ich mich auf den Weg zu unserer Bubenhütte machte. Dieser Zauber vermischte sich mit einer leidenschaftlichen Neugier, ja, mit einem unbändigen Forscherdrang, der wild in mir pulsierte und der mich regelmäßig dazu veranlasste, mich durch das Dickicht des Waldes zu schleichen, immer auf der Pirsch nach neuen Abenteuern. Ich beobachtete aus dem Dickicht heraus die über den Kiesweg brausenden Tretroller und ihre Fahrer. Ich kletterte auf Tannen- und Buchenbäume, deren Nadeln und Blätter im Sonnenlicht glänzten. Vom Baumwipfel aus hatte ich einen majestätischen Blick auf das Ferienhaus. Ich hörte das laute Kindergeschrei, das von der Spielwiese und dem Wald herauf schallte. Ja, das war meine Welt, hier spürte ich mich! Hier wurden meine Träume Wirklichkeit. Es war merkwürdig, dass man eine solche Welt mit den Nonnen teilen konnte.

Die große Wiese vor dem Ferienhaus mündete an einem Ende in einer Anhöhe. Auf der gegenüberliegenden Seite wurde die Wiesenfläche durch Buschwerk begrenzt. An den Enden standen zwei Fußballtore. Die Holzhütte der Mädchengruppe, die wir ihres Aussehens wegen das Hexenhaus nannten, grenzte direkt ans Fußballfeld. So konnten die Nonnen das weibliche Geschlecht stets im Auge behalten. Die älteren Buben im Teenageralter jedoch waren klüger. Es fiel ihnen nicht im Traum ein, die Eingangstür der Hexenhütte zu benutzen. Der Zutritt war bei Strafe verboten. Vielmehr stiegen die Buben – allen voran Robert – durch das hintere Fenster ein, das zum Wald hin gelegen und daher vom Ferienhaus nicht zu sehen war. Im Inneren des Hexenhauses erwarteten die Mädchen ihre Liebschaften. Sigrid war wie Robert etwa vierzehn Jahre alt. Ihr halblanges, blondes Haar trug sie wie die meisten Mädchen zu einem Dutt gebunden. Auffällig an Sigrid war, dass sie für ihr Alter groß gewachsen und weit entwickelt war. Ihren üppigen Brüsten und dem runden Hintern konnte Robert nicht widerstehen. Das ging auch den anderen Buben so. Da Robert mich mochte, nahm er mich öfters mit, wenn er mal wieder »eini stieg«, wie er es nannte. Meine Aufgabe bestand nun darin, die vor dem Ferienhaus sitzenden Nonnen im Auge zu behalten. Vorsichtig hob ich meinen Kopf über die Fensterbrüstung. Zu meinem Glück hatte das Fenster Vorhänge. Die gaben mir Sichtschutz. Sobald ich eine der Schwestern herannahen sah, gab ich, wie vereinbart, einen Pfeifton von mir, und so schnell wie Robert und ich eingestiegen waren, verschwanden wir wieder im Dickicht des Waldes. Das kam mir vor wie ein Räuber- und Gendarmspiel, das wir hier übrigens auch oft spielten.

Ich kann mich nicht daran erinnern, dass wir je erwischt worden wären.

Robert schob seine Hand zwischen Sigrids Beine. Ich hatte sichtlich Mühe, mich aufs Schmierestehen zu konzentrieren, so nervös wurde ich selbst beim flüchtigen Anblick des Liebespaares. Erregt und in wilden Küssen vertieft, gaben sie sich ihrer jungen Liebe hin. Ich zwang mich immer wieder zur Konzentration, zwang mich, das Ferienhaus nicht aus den Augen zu verlieren. Ich schwankte zwischen Neugier und Pflichtgefühl. Ich spürte, dass da etwas »Verbotenes« geschah, etwas, was die Nonnen nie erfahren durften. Dieses Geheimnis trug ich in mir und das war ein Triumph. Dieses Geheimnis konnte mir keine Nonne entreißen, weil ich es tief in meinem Herzen trug. Und obwohl ich mich mit dem Geheimnis oft allein gelassen fühlte, genoss ich es, derjenige zu sein, der den beiden diese Treffen ermöglichte. Ich spürte, dass es ihnen gut dabei ging.

Es war uns bekannt: Im Heim galt ein striktes Verbot aller sexuellen Handlungen. Für die Nonnen und Priester galt das Zölibat. Es trug aber dazu bei, dass massive sexuelle Übergriffe durch die Nonnen und Priester stattfanden. So hielt sich Schwester C. selbst schadlos, in dem sie uns Bettnässern zwischen die Beine griff. Erst in der Rückschau wurde mir klar, dass es sich hierbei nicht nur um ein Überprüfen handelte. Als Kind hatte ich das geglaubt. Ihr Griff schien darauf abzuzielen, nicht nur den feuchten Stoff, sondern auch meine Hoden zu fühlen.

In regelmäßigen Abständen tauchten im Heim der Stadtpfarrer und mitunter auch ein weiterer Pfarrer auf, um »ausgewählte Buben« zum Ministrantenunterricht abzuholen. Zu diesen Buben gehörte ich wegen meiner protestantischen Konfession glücklicherweise nicht. Die Ministranten lagen dann abends in ihren Betten und zeigten uns, was sie im Unterricht so gelernt hatten. Ein paar von ihnen onanierten um die Wette, andere wiederum führten die Finger rhythmisch in ihrem Mund ein- und aus, um zu demonstrieren, was sie beim »ehrenwerten Pfarrer« gelernt hatten. In unserem Schlafsaal kamen derartige »Vorführungen« eine Zeitlang häufiger vor, da gab es keine Scham und keine Geheimnistuerei.

Einmal wurde ich selbst Zeuge eines solchen Geschehens: Es war nach einer Morgenandacht. Die Besucher und Ministranten hatten, bis auf einen, die Kapelle bereits verlassen. Ich saß gebeugt auf der Kirchenbank, um für mich alleine zu sein. Die Tür zur Sakristei war einen Spalt offen geblieben. Plötzlich hörte ich ein Stöhnen, dass ich aus den Begegnungen mit Kurt A. kannte. Neugierig näherte ich mich der Türe und sah, wie ein Ministrant unter der Sutane des Stadtpfarrers seinen Kopf hin und her bewegte. Der Stadtpfarrer war so versunken, dass er mich nicht bemerkte. Er befand sich gerade in Amt und Würden. Wie sehr ich diese Heuchelei verabscheute.

Hat Schwester C. wirklich nicht gewusst, was mit ihren Buben beim Ministrantenunterricht geschah? Für ihre Verlogenheit begann ich die Nonnen und Priester zu hassen. Daher fiel es mir nicht schwer, beim Schmierestehen ein ehrenwerter Komplize zu sein.

Am späten Nachmittag versammelten wir Kinder uns vor dem Ferienhaus zur Brotzeit. Hierbei setzten wir uns auf die Brüstung des Sandkastens, um möglichst schnell nach den Leckereien greifen zu können, die die Nonnen von dort aus an uns verteilten. Vom wilden Spiel ausgehungert, griffen wir gierig nach den mit süßem Sirup gefüllten Plastikbechern und den Butterbroten. Wir waren oft so hungrig, dass wir die Brotzeit nur so in uns hineinstopften. Auch das gab es sonst nicht hinter den Mauern St. Niemandslands. Die Brotzeit im Ferienhaus fiel immer üppig aus. Während dieser Zeit saß ich oft neben meiner Zwillingsschwester und genoss das Zusammensein. Hier gab es keine Räume, die uns trennten, keine strengen Blicke, keine Strafen, die uns maßregelten.

Gegen Abend lief Schwester C. in die Hände klatschend den Waldweg entlang. In diesen Momenten überfiel mich ein tiefes Unbehagen. Ich wusste nun, dass wir zurück hinter die Mauern von St. Niemandsland mussten, zurück in die kalte Heimatmosphäre. Ich fühlte dieselbe Traurigkeit, die mich immer dann überfiel, wenn das Ende schöner Stunden nahte.

Im Waschraum des Ferienhauses wuschen wir uns den Schmutz vom Körper, denn auf tadellose Sauberkeit legten die Heimschwestern auch dort größten Wert. Anschließend zwangen wir uns wieder in die kurzen Lederhosen, um dann den Fußmarsch zurück ins Heim anzutreten. Ob ich wollte oder nicht, ich musste mit. Auf dem Rückweg passierten wir immer einen großen Wohnblock. Das war der spannendste Moment des Marsches. Auf einem der obersten Balkone wartete oft eine alte Frau auf uns. Sie war mit Bonbontüten bepackt. Wir winkten ihr zu und stimmten dabei einen Kanon an. Je ausdauernder wir sangen, desto reichlicher war der Bonbonregen. Ich bückte mich und sammelte so viele Bonbons von der Straße auf, wie ich nur greifen konnte. Die Nonnen ließen uns gewähren. Das lag aber auch daran, dass wir Kinder schlagartig ruhiger wurden, sobald die Bonbons in unseren Mündern verschwanden.

Auch den Nonnen schienen die Ausflüge ins Ferienhaus gut zu tun. Sie schimpften weniger, lachten mehr und waren entspannter als hinter den Heimmauern. Warum gab es von diesen Tagen nur so wenige?

*Auszug aus den Akten des Jugendamtes vom 29.04.19…*

*Clemens ist ein kräftiger, großer Junge, ist gesund entwickelt und hat einen guten Appetit. Er nässt nur mehr selten ein.\* Clemens ist sehr temperamentvoll, ein kleiner Aufschneider und hat eine gute Phantasie. Auch von der Schule kommen manchmal Klagen, dass er sich mit anderen Kindern schlägt und ihnen Geld wegnimmt. Beim Spielen ist er mit Begeisterung dabei. Sein Hobby ist Fußball, wobei er seine überschüssigen Kräfte gut verbrauchen kann. Clemens bekam an Ostern wieder ein Päckchen von seiner Tante und vom Vater. Auch von der Mutter bekommt er ab und zu Post.*

\* *Anm. des Verf.: zu dieser Zeit nässte ich regelmäßig ein.*

# Besuch des Vaters

Ich erinnere mich in aller Deutlichkeit an das aufregende Gefühl, das ich hatte, als mir Schwester C. mitteilte, dass ich die Osterferien bei meinem Vater verbringen würde. Ich war gespannt wie ein Flitzebogen. Ich schlief nachts mit der Aufregung ein: Wann ist es endlich soweit? Dabei glitt ich zeitweise in den Zustand der totalen Überspannung, weil mein Vater meine Gedanken vereinnahmte: Wie wird es sich anfühlen, wenn er mich in seine starken Arme nimmt und drückt, wie, wenn ich in seine dunklen Augen sehe, wie, wenn ich seine beruhigende, tief klingende Stimme höre? All das raubte mir den Schlaf. In all diesen Gedanken lagen meine Hoffnungen, offenbarte sich die Sehnsucht nach einer Kraft, die mich beschützt. Vater aber war nicht greifbar. Obwohl er sich nur selten um seine Familie kümmerte, blieb ich sein Sohn und damit ein Teil von ihm. Daran änderte auch meine Wut nichts, die ich immer wieder gegen ihn verspürte, denn neben den anhaltenden Zustand der Vaterentbehrung trat das stolze Wissen, ein Teil von ihm zu sein. Ich weiß bis heute nicht, was ein Vater empfindet, wenn ihm seine Kinder fern sind. Ich kann mir vorstellen, dass er diese Tatsache so sehr verdrängte, bis sie für ihn selbst »Normalität« wurde.

Erzieher aus meiner Jugendzeit beschrieben die familiären Absichten meines Vaters so: Hubert und Eva fanden sich in längeren Zeitabständen wieder, um im Beischlaf einen Versöhnungsversuch nach dem anderen zu inszenieren. Verantwortung für die Resultate ihrer Versöhnungsversuche übernahmen sie beide nicht. Diese Last trugen wir Kinder.

Endlich kam der ersehnte Tag. Clara und ich standen herausgeputzt an einem der Tische im Speisesaal und warteten auf Schwester C. Als sie kam, nahm sie uns an die Hände und führte uns hinunter ins Besucherzimmer. Schwester C. war immer nett zu uns, wenn Besuch kam. Ich erkannte sie dann nicht wieder. Sie sprühte nur so vor Freundlichkeit und Nächstenliebe. Sie übergab uns Schwester N., die im Besucherzimmer auf uns wartete. Auch im Besucherzimmer hing ein übergroßes Kruzifix, von dem unser lieber Herr Jesus leidvoll herabblickte. Sein Kopf hing schräg zur Seite, seine Augenlider schien er mühevoll geöffnet zu halten. Ich erinnere mich, wie ich mitlitt bei der Vorstellung, selbst an einem Kreuz zu hängen. Was hatte dieser Mensch nur verbrochen? In den täglichen Messen predigte der Pfarrer stets, dass Jesus, der Sohn Gottes, auf diese Welt herab gekommen sei, um auch für meine Sünden zu sterben. Wegen mir, dachte ich oft, hätte man ihn aber nicht so zurichten müssen.

Neben der Tür befand sich eine hölzerne Anrichte. Auf ihr stand das alte Röhrenradio. Leise ertönten die neuesten Schlager. Vom Fenster aus konnte ich den ganzen Hof einsehen. Es war soweit. Ein Mercedes, Modell Silverstar, fuhr auf den Hof. Schwester N. schien genauso aufgeregt zu sein wie wir. Vor Freude kniff sie mir in die Backe und stotterte aufgeregt:

»K-K-K-i-inder, d-d-a is euer P-P-apa.«

Vor Freude ließ ich einen Schrei los, klatschte in die Hände und griff nach Claras Hand. Ich zog sie auf den Fenstersims und deutete auf die Limousine. Gespannt blickten wir hinaus, es zerriss mich schier vor Aufregung. Die Seitentür des Wagens öffnete sich. Heraus stieg ein groß gewachsener, dunkel gebräunter Mann im feinen Nadelstreifenanzug. Mein Vater! Er schob seine Spiegelbrille auf die Stirn. Dann rückte er seine auffällige Armbanduhr am Handgelenk zurecht und streckte Schwester N., die in den Hof gegangen war, die behaarte Hand entgegen. Mich erfüllte unbeschreiblicher Stolz. Endlich war er da, unser Vater! Clara und ich drückten uns vor Freude. Schwester N., die sehr klein gewachsen war, blickte zu ihm hinauf und ich hatte den Eindruck, dass sie von ihm und seiner Männlichkeit verunsichert war. Einen so hoch gewachsenen, breitschultrigen Mann bekam Schwester N. selten zu Gesicht. Mein Vater war sich seiner Wirkung bewusst. So erfuhr ich später auch von einem guten Bekannten von ihm, dass sein Charme bei den Frauen wirkte und er ihn bewusst einsetzte.

Schwester N. wies Hubert mit der Hand zum Eingangsportal.

»Er kommt«, rief ich Clara zu.

Geschwind rutschten wir von der Holzbank, pressten unsere Hände vor die Münder, um nicht vor Aufregung loszubrüllen. Ich hörte feste Schritte auf das Besucherzimmer zukommen. Der Schritt meines Vaters unterschied sich auffällig von dem von Schwester N. Es war eben ein männlicher Schritt, den wir hinter den Mauern St. Niemandslands nur selten zu Gehör bekamen.

Dann öffnete Schwester N. die Tür. Mein Vater trat ein. Er schritt auf Clara und mich zu, beugte sich zu uns herab und schon spürte ich seine feuchten Lippen auf den meinen. Mein Herz pochte wild und am liebsten hätte ich losgeheult vor Freude. Es war, als ob mich jemand aus der Hölle abholte. Ich strich mit meinen Händen unruhig über seinen beharrten Arm, wobei ich ihm in die Augen sah. Seine Anwesenheit beruhigte mich, denn ich spürte seine Kraft, die mich vereinnahmte. Es war eigenartig, trotz der Distanz war da etwas Vertrautes, etwas, was das Kind mit den Eltern verbindet. Ein unsichtbares Band. In diesen doch seltenen Begegnungen mit meinem Vater, spürte ich aber auch den Schmerz, den die Entbehrungen in mir auslösten.

Dann vernahm ich seine tiefe Stimme: »Hallo Clara, hallo Clemens.«

Schwester N. stand noch in der Tür und schien von dem Wiedersehen genauso ergriffen zu sein wie wir, denn sie bekam feuchte Augen.

»Wie geht es euch?«, fragte er.

Am Liebsten hätte ich ihm gesagt, dass ich mich hier in St. Niemandsland oft alleine fühlte und dass ich mich nach ihm und Eva sehnte. Aber das konnte ich ihm nicht sagen, denn ich wollte, dass er dachte, dass es uns gut ginge.

Verunsichert antworteten wir: »Gut, Papa!«

»Na dann lasst uns aufbrechen.«

Schwester N. griff nach den Koffern. Im Auto wartete eine hagere Dame, meine Stiefmutter Constanze. Diese mussten wir immer mit »Tante Constanze« ansprechen. Piaggia, der Pudel meines Vaters, sprang Clara auf den Schoß und leckte ihr übers Gesicht. Als ich das Lederpolster des Autositzes unter mir spürte, wusste ich, dass sich ein neues, aufregenderes Leben als es St. Niemandsland zu bieten hatte, auftat. Nachdem das Gepäck verstaut war, warf mein Vater den Motor an. Dann rollten wir hinaus in die Freiheit. Weg von St. Niemandsland, nur weg.

Ich freute mich unbeschreiblich. Im Auto roch es so anders als im Heim, nach Zigarettenrauch, nach Vater, nach Familie. Hier wirkte auch nicht alles so abgeleckt und steril. Eine Welt, so ganz anders als die kalte Heimatmosphäre. Clara hatte inzwischen ihren Kopf auf meinen Schoß gelegt und war eingeschlafen. Ich blickte unentwegt in den Rückspiegel. Dort konnte ich die ausdrucksvollen Augen meines Vaters beobachten. Hubert schien das zu bemerken. Er drehte mir immer wieder den Kopf zu, und mit einem verschmitzten Lächeln auf den Lippen kündigte er an, dass er mir morgen das Wellenbrettfahren beibringen wolle.

»Und Clara?«, fragte ich

»Tante Gerda wird sie morgen abholen und mit in die Schweiz nehmen«, antwortete er fast beiläufig.

»Ach so«, kommentierte ich diese Tatsache.

Ich wurde plötzlich traurig. Hubert schien das nicht zu bemerken, oder nicht bemerken zu wollen. Ich hatte mich wochenlang auf einen gemeinsamen Urlaub mit Clara bei unserem Vater gefreut. Clara und ich hatten uns im Vorfeld ausgemalt, was wir alles zusammen unternehmen würden. Aber nun das. Ich war das Runterschlucken gewohnt, also tat ich das wieder. Ich schluckte meine Enttäuschung runter. Mir wurde klar, dass ich meine Zwillingsschwester während der Ferien nicht sehen würde. Das war hart.

Dann fragte ich interessiert weiter: »Was ist das, ein Wellenbrett?«

Erneut drehte sich Hubert zu mir um: »Das Wellenbrett ist ein Brett aus Kunststoff, das man hinter das Motorboot hängt und wie beim Wasserskifahren hinter sich herzieht. Du kannst dich morgen draufstellen und ich ziehe dich dann mit meinem neuen Motorboot.«

»Hast du denn ein neues Motorboot?« fragte ich neugierig.

»Ja natürlich, hat euer Vater ein neues Motorboot«, antwortete meine Stiefmutter stolz, »viel größer und schneller als das alte«. Um auch ja keine Details auszulassen, ergänzte Constanze voll Stolz: »Es liegt bei der Insel Mainau am Bodensee und heißt wie ich.«

»Ist Wellenbrettfahren schwer?«, fragte ich weiter.

»Du musst nur dein Gleichgewicht halten, während du den Zuggriff hälst und darfst keine Angst vor der Geschwindigkeit haben«, erläuterte Hubert fast fürsorglich.

Ich sah immer wieder in das scharf geschnittene Gesicht von Constanze. Ihre wasserstoffblonden Haare waren im Look der 1950er-Jahre hochgesteckt. Auch ihre Designerbrille passte dazu. Diese rückte sie immer wieder mit dem Zeigefinger auf ihrer kleinen und spitzen Nase zurecht. An Constanze war vieles spitz, ihre Nase, ihr Kinn, ihre Gesichtszüge und ihre schmalen, mit knallrotem Lippenstift bemalten Lippen. Constanze war zart gebaut und spindeldürr. Das kam auch vom übermäßigen Alkohol- und Zigarettenkonsum.

Ich mochte Constanze nicht. Zwar versuchte sie, freundlich zu sein, gab sich Mühe, auf uns Zwillinge einzugehen, aber irgendwie war sie doch kühl und distanziert. Das lag wohl auch daran, dass mein Halbbruder – er war neun Monate jünger als ich – ihr Liebling war. Vielleicht hatte ich deshalb solche Schwierigkeiten in der Welt meines Vaters anzukommen, weil ich spürte, dass sie eine weitaus wichtigere Rolle im Leben meines Vaters spielte, als meine übrigen Geschwister und ich.

Plötzlich musste ich an Eva denken. Seit dem Vorfall vor einigen Wochen hatte ich nichts mehr von ihr gehört. Ich traute mich auch nicht, meinen Vater nach Eva zu fragen. Ein Gefühl sagte mir, dass es keine gute Idee wäre, Hubert in Gegenwart von Constanze auf meine Mutter anzusprechen. Bei früheren Ferienaufenthalten hatte ich von meiner Tante Gerda zu oft zu hören bekommen, dass Eva »im Kopf nicht ganz normal« sei. Gerda und Constanze waren beste Freundinnen. Wie »verrückt« musste jedoch mein Vater gewesen sein, der ja, trotz des psychischen Zustandes meiner Mutter, acht Kinder mit ihr zeugte. Ich machte mir nichts daraus, war in meinem Leben ohnehin alles anders verlaufen als bei den Kindern, die aus den »heilen Familien« kamen.

Es war bereits dunkel geworden, als das Auto vor einer Doppelgarage zum Stehen kam. Fahl warfen die Scheinwerfer ihr Licht auf das hölzerne Garagentor. Benommen vom Schlaf erhob ich mich vom Rücksitz, um zu sehen, wo wir waren. Mein Vater drehte den Kopf nach hinten und sagte:

»Wir sind da.«

Clara setzte sich auf und rieb sich die Augen.

Ein schmerzhafter Stich durchdrang mich. Verzerrte Bilder aus St. Niemandsland drängten sich in diesem Augenblick in mein Bewusstsein. Ich sah die hohe Steinmauer, die das Kinderheim von der Außenwelt abschnitt. Ich roch den sterilen Geruch des Heimes. Ich erinnerte mich an die Erstickungsqualen in der Badewanne, wenn mir das eiskalte Wasser den Atem nahm. All das verspürte ich plötzlich in diesem Moment, in dem wir zu Hause bei meinem Vater ankamen.

Gerne wäre ich nun glücklich gewesen. Und in der Tat, ich hätte allen Grund dazu gehabt: endlich bei meinem Vater. Aber etwas anderes tat sich in mir auf. Eine Art Trauer. Am liebsten hätte ich geweint.

Dann hörte ich wieder die markante Stimme meines Vaters: »Kommt Kinder, es ist Zeit fürs Bett.«

Er hatte bereits das Gepäck ausgeladen. Tante Constanze zog nervös an einer Zigarette und der Pudel sprang aufgeregt umher. Ich bemerkte, wie Tante Constanze mir immer wieder kurze, strenge Blicke zuwarf, denen ich immer wieder auswich. Ich glaube heute, dass sie mich damals als Konkurrenz zu ihrem Sohn, meinem Halbbruder, wahrnahm.

»Ihr müsst müde sein«, hörte ich meinen Vater sagen.

Tante Constanze forderte uns auf, ihr zu folgen. Mein Vater rief uns noch eine »Gute Nacht« zu und stieg dann wieder in den Wagen. Dann sagte uns Tante Constanze, dass unser Vater in sein Stammlokal führe. Ich winkte ihm zu, und das, was kurz vorher noch Ungewissheit war, wurde in diesem Moment Gewissheit, denn geahnt hatte ich so etwas bereits. Wie schön wäre es gewesen, wenn Vater uns einmal zu Bett gebracht hätte.

## Besuch im Paradies

Am nächsten Morgen klingelte es an der Haustür. Meine Stiefmutter öffnete. Die Schwester meines Vaters, Tante Gerda, trat ein. Tante Gerda war eine burschikose Frau. Ihr Gesicht war ähnlich geschnitten wie das meines Vaters und man konnte unschwer erkennen, dass sie Geschwister waren. Sie trug ihre Haare kurz, wie es bei Frauen der Kriegsgeneration üblich war. Trotz ihrer großen Brüste wirkte sie nicht weiblich. Da sie seit Jahrzehnten in der Schweiz lebte, sprach sie Schweizerdeutsch. Ich mochte Tante Gerda nicht besonders. Allerdings löste ihr Erscheinen, vor allen Dingen wenn sie uns in Marienburg abholte, stets ein vertrautes Gefühl aus. Gehörte sie doch zur Familie. Sie liebte es, uns in den Ferien mit allerlei Geschenken, wie Schweizer Schokolade, Kleidung oder kleineren Bargeldbeträgen zu verwöhnen. Der Vorzug jedoch galt immer meiner Zwillingsschwester Clara. Hatten Clara und ich uns während der Ferienaufenthalte irgendwelche Streiche erlaubt, so konnte ich sicher sein, dass ich alleine hierfür die Konsequenzen zu tragen hatte. Erst Jahre später erfuhr ich, dass Tante Gerda bei der Geburt ihre eigene Zwillingsschwester verloren hatte. Clara, so schien es, war der Ersatz für diesen frühen Verlust.

Clara und ich, die wir nun die erste Nacht der Ferien bei unserem Vater zugebracht hatten, liefen in freudiger Erwartung die Treppen des mehrstöckigen Hauses hinunter, um Tante Gerda zu begrüßen. Ich gab ihr wie gewohnt einen Kuss.

»Hallo Clemens«, begrüßte sie mich in schweizerischer Mundart. »Wie geht es dir?« Nachdem ich gesagt hatte, es gehe mir gut, fuhr sie fort: »Wir fahren heute in ein Kinderdorf, gar nicht weit weg von eurem Vater. Dort haben wir beim Dorfleiter ein Vorstellungsgespräch.«

Als wir nach dem Frühstück im Auto saßen, erläuterte uns Tante Gerda ihren Plan: Unserem Vater war es wohl sehr wichtig, uns Zwillinge in seiner Nähe zu haben. Deshalb habe Tante Gerda im Vorfeld Erkundigungen über das Kinderdorf eingeholt. Nach Vorgesprächen mit dem Stadtjugendamt und meinem Vater wurde nun beabsichtigt, uns Zwillinge nach den Sommerferien dorthin zu bringen. Misstrauisch fragte ich Tante Gerda, ob wir denn dann nie mehr zurück in das Kinderheim St. Niemandsland müssten.

»Nur noch einmal, wenn die Osterferien zu Ende sind«, tröstete sie uns.

Ich konnte es nicht fassen. Sollte der Wahnsinn von St. Niemandsland tatsächlich ein Ende nehmen? Keine Bestrafungen wegen des

Bettnässens, kein Ausgegrenztwerden aus der Gruppe, keine Angst vor dem Aufstehen mehr? In mir bebte es vor Freude. Ich fühlte nun, dass etwas Neues, nie Dagewesenes in mein Leben treten würde. Heute war mein Glückstag. Ich war aufgeregt, aber mit einer guten Portion Misstrauen fragte ich immer wieder Tante Gerda, ob wir dann für immer in dem Kinderdorf bleiben dürften.

»So will es euer Vater«, antwortete sie.

Damit war die Enttäuschung über die Abwesenheit meines Vaters vom Vorabend vergessen.

»Clemens«, ermahnte mich Tante Gerda, »du musst dich beim Vorstellungsgespräch im Kinderdorf gut benehmen«.

Sie hatte Recht. Ich war ein sehr unruhiger und aufbrausender Bub, der seine Umwelt nicht schonte. Die Mahnung von Tante Gerda war aber so eindringlich, dass es keiner weiteren Worte bedurfte, um ihrer Aufforderung zu folgen. Clara schien sich auch zu freuen. Obwohl sie ihrem Wesen nach ruhig und schweigsam war, bemerkte ich ihre Vorfreude. Sie griff immer wieder nach meiner Hand, zupfte aufgeregt an ihrer Strumpfhose und fragte Tante Gerda unzählige Male, wie lange es noch dauern würde, bis wir im Kinderdorf ankommen würden. Mein Blick war indessen auf die wundervolle Natur gerichtet. Wir fuhren am Bodensee entlang. Schwäne und Enten zogen ihre Bahnen. Ich sah kleine Segelschiffe und Motorboote über das tiefblaue Wasser gleiten. Die Sonne spiegelte sich darin. Der Duft von Obstbäumen und Wiesen drang durch das geöffnete Seitenfenster. Heute noch erinnere ich mich gerne an diesen typischen Bodenseegeruch, der etwas Erfrischendes hatte, etwas, was für den Neuanfang steht. Ich versuchte mir vorzustellen, wie es in dem Kinderdorf wohl aussehen würde, stellte mir das Spiel der vielen Kinder vor. Fast glaubte ich auf dem Weg ins Paradies zu sein. Ich hatte keine Worte dafür, aber ich spürte, dass wir auf dem Weg in eine neue Welt waren, die sich von den hohen Mauern und düsteren Gebäuden des Kinderheimes unterschied. Wie gegensätzlich die Welt doch sein konnte.

Tante Gerda erzählte uns, dass in diesem Kinderdorf viele Kinder seien, mit denen wir spielen könnten, solange wie wir wollten. Clara und ich hörten gespannt zu.

»Dort hat es richtige Familien, eine Schule und vieles mehr«, fuhr sie fort. »Ich war erst kürzlich dort auf Besuch, und mir hat es sehr gut gefallen.«
Wenn das alles nur wahr ist, hoffte ich im Stillen. Eine Metamorphose schien bevorzustehen, von der engen, starren Puppe zum frei fliegenden Schmetterling. Wenn all das wahr würde, wovon Tante Gerda uns gerade erzählte, dann würde alles gut werden, das spürte ich. Diese Vorahnung, die dann später auch Gewissheit wurde, stimmte mich glücklich.
Dann war es endlich soweit. Wir passierten ein Ortsschild, auf dem der Name Wiesengrund stand. Nun konnten wir unsere Gefühle nicht mehr zurückhalten. Aufgeregt rutschten wir auf dem Rücksitz hin und her. Eine kleine Kuhherde, die von einem Bauer vorangetrieben wurde, kam uns entgegen. Die Umgebung schien mir vertraut, obwohl ich noch nie dort gewesen war. Es fühlte sich an wie Heimat, einladend und heimelig. Wiesengrund war ein kleines Dorf, in dem sich die Bewohner gemütlich eingerichtet hatten. Ein kleiner Bach plätscherte vor sich hin. Ich konnte einen Traktor sehen, der einen Anhänger hinter sich herzog. Am Straßenrand standen vereinzelt Dorffrauen und hielten einen Plausch. Hier sah ich eine Katze, dort einen Hund. Alles wirkte vertraut und hell. Das lag auch an dem wunderbaren Frühlingslicht, das für diese Gegend typisch ist. An der schmalen Hauptstraße standen fein herausgeputzte Häuser. An einem Gasthof kam das Auto zum Stehen.
Tante Gerda öffnete die Türen, wir stiegen aus. Sie ergriff meinen Arm und mit ernster Miene ermahnte sie mich erneut zur Ruhe. Selbst Clara war sichtlich nervös. Tante Gerda hatte viel zu tun, um uns zu beruhigen. Nachdem wir gegessen hatten, fuhren wir den »Postbuckel« hinauf ins Kinderdorf. Oben auf der Anhöhe las ich das Schild »Kinder- und Jugenddorf«. Es schien zu stimmen, was Tante Gerda uns da erzählt hatte, es gab das Kinderdorf. Ich war erleichtert!
Wir fuhren an kleinen Bauernhöfen vorbei. Ich vernahm das Muhen der Kühe. Alles war friedlich. Landluft drang mir in die Nase. Dann kam der Wagen vor einem sechseckigen Gebäude zum Stehen. Wie sich herausstellte, war dies das Dorfzentrum. Viele Kin-

der und Erwachsene kamen gerade aus dem Speisesaal, in dem sie soeben gemeinsam das Mittagessen eingenommen hatten. Ich vernahm freudiges Kindergeschrei. Ich sah, wie Kinder sich gegenseitig schubsten. Der Frühling hatte bereits Einzug gehalten, und wohin ich auch blickte, sah ich blühende Bäume und Sträucher. Alles war liebevoll angelegt. In der Luft lag der Duft von Freiheit und Liebe. Ich fühlte mich sofort wohl. Gegenüber des Dorfzentrums lagen die Familienhäuser, zwölf an der Zahl. Diese konnte man durch einen Weg aus grauen Granitplatten erreichen, zwischen denen zartes Grün wuchs. Als wir ausgestiegen waren, traten einige Kinder an unser Auto. Lachend und mit kindlicher Neugier erkundigten sie sich nach dem Grund unseres Besuches.

»Ich werde zusammen mit meiner Zwillingsschwester nach den Sommerferien hierher ziehen«, antwortete ich voller Stolz.

Ich fühlte die besondere Aura dieses Ortes. Hier herrschte keine kalte Atmosphäre wie hinter den Mauern St. Niemandslands. Auch gab es hier keine hohen Mauern, die uns einengten. Dann hörte ich die Stimmen der Erwachsenen, die die Kinder, die in regem Durcheinander miteinander spielten, aufforderten, nach Hause zu kommen. Eigenartig, wie beruhigend die Worte »nach Hause kommen« auf mich wirkten.

Ein Mann mit Vollbart trat an uns heran. »Guten Tag, Frau Meggli, schön Sie wiederzusehen.«

»Guten Tag, Herr Weglar«, antwortete sie.

Sie kannten sich bereits vom letzten Treffen. Dann wandte sich Herr Weglar Clara und mir zu, um uns herzlich willkommen zu heißen. Anschließend führte er uns durch das Kinderdorf. Wir liefen den schmalen Plattenweg entlang, vorbei an die Familienhäuser.

»Die Häuser«, so erklärte uns Herr Weglar, »werden entsprechend ihrer Reihenfolge in Nummern benannt«.

Er lief zusammen mit Tante Gerda vor uns her. Ich drehte immer wieder den Kopf von der einen Seite zur anderen und konnte mich nicht satt sehen an den Häusern und ihren kleinen Gärten. Alles war so lieblich hergerichtet, wie im Märchenbuch. Wir gingen an dem liebevoll angelegten Dorfteich vorbei. In ihm schwammen Goldfische. Die Oberfläche des Teiches war fast vollständig mit Seerosenblättern bedeckt. Über dem Teich reckte eine Weide majestätisch ihre Zweige, von denen die Vögel ihre Lieder zwitscherten. Um den Teich herum standen in gewissem Abstand einige Familienhäuser. Hier gab es auch keine dunklen Säle mit überdimensionalen Kruzifixen, in denen die Kinder zum Essen und Beten eingepfercht wurden. Nein, hier war alles offen und weit. Hier lag der Duft der Geborgenheit, des Vertrauens und der Freiheit in der Luft, den die hier lebenden Kinder einatmeten. Dies schien auch der Grund zu sein, warum Clara und ich uns auf Anhieb so wohl fühlten. Alles war darauf angelegt, sich zuhause zu fühlen.

Die Gründerväter hatten unmittelbar nach dem Zweiten Weltkrieg eine anthroposophische Kinder- und Jugendstätte geschaffen, in der hunderte von Schicksalen zusammengeführt wurden, und in der, wie ich es später selbst erfahren sollte, Heilung von den erlittenen Härten und den damit einhergehenden Wunden der Vergangenheit möglich war. Man mag von den Anthroposophen denken was man will, aber für mich haben sie, was den menschlichen Umgang, die Ernährung, die medizinische Versorgung, die Kunst und die Heilpädagogik betrifft, einen wertvollen Beitrag zu meiner Heilung geleistet. Ihre Lebenshaltung bescherte mir die erste dauerhafte positive Erfahrung meines Lebens. Ein wahrer Glücksfall.

Während wir an den Familienhäusern vorbeiliefen, drang mal der Ton einer Geige, mal der einer Trompete oder einer Klarinette an meine Ohren.

»Jedes Kind hat hier die Möglichkeit, ein Instrument zu erlernen«, erklärte Herr Weglar meiner Tante.

Dann wandte er sich mir zu und fragte, welches Instrument mir denn gefallen würde.

»Trompete«, antwortete ich.

Herr Weglar, der, wie sich später herausstellte, selbst Trompete spielte, lachte und strich mir übers Haar. Er war sichtlich erfreut, dass es uns hier gefiel. Ich mochte Herrn Weglar auf Anhieb. Er sollte später mein Familienvater werden.

Als wir weiterliefen, roch ich den Duft der Gemüsebeete, die ebenfalls liebevoll angelegt waren. Am Rande des Teichs hatte sich eine graue Katze postiert und lauerte den vorbeischwimmenden Leckerbissen auf. Dann, bei Haus 8 angekommen, traute ich meinen Augen nicht. Wir traten an einen Zaun heran, hinter dem sich Schafe und kleine Lämmer befanden. Clara lief geradeswegs auf den Zaun zu, ich ihr hinterher.

»Oh, die sind aber süß!«, rief sie freudig aus.

Wir streckten unsere Hände durch den Zaun und hatten größten Gefallen daran, als eines der Lämmer an unseren Händen leckte. Ich vergaß in diesem Moment die Welt um mich herum, ich durfte mich fallen lassen. Tante Gerda und Herr Weglar hielten sich im Hintergrund und ließen uns gewähren. Ich hatte bis zu diesem Zeitpunkt noch nie die Gelegenheit gehabt, ein Lämmlein zu füttern oder mir von einem die Hände ablecken zu lassen. In dieser Losgelöstheit und kindlichen Freude waren Clara und ich dem Paradies sehr nahe. Und diese Tatsache schienen Tante Gerda und Herr Weglar zu spüren.

Es wurde noch aufregender. Herr Weglar führte uns in die nahe gelegene Waldorfschule, die aus einem langen Gebäudekomplex bestand. Durch die großen Fenster des Klassenraumes, in dem uns die Lehrerin Frau Meier erwartete, drang das Sonnenlicht. Heute hatte ich keine Angst vor dem Tageslicht! Der Klassenraum war hell und mit vielen selbst gemalten Bildern bestückt. Pflanzen und liebevoll aneinander gereihte Mineralien zierten die Fensterbänke. Im hinteren Teil des Klassenzimmers standen Spinnräder. Frau Meier nahm Clara und mich bei der Hand und führte uns zur Tafel. Nachdem meine Tante und Herr Weglar das Klassenzimmer verlassen hatten, wurden wir aufgefordert unsere Namen an die Tafel zu schreiben. Stolz schrieb ich den Namen »Heymkind«.

»Du hast doch sicherlich auch einen Vornamen?«, fragte sie mich.

»Nein, ich heiße Heymkind.«

Frau Meier stellte das richtig und schrieb »Clemens« dazu. Das war für mich sehr ungewohnt, auf so einer großen Tafel meinen Namen stehen zu sehen. Frau Meier rückte ihre Brille zurecht und bat mich nun, den Umriss des Bodensees an die Tafel zu malen. Da ich keinerlei Vorstellungen vom Bodensee hatte, malte ich einen Soldaten an die Tafel, dessen Aussehen ich mir beim jährlichen Tänzelfest in Marienburg eingeprägt hatte. Zwar hatte ich das Thema völlig verfehlt, dennoch schien meine Malerei bei Frau Meier Eindruck zu hinterlassen. Nachdem Clara eine Leseprobe zum Besten gegeben hatte, schenkte uns Frau Meier je einen kleinen, rosa schimmernden Stein. »Dieser«, so sagte sie, »soll euer Glücksbringer sein«. Anschließend liefen wir zusammen mit Tante Gerda und Herrn Weglar zurück zum Dorfzentrum. Inzwischen war die Mittagspause zu Ende und auf dem Bolzplatz, der sich großzügig zwischen Schule und Dorfzentrum erstreckte, waren bereits einige Jungs eifrig beim Fußballspielen. Tante Gerda und Herr Weglar erlaubten uns, uns noch ein wenig dazuzugesellen, während sie sich zu einer weiteren Besprechung ins Dorfzentrum zurückzogen.

Da es mir nicht schwer fiel, neue Kontakte zu knüpfen, dauerte es nicht lange, bis ich von einem der Jungen aufgefordert wurde, mitzuspielen. Clara stand mir in nichts nach und Augenblicke später waren wir Teil der bolzenden Mannschaft. Am meisten Eindruck machte Markus auf mich. Markus war ein Jahr jünger als ich. Er hatte wegen eines Krebsleidens ein Bein verloren. Markus bewegte sich auf Krücken so schnell und geschickt, dass es fast unmöglich war, ihm den Ball während des Laufens abzunehmen. Geschickt stieß er mal mit dem einen Bein, mal mit den Krücken den Ball vor sich her, bis der Ball sein Ziel im Netz des Tores fand.

Ich war außer Atem, als ich den Ruf unserer Tante vernahm. Ich wollte nicht mehr zurück nach Marienburg und am liebsten hätte ich mich versteckt. Da ich Tante Gerda jedoch versprochen hatte, mich zu benehmen, gehorchte ich. Die Zeit unseres Besuchs im Kinderdorf war wie im Flug verstrichen. Als wir uns von Herrn Weglar verabschiedet hatten und wieder im Auto saßen, teilte sie uns sichtlich erfreut mit, dass das Kinderdorf nach den Sommerferien unser neues Zuhause werden sollte.

Ich ließ einen Freudenschrei los. All die schönen Momente unseres Besuches wirkten nach. Clara schien es genauso zu gehen. Die Last, die St. Niemandsland uns all die Jahre aufgebürdet hatte, begann sich bereits aufzulösen. Nun hatte ich Gewissheit. Was für eine Befreiung, was für eine Erleichterung und Freude. Hierfür gibt es keine Worte. Die Eindrücke unseres Besuches im Kinderdorf waren stärker und verdrängten die Angst vor dem Ende der Ferien. Die

Furcht vor der Macht der Nonnen wich. Sie konnten uns nun nichts mehr anhaben. Ich gehörte ab sofort nicht mehr ins Kinderheim, sondern hierher. Ich dankte meinem Schutzengel und schlief wenig später auf dem Rücksitz ein. In der Tat, das Paradies, aus dem ich einst verstoßen worden war, war nun in greifbare Nähe gerückt.

*Aktenvermerk des Stadtjugendamtes vom 08.06.19...*

*Brief der Fürsorgerin vom Stadtjugendamt an die Heimleitung St. Niemandsland*

*Sehr geehrte Heimleitung,*

*Sie werden sicher inzwischen von den Kindern Heymkind erfahren haben, dass diese mit ihrer Tante und uns im Kinderdorf in W. gewesen sind. Wir hoffen sehr, dass die Kinder dort aufgenommen werden können, aber haben noch keine feste Zusage. Nachdem sich die Tante schon immer sehr um die Kinder gekümmert hat und dies auch weiterhin tun wird, ist es zweckmäßiger, wenn die Kinder näher in die Nähe vom Vater kommen.*

*Sobald wir eine Aufnahmezusage und einen genauen Aufnahmetermin haben, werden wir Sie entsprechend verständigen.*

*Wir bitten diese Mitteilung als vorläufige Kündigung zu betrachten.*

*Für die Verlegung der Kinder bitten wir Sie um Ihr Verständnis, da Sie ja die Situation der Kinder seit Jahren kennen.*

*Mit freundlichen Grüßen*
*Frau Riedlinger.*
*Fürsorgerin*

*P.S. Soeben kam die Mitteilung aus dem Kinderdorf am Bodensee, dass die Kinder Heymkind im September oder Anfang Oktober 19... dort aufgenommen werden können. Wir teilen Ihnen noch Genaueres mit. Den Kindern können Sie die beiliegenden Briefe aushändigen. Ich schreibe Ihnen dann gelegentlich wieder oder komme noch einmal selbst vorbei.*

# Die Entlassung

Seit der Rückkehr aus den Osterferien fiel mir auf, dass Schwester C. die morgendlichen Bestrafungen wegen des Bettnässens völlig eingestellt hatte. Auch die bisher rigoros durchgesetzten Sanktionen, wie hundert Mal Schreiben »Ich darf nicht ins Bett machen«, oder Stockschläge auf die Handflächen, Hinter-dem-Fernseher-sitzen-müssen, sowie Spiel- und Trinkverbot, setzte Schwester C. seit dem Ende der Ferien nicht mehr ein.

Die anderen Heimkinder der Bubengruppe hörten meinen Erzählungen von dem Kinderdorfbesuch aufmerksam zu. Natürlich berichtete ich mit einem gewissen Stolz von jenen Erlebnissen. Die Rolle des Heimkindes, die ich wie ein sichtbares Stigma ertrug, schien mit jeder Erzählung mehr und mehr zu verblassen. Das lag auch daran, dass die Vorfreude auf das Kinderdorf so groß war. Schwester C. erkannte ich seit meiner Rückkehr aus den Ferien nicht wieder. Ich genoss auf einmal Privilegien, die sie zuvor den Bettnässern nie hatte zukommen lassen. So durfte ich, nachdem ich die Hausaufgaben gemacht hatte, zusammen mit den Kindern der Buben- und Mädchengruppe im Hof spielen. Ich fühlte mich nicht mehr gezwungen, während der Hausaufgaben meinen Blick auf das Ziffernblatt der Uhr von St. Vincenz zu richten, um das Verstreichen der Zeit zu beobachten oder die Glockenschläge im Viertelstundentakt abzuwarten. Die Macht von Schwester C. verblasste wie der ausklingende Glockenschlag der Kirche.

Dann, es war Mitte Juli und die Sommerferien hatten gerade begonnen, trat Schwester C. eines Abends zu mir ans Bett und teilte mir mit, dass es morgen so weit sein würde. Zu meiner eigenen Überraschung vernahm ich eine gewisse Schwere in ihrer Stimme. Sie schien traurig zu sein. Ich dagegen konnte den Moment nicht abwarten, wenn sich das Stahltor öffnen und der orangefarbene VW-Käfer auf den Hof fahren würde. Schwester C. hatte meinen Koffer gepackt und legte mir, entgegen der sonstigen Kleiderordnung, meine geliebte Jeans, die Turnschuhe und ein weißes T-Shirt, auf dem mein Vorname in bunten Buchstaben aufgedruckt war, auf den Nachttisch.

»Die Kleidung hat deine Tante für dich hier gelassen«, erklärte sie mir.

Ich war froh, dass ich jetzt nicht mehr zu jenen Kindern gehörte, die man an ihrer Kleidung als Heimkinder erkannte. Schwester C. bemerkte meine heimliche Freude und sie spürte, dass ich für sie nur noch Verachtung übrig hatte. Nun war sie machtlos. Keine Schläge und Bestrafungen mehr. Das fühlte sich gut an.

»Du hast morgen einen anstrengenden Tag vor dir«, fuhr Schwester C. fort. »Deine Zwillingsschwester Clara wird noch zwei Wochen länger hier bleiben. Eure Tante wird sie dann während der Sommerferien zu sich nehmen. Du wirst die Sommerferien auf einem Bauernhof verbringen.«

Ich sah sie überrascht an. Zwar fühlte ich mich mal wieder überrumpelt von der Tatsache, dass ich nicht, wie geplant, die Sommerferien bei Tante Gerda verbringen sollte, sondern auf einem Bauernhof, aber ich hatte mich schon daran gewöhnt, dass die Erwachsenen uns Kinder herum schieben durften, wie und wohin sie wollten. Ein Bauernhof aber, war allemal besser als St. Niemandsland.

Als Schwester C. zu Ende gesprochen hatte, zog sie einen Zehn-Mark-Schein aus ihrem Rock hervor und legte ihn auf meine Kleider.

»Dies ist noch dein Taschengeld für diesen Monat«, sagte sie.

Das war das erste Mal, dass ich Taschengeld bekam. Dieses hatte sie bisher wegen meiner Bettnässerei einbehalten. Dann stand sie auf und verließ schweigend den Schlafsaal. In gewohnter Weise begann ich sodann, meinen Kopf auf dem Kissen hin und her zu werfen, bis ich endlich eingeschlafen war.

Am nächsten Morgen nach dem Frühstück wollte ich Schwester C. eine Abschiedsvorstellung geben, die ich mir schon Tage zuvor für sie ausgedacht hatte. Ich wusste, dass Schwester C. sehr hohe moralische Wertvorstellungen hatte. So konnte sie es überhaupt nicht leiden, wenn einer ihrer Schutzbefohlenen stahl. Ich schlich mich also nach dem Frühstück unbemerkt davon. Als ich ein nahe gelegenes Geschäft erreicht hatte, lief ich geradewegs auf das Regal zu, in dem sich Bonbons und Traubennuss-Schokolade befanden.

Ich gab mir erst gar keine Mühe heimlich zu stehlen. Das Diebesgut verschwand unter dem Pullover. Dann lief ich auf das Regal zu, in dem sich die Chipstüten befanden. Ich griff mir eine und trat an die Kasse. Da mein Pullover eine nicht zu übersehende Ausbeulung aufwies, rief der Marktleiter die Polizei. Ich hatte einen Riesenspaß an der Situation. Nachdem ich mich als »Heymkind« von St. Niemandsland zu erkennen gab, wurde ich wenig später von einem Polizisten unsanft auf den Rücksitz eines Polizeiautos gestoßen. Mit Blaulicht fuhren wir dann in den Hof des Kinderheimes ein. Ich sah schon den orangefarbenen VW-Käfer auf dem Hof stehen. Schwester C. war gerade mit zwei Herren vom Stadtjugendamt im Gespräch vertieft, als der Polizeiwagen zum Stehen kam und die heulenden Sirenen verstummten. Die Fenster der Spielsäle wurden aufgerissen und Augenblicke später betrachtete eine Horde neugieriger Kinder das Geschehen.

»Aussteigen«, befahl mir einer der Polizisten in harschem Ton.

Ich zuckte hilflos mit den Schultern und antwortete: »Geht nicht, Kindersicherung.«

Dienstlich korrekt zogen sich die Herren Polizisten sodann ihre Mützen auf den Kopf und stiegen aus, um mir die Tür zu öffnen. Schwester C. zupfte sichtlich nervös an ihrem Rock. Ihr Gesicht färbte sich rot. Nachdem mir einer der Polizisten die Hintertüre geöffnet hatte, rutschte ich siegessicher von der Rückbank. Hierbei fixierte ich Schwester C. mit meinen Augen. Sie tobte innerlich. Hatte ich doch mit meiner Vorstellung all ihre Erziehungserfolge mit einem Schlag zunichte gemacht und das für alle Anwesenden sichtbar. Nun ließ ich Schwester C. ihre eigene Ohnmacht spüren, die sie all die Jahre mich hatte spüren lassen. Ich triumphierte im Stillen. Rache ist süß. Obwohl wir in diesem Augenblick nicht miteinander sprachen, verrieten ihre Augen, was in ihr vorging. Wie gerne hätte sie jetzt den Tatzenstock auf meinen Händen tanzen lassen.

»Den hier haben wir gerade beim Klauen erwischt«, klärte einer der Polizisten Schwester C. und die anwesenden Herren vom Jugendamt auf.

»Das hat der Clemens ja noch nie gemacht!«, gab sie zur Antwort. Das war glatt gelogen. Natürlich wusste Schwester C., dass ich schon öfter geklaut hatte, ob in der Schule oder im Heim. Um den anwesenden Autoritäten ein nicht ganz und gar falsches Bild von mir zu vermitteln, mimte ich den Schuldbewussten, allerdings mit einer solchen Tonlage – und darauf achtete ich mit größter Sorgfalt –, dass Schwester C. genau verstand, wem diese Abschiedsvorstellung galt. Es war mir ein inniges Bedürfnis, dass mich Schwester C. nie mehr vergaß.

Nun meldeten sich auch die Herren vom »Kinder-Abholdienst« des Stadtjugendamtes zu Wort. Mal redete der eine auf mich ein, dass ich mich ja bei Schwester C. entschuldigen könne, der die Situation höchst unangenehm war. Dann gelobte der andere in meinem Namen Besserung. Ich nickte nur, während ich verschmitzt zu Schwester C. sah. Tun könne man ja ohnehin nichts, da ich noch nicht strafmündig sei, warf der andere nun ein. Auch die Polizisten ermahnten mich »zum zukünftig straffreien Verhalten«.

»Du würdest doch dein Leben versauen«, ermahnte mich einer der Polizisten.

Keiner der anwesenden Herren wusste, wie sehr es bereits durch Schwester C. und andere Institutionen versaut worden war.

Nachdem das Gepäck im VW-Käfer verstaut worden war und ich herzlich die Hand von Schwester C. gedrückt hatte, stieg ich ein. Es war geschafft, ich hatte diesen Lebensabschnitt überlebt!

Zusammen mit den Polizisten fuhren wir vom Hof. Ich streckte meine Hand aus dem geöffneten Fenster und winkte den Kindern zu. Mein Abschied war gelungen.

### Ferien auf dem Bauernhof

Die Herren vom Stadtjugendamt lieferten mich bei meinen Ferien-Gasteltern ab und als ich das Auto vom Hof fahren sah, überfiel mich eine Sehnsucht wie im freien Fall: Ich wollte zurück nach St. Niemandsland!

Hier auf dem Bauernhof war alles fremd. Der Geruch des Kuhund Schweinestalles, der den ganzen Wohnbereich durchdrang, die kleinen, biederen Zimmer. Zwar hatten sich die Bäuerin und ihr Ehemann alle Mühe gegeben, mich freundlich zu empfangen, das Zimmer und alles andere befremdeten mich aber. Hier standen nur ein Bett und eine Anrichte mit einem Spiegel darauf. Keine Doppelbetten, kein Bubengeschrei. Das Kruzifix an der Wand reichte bei weitem nicht an das heran, was ich von St. Niemandsland gewohnt war. Keine detailgetreue Wiedergabe des leidenden Herrn Jesus Christus, nur ein schlichtes Kreuz. Nachdem die Bäuerin, Frau Hofbaur, sich mir vorgestellt hatte, ließ sie mich alleine in meinem Zimmer. Ich warf mich auf das Bett und begann zu weinen.

Es war verrückt. Eigentlich hätte ich der glücklichste Mensch der Welt sein müssen. Weg aus Marienburg, weg aus der Hölle. Zwar blitzte immer wieder die Vorfreude auf den bevorstehenden Umzug ins Kinderdorf auf, diese wurde jedoch von den zurückliegenden Erlebnissen im Kinderheim verdrängt. Auch deshalb war ich aber nicht der glücklichste Mensch, sondern der unglücklichste, weil ich seit dem Moment des Ankommens auf dem Bauernhof Schwester C. so sehr vermisste. Ich biss in das Kopfkissen. Ich hatte das Gefühl, jeglichen Halt zu verlieren. Es war, als würde ich ins Bodenlose stürzen und keiner wäre da, der mich auffing. Ich kannte dieses ängstigende und verwirrende Gefühl: Es war wie ein Schrei ohne Stimme, wie ein Atem ohne Luft, wie ein Lauf ohne Bewegung und doch so intensiv, gleich dem Ausbruch eines mächtigen Vulkans. Es entzog sich gänzlich meiner Kontrolle.

Ich wollte den Koffer nicht auspacken, denn dies symbolisierte den endgültigen Abschied von Schwester C. Nein, hier wollte ich nicht bleiben, hier in der Fremde. Ich wollte zurück in die Heimatlosigkeit, die mir so vertraut war und in der ich heimisch geworden war, zurück in die Bubengruppe, zurück zu Schwester C.

Ich realisierte, dass der Umzug auf den Bauernhof die endgütige Trennung von ihr bedeutete. Ich würde sie nie mehr sehen. Eine furchtbare Vorstellung, ein furchtbares Gefühl. Nichts würde uns wieder zusammenführen, das spürte ich. Und diese Erkenntnis nährte meine Sehnsucht und meinen Trennungsschmerz. Die durch Schwester C. erlittene unglaubliche Gewalt verlor in diesem Moment ihr Gewicht und rückte in weite Ferne. All die Demütigungen und Todesängste, insbesondere in den morgendlichen Kaltduschritualen, die sie mir die letzten Jahre zugemutet hatte, ertranken im Meer der Sehnsucht. Ich wollte zurück hinter die Mauern von St. Niemandsland, denn dort war mir alles vertraut. Der einzige Trost den ich in diesem Moment hatte, war das Wiedersehen mit Clara im Kinderdorf.

Es lag nicht an der Bäuerin Frau Hofbaur und auch nicht an ihren beiden Kindern Laura und Eberhard, die zusammen mit ihrem Vater auf dem Feld waren und deren Rückkehr erst am Abend erwartet wurde, dass ich mich so traurig und verloren fühlte. Es gab kein Fundament, auf dem ich sicher hätte stehen können, um mit derartigen Trennungssituationen klar zu kommen. Dieses hatte mir Schwester C. schon vor Jahren geraubt.

Dann hörte ich Schritte die Treppe hinaufkommen. Frau Hofbaur öffnete meine Zimmertür und sah mich weinend auf dem Bett liegen. Sie war eine burschikose Frau mit scharf geschnittenem Gesicht und kurzen schwarzen Haaren. Diese waren mit einem Kopftuch bedeckt. Sie trug ein grau gestreiftes Arbeitshemd, darüber einen Blaumann und an den Füßen grüne Gummistiefel. Durch ihre Augenlider, die ebenfalls scharf geschnitten waren, blitzten braune Augen hervor. Ihre Hände hatten Schwielen. Sie schien hart zu arbeiten. Ihr derber Allgäuer Dialekt vervollständigte das Erscheinungsbild einer typischen Bauersfrau. Ich hatte aber keine Angst vor Frau Hofbaur, denn sie hatte ein freundliches Wesen.

Sie trat an mein Bett und griff nach meiner Hand: »Ich helfe dir beim Kofferauspacken.«

Dann zog sie mich vorsichtig vom Bett. Ich aber wollte diesen verfluchten Koffer nicht auspacken.

»Ich will zurück zu Schwester C.«, antwortete ich, wobei ich mir die Tränen aus den Augen liefen.

»Du kannst nicht zurück zu Schwester C.«, erwiderte Frau Hofbaur. »Das weißt du doch. Du wirst nach den großen Ferien zusammen mit deiner Zwillingsschwester in das Kinderdorf am Bodensee gehen und da wird es euch gut gehen«, versuchte sie mich zu trösten.

Langsam beruhigte ich mich. Ich hatte jedoch nach wie vor dieses beklemmende Fremdheitsgefühl: Die Decke meines Zimmers war viel niedriger, als ich es aus den Sälen des Kinderheimes gewohnt war. Der leichte Fäulnisgeruch, der Bauernhöfen oft eigen ist, befremdete mich. Ich vermisste den Terpentingeruch, den Geruch von Lauge und Kernseife. Auch war der Fußboden nicht so sauber, wie ich es aus St. Niemandsland gewohnt war. Beim Anblick der weitläufigen Feldflächen, die den Bauernhof umgaben, überkam mich ein Gefühl der Verlorenheit. Alles war so groß. Viel größer als der Hof und der Spielsaal. Ich hörte völlig fremde Geräusche. Das Muhen der Kühe oder das Bellen der Wachhunde. All das Fremde löste Angst in mir aus, unbeschreibliche Angst. Es brachte meine Gefühlswelt durcheinander, so, als hätte man ein Bündel Mikadostäbe fallen lassen.

Dann hörte ich ein Motorengeräusch. Für einen kurzen Augenblick glaubte ich, dass dies die beiden Herren vom Stadtjugendamt seien. Vielleicht dachten sie sich, dass ich mich hier nicht wohl fühlte und wollten mich deshalb wieder abholen und zurück ins Kinderheim bringen. Ich bebte vor Vorfreude. Bald würden die Mikadostäbe wieder geordnet vor mir liegen.

Da Frau Hofbaur jedoch seelenruhig mit dem Auspacken des Koffers fortfuhr, stürzte ich schnurgerade auf das Fenster zu. Ich sah einen roten Mercedes. Aus ihm stieg ein korpulenter Mann mit Dreitagebart, dazu drei Kinder in meinem Alter. Ich begann erneut zu weinen, weil mir nun klar wurde, dass sich keiner der Herren vom Jugendamt darum scherte, was ich fühlte. Ich war ja »gut versorgt«, zumindest nach Aktenlage.

Kurz darauf standen Herr Hofbaur und seine zwei Kinder Eberhard und Laura vor mir. Ein weiteres Kind schob sich an ihm vorbei und reichte mir die Hand.

»Hallo, ich bin Jochen«, sagte er.

»Hallo, ich heiße Clemens«, antwortete ich.

»Jochen wird sich mit dir dieses Zimmer teilen, bis er wieder zurück ins Heim muss«, informierte mich Herr Hofbaur.

Ich spürte, wie sich meine Gefühlslage deutlich verbesserte. Ich war nicht das einzige Heimkind auf dem Hof. Mit der Ankunft von

Jochen kam etwas Bekanntes hierher. Die Tatsache, dass er auch ein Heimkind war, gab mir Vertrauen. Heimkinder strahlen bisweilen etwas Bedürftiges, etwas Hilfloses, bisweilen auch etwas Unruhiges aus, was danach ruft, beschützt und beruhigt zu werden. Jochen hatte all dies auch.

Er hatte blondes Haar und war etwa in meinem Alter. Wie Eberhard trug er eine kurze Lederhose mit Hosenträgern, sowie ein kariertes Hemd, wie es auf dem Land im Allgäu üblich war. Jochen hatte ein blasses Gesicht und seine zartblauen Augen bewegten sich ständig hin und her, als ob sie etwas suchten. Ich mochte Jochen vom ersten Augenblick an. Er versprühte Lebensfreude und dieser Ort hier schien ihm besser zu gefallen als das Heim, aus dem er kam.

Laura war etwa zehn Jahre alt. Sie hatte schwarzes, langes, zu einem Zopf geflochtenes Haar. Ihre Augen waren tiefblau und auch sie sah blass aus. Die Sommersprossen in ihrem Gesicht verliehen ihr einen neckischen Ausdruck. Sie trug ein trachtenähnliches Kleid und Sandalen. Laura war eine Frohnatur und lachte viel. Dabei blitzte ihre Zahnspange zwischen den Lippen hervor.

Ihr älterer Bruder Eberhard hatte schwarzes, kurzes Haar. Er war etwa vierzehn Jahre alt und einen Kopf größer als ich. Auch sein Gesicht war von Sommersprossen übersät, wenn auch nicht in dem Maße wie bei seiner Schwester. Eberhard war in sich gekehrt und ruhig. Ich hatte stets das Gefühl, dass er ein Eigenbrötler war, der die Natur und das Alleinsein der Gesellschaft anderer Menschen vorzog.

Herr Hofbaur stand im Blaumann und mit Gummistiefeln an den Füßen vor mir. Er hatte einen kugelrunden Bauch und sein Erscheinungsbild wirkte ungepflegt. Er hatte sich offensichtlich schon seit längerem nicht mehr rasiert, seine Zähne waren gelblich verfärbt, seine groben Hände und kurzen Fingernägel waren schmutzig. Herr Hofbaur ließ stets seine linke Hand hinter dem Latz des Blaumanns verschwinden, wo sie dann auf seiner Brust ruhte. In dieser Position fuhr er mit der Zunge durch die große Zahnlücke, die er hatte, wobei immer wieder ein schnalzendes Geräusch seinem Mund kam. In der rechten Hand hielt er meist eine Bierflasche, an der er genüsslich schlürfte. Auch das war nicht zu übersehen: Herr Hofbaur trank viel, sehr viel.

Das also waren die neuen Gasteltern. Das war die Übergangswelt, die das Jugendamt für mich ausgesucht hatte.

Ich konnte die Enttäuschung darüber nicht verbergen, dass es nicht die Herren vom Jugendamt waren, die gerade die Hofeinfahrt passiert hatten. Deshalb begann ich wieder zu weinen. Jochen hingegen bekundete, dass er froh war, nicht mehr bei den Nonnen sein zu müssen. Er genoss sichtlich die neue Freiheit. Ich sah, wie Herr Hofbaur ebenfalls zu weinen begann. Das war eine für ihn typische Verhaltensweise, die durch den übermäßigen Alkoholkonsum verstärkt wurde. Gleichwohl war er ein mitfühlender Charakter und ein guter Zuhörer, der mir das Ankommen erleichterte.

Ich machte in seiner Gegenwart stets die Erfahrung, dass es in Ordnung war, über den Abschied von Schwester C. zu trauern. Er gab mir nie das Gefühl, mich nicht ernst zu nehmen, wenn ich traurig war. Er schimpfte auch nie mit mir, wenn ich mir Verfehlungen, wie zum Beispiel Streitereien, die teilweise in handfeste Schlägereien mit Jochen mündeten, erlaubte. Herr Hofbaur war trotz seiner ungepflegten Erscheinung ein liebenswerter Mensch. Ich mochte ihn sehr. Es dauerte einige Wochen, bis ich mich an das Gefühl gewöhnt hatte, Schwester C. für immer verloren zu haben. Schließlich aber gelang es mir und das war gut so.

## Weihrauch und Kätzchentod

Nach einiger Zeit hatte ich mich bei den Hofbaurs eingelebt. Es war Hochsommer und langsam fand ich Gefallen an den ausschweifenden Streunereien, die ich vor allen Dingen mit Jochen und Laura unternahm. Wir erkundeten das nahe gelegene Waldgebiet, liefen über weitläufige Wiesen und durchstöberten die Scheunen, die es im Allgäu zuhauf gab. Eberhard, der seinem Vater bei der bäuerlichen Arbeit eifrig zur Hand ging, nahm mich oft mit zum Grasmähen oder Heuwenden. Den olivgrünen Unimog steuerte er sicher über die Wiesen und es bereitete mir immer einen Riesenspaß, wenn ich vom Seitensitz aus über seine Schultern blickte und ihm beim Bedienen der Schalthebel und Knöpfe zusah. Das Brummen des Dieselmotors gab mir ein angenehmes, beruhigendes Gefühl. Der Duft des gemähten Grases und des gewendeten Heus wurde mir von Tag zu Tag vertrauter. Es war eine unbeschwerte Zeit bei Familie Hofbaur. Ich fühlte mich angenommen und respektiert. Aber dennoch wurde ich von latenten Trauer-, Angst- und Wutgefühlen verfolgt. Sie nagten still an mir. Zwar blitzte immer wieder die Vorfreude auf den bevorstehenden Umzug ins Kinderdorf auf. Diese jedoch wurde von den Erinnerungen an die schlimmen Erlebnisse im Kinderheim überschattet.

Da Familie Hofbaur streng katholisch war, besuchten sie mit uns sonntags regelmäßig die Morgenmesse in der Kirche des nahe gelegenen Dorfes. Hierfür wurden wir herausgeputzt. In bayerischer Tracht, mit polierten Schuhen und artigem Seitenscheitel fuhren wir ins Dorf. Ich hasste die Kirchenbesuche, hatte ich doch in St. Niemandsland eine Überdosis davon abbekommen. Frau Hofbaur fragte uns nicht, ob wir in die Kirche gehen wollten. Das war selbstverständlich. Für die katholische Bauernfamilie wäre es eine Schande gewesen, wenn sie ohne uns Kinder bei der Messe erschienen wäre. In dem kleinen Allgäuer Dorf kannte jeder jeden. Die Kirchenbesuche waren kein Akt der Frömmigkeit, sondern ein gesellschaftlicher Zwang. Darin war es St. Niemandsland ähnlich.

Da saß ich also wieder auf der verhassten Kirchenbank. Mir war speiübel wegen des Weihrauchgeruchs. Herr und Frau Hofbaur saßen in trauter Eintracht nebeneinander, Laura und Eberhard zu ihrer Rechten, Jochen und ich zu ihrer Linken. Die Hofbaurs sahen an den Sonntagen völlig anders aus als unter der Woche. Frau Hofbaur saß im Dirndl und mit weißer Bluse neben ihrem Mann, der eine stramme Lederhose und ein weißes Hemd trug. Seine Waden waren von grauen Strümpfen bedeckt, die Füße steckten in den typisch bayerischen Haferln. Es war wirklich erstaunlich, wie anders sie wirkten. Kleider machen Leute.

Jochen blödelte ständig herum, weshalb ihn Frau Hofbaur immer wieder zurechtwies. Ich blätterte gelangweilt im Gesangbuch, das ich schon von St. Niemandsland her in- und auswendig kannte. Plötzlich überfiel mich wieder jenes diffuse Angst- und Spannungsgefühl, das mich besonders in den Morgenstunden im Kinderheim gefangen gehalten und mit alle Kraft abverlangt hatte, um nicht in ihnen unterzugehen. Es war, als würde ich ersticken, als würde mich irgendeine unsichtbare Kraft in die Zange nehmen.

Wie im Kinderheim versuchte ich, mich abzulenken, indem ich die Bilder, die den Kreuzweg Christi darstellten, betrachtete. Dann immer wieder ein Halleluja, weitere Kirchenlieder, die mir die Luft abschnürten. Ich war nervös und rutschte auf der Kirchenbank hin und her. Endlich, der Pfarrer hob den Kelch zum Abendmahl. Er sagte laut: »Dies ist das Blut Christi, das Euch gereicht werden wird, und dies ist der Leib Christi, der für uns sein Leben gegeben hat.« Dann brach er die Hostie und trank das »Blut Christi«.

Ekelhaft, die Vorstellung, Blut zu trinken, das hatte ich mir schon oft in St. Niemandsland gedacht. Nun würde es nicht mehr lange dauern. Dann huschte auf einmal die Fratze von Schwester C. durch meine Gedanken. Ich trug immer noch diese leichte Sehnsucht nach ihr im Herzen. Am liebsten wäre ich von der Kirchenbank gesprungen und weggelaufen. Der Weihrauch, es war der kalte und aufdringliche Geruch des Weihrauchs, der die Erinnerungslawine in mir auslöste. Ich spürte, wie es mir kalt und dann wieder heiß wurde. Die Kirchengemeinde sang »Lobe den Herren«.

Mein Körper war angespannt, ich hielt die Fäuste geballt und starrte auf den Boden. Schlafsaal, nein, Badewanne – oder war es doch die kalte Dusche? Ich wusste nicht wie mir geschah, ich drohte in der Flut von Gefühlen zu ersaufen. Ich öffnete den obersten Knopf meines Trachtenhemdes um atmen zu können.

»Heiß hier«, stöhnte ich Jochen zu, der mich mit großen Augen ansah.

»Hier ist es doch nicht heiß«, flüsterte er.

Frau Hofbaur sah mich an, deutete mit dem Zeigefinger auf ihren Mund und forderte mich auf, mich auf die Messe zu konzentrieren.

Mir war schwindelig und ich drohte von der Bank zu fallen. Ich hatte plötzlich dasselbe Gefühl wie seinerzeit bei den morgendlichen Kaltduschenritualen in der Badewanne. Ich hatte Todesangst, am Weihrauch ersticken zu müssen. Gleich ist es vorbei, dachte ich mir. Nur noch das Schlusslied und der Friedensgruß des Pfarrers.

Halte durch, halte durch, gleich bekommst du wieder Luft, machte ich mir im Stillen Mut.

Jochen bemerkte meinen Überlebenskampf, die Hofbaurs nicht. Sie lauschten andächtig den Worten des Pfarrers. Ich atmete immer schneller. Mit jedem Ausatmen nahm der innere Druck ab. Dann, nachdem ich die Worte des Pfarrers vernahm »Gehet hin in Frieden«, wusste ich, dass die Messe zu Ende war. Kurz darauf wurde es wieder ruhig in mir. Der Flashback verschwand so rasch wie er gekommen war.

Als wir von der Kirche zurück waren, verzog ich mich auf mein Zimmer. Wenig später stürzte Jochen aufgeregt herein.

»Komm mit, Clemens, komm mit, ich muss dir was zeigen.«

Während Frau Hofbaur das sonntägliche Mittagessen vorbereitete, führte mich Jochen in die angrenzende Scheune. Dort lagen drei Katzenbabys im Stroh.

»Die sind gestern Nacht geboren worden.«

Ich nickte stumm und starrte auf die Kätzchen. Zu meinem eigenen Erstaunen empfand ich keine Freude bei diesem Anblick. Im Gegenteil, in mir regte sich das Bedürfnis, meinen Ärger über die Hilflosigkeit der Kätzchen auszudrücken. Ich wusste nur nicht wie.

»Ja freust du dich denn gar nicht?«, fragte mich Jochen erstaunt.

»Doch, doch«, gab ich vor, aber das war gelogen.

Vorsichtig hob ich eines der Kätzchen aus dem Strohhaufen in die Luft, während ich es von allen Seiten betrachtete. Wie von fremder Hand gesteuert, begann ich langsam zuzudrücken. Das Kätzchen auf meiner Hand streckte alle Viere von sich und begann hilflos zu miauen, was mich wütend machte, noch wütender, als ich es ohnehin schon war.

»Nicht so fest drücken«, sagte Jochen.

Also ließ ich es los, sodass es zurück auf den Strohhaufen fiel.

»Mittagessen ist fertig«, rief Laura vom Wohngebäude herüber.

Jochen bedeckte die Kätzchen vorsichtig mit Stroh, damit sie geschützt waren. Ich glaube, er mochte sie sehr.

Nachdem ein paar Tage vergangen waren, schlich ich mich eines Morgens in die Scheune, als alle noch schliefen. Während all der Zeit, die ich bei den Hofbaurs war, wurde ich von Albträumen geplagt. Aber ich sprach mit niemandem darüber. Daher stauten sich die Gefühle in mir. Eigentlich fühlte ich mich auf dem Bauernhof nie wirklich wohl, weil das Gefühl der Fremdheit nicht weichen wollte. Stattdessen fühlte ich Wut im Wechsel mit tiefer Trauer. Ich weinte viel, mal wegen des Heimwehs nach dem Kinderheim, mal wegen der unerträglichen Trennungsschmerzen. Es war, wie wenn eine schwere Hand auf mir läge und ein unsichtbarer Bußgürtel um meine Seele gebunden wäre: Ich war immer noch im Glauben, dass mein noch anhaltendes Bettnässen sündhaft war und ich deswegen zu Recht litt. In diesem Gefühlszustand voller Druck, ähnlich wie ein Vulkan vor dem Ausbruch, stand ich nun vor dem Strohhaufen, in dem die Kätzchen friedlich schlummerten.

Dann griff ich nach dem ersten Kätzchen und hob es direkt vor die Augen. Verschlafen blinzelte es mich an. Ich spürte den blanken Hass durch mich fließen, als ich in dieses jämmerliche und hilflose Kätzchengesicht blickte. Gewiss, es sah putzig und niedlich aus und hatte ein sehr weiches Fell, runde Äuglein, winzig kleine Tätzchen. All dieses Sanfte und Weiche, all diese Unschuld, passte nicht zu meinen Gefühlen. Ich kämpfte mit mir. Dieses eine Mal fühlte ich mich nicht ausgeliefert. Jahrelang hatte ich unter Todesängsten die Macht eines anderen ertragen müssen. Die Bilder der Badewanne blitzten in mir auf. Als ich das Kätzchen in meiner Hand hielt, hätte ich vor Schmerzen schreien können, aber ich konnte nicht. Irgendetwas schnürte mir den Hals ab und betäubte alles Mitgefühl in mir. Ich begann zu schwitzen. Dann holte ich mit dem Arm aus, in dessen Hand ich das Kätzchen hielt, und warf es mit ganzer Kraft an die Wand. Immer noch kein Mitgefühl. Der blanke Hass war aus mir hervorgebrochen. Ich begann zu spüren, wie eine noch nie zuvor gefühlte Wärme meinen Körper durchströmte. Es war wie im Rausch. Ich spürte Befriedigung. Genauso musste sich Schwester C. gefühlt haben, wenn sie zuschlug, ja, wenn sie ihre drakonischen Strafen durchzog. Dann legte ich nach und griff nach dem nächsten Kätzchen, ein weiterer Wurf an die Wand, dann das letzte und wieder ein kraftvoller Wurf. Ich griff mit den Händen tief in den Strohhaufen hinein, keine Kätzchen mehr, alle zu Tode geworfen.

Ich trat an die Wand und sah die drei toten Kätzchen vor mir liegen. Wie erstarrt blickte ich die hilflosen Geschöpfe an, die aus der Nase und den Ohren bluteten. Mitgefühl? Nein, das war ich in diesem Moment unfähig zu spüren. Ich gab mir nicht einmal die geringste Mühe, die Spuren meines Gewaltausbruchs zu verwischen. Ich ließ die drei toten Kätzchen einfach liegen. Dann rannte ich aus der Scheune, über Wiesen und Felder. Ich wollte weg, um all das nicht mehr fühlen zu müssen, wollte sterben. Ich schrie und weinte, schlug mit den Fäusten um mich, bis ich erschöpft zu Boden sank. Keiner konnte mich hören, ich war alleine, wie damals im Kinderheim. Da lag ich nun im feuchten Gras und starrte in den Morgenhimmel, der sich wie meine Gedanken zu drehen schien: Die Hofbaurs sollten die Botschaft, die ich in der Scheune hinterlassen hatte, verstehen. Das war die Sprache, die ich in St. Niemandsland erlernt hatte. Hatten sie doch tatsächlich das Kinderheim St. Niemandsland gelobt, weil ich ihnen sauber gekleidet und wohl genährt von den Herren des Stadtjugendamtes übergeben worden war. Mit dieser oberflächlichen Betrachtungsweise räumte ich nun auf. Mit dem Tod der Kätzchen zeigte ich ihnen, wie es wirklich in mir aussah: Bilder sagen mehr als Worte.

Keiner hatte mich bisher danach gefragt, wie es mir all die Jahre hinter den Mauern des Kinderheims ergangen war, nicht das Jugendamt, nicht mein Vater, nicht meine Mutter. Endlich hatte ich einen Weg gefunden, den Vorhang, der meine Seele jahrelang verhüllte – für jeden sichtbar – beiseite zu schieben.

Gleichwohl hatten Hofbaurs nicht hinter die Kulissen blicken wollen. Und das änderte sich, wie sich herausstellen sollte, auch nicht, als sie die grausige Tat entdeckten. Keine Worte, keine Konsequenzen, nur Schweigen.

Ich erhob mich wieder und irrte verloren und von einem unbeschreiblichem Schuldgefühl getrieben über Felder und Wiesen. Mein Gewissen hatte mich eingeholt und nagte nun an mir. Ich fühlte Schuld, tiefe Schuld. Gegenüber Schwester C. und den toten Kätzchen. Da war sie wieder, diese innere Stimme, die mich erschauern ließ: »Du Schwein, du bist ein dreckiges Schwein.«

Schwester C., du hast Recht, ich bin ein Schwein, ein dreckiges Schwein, konnte ich ihr nun antworten.

Interview mit der Peinigerin

Einundzwanzig Jahre waren seit meiner Entlassung aus dem Kinderheim vergangen. Ich hatte mich auf Anraten eines Therapeuten freiwillig in eine psychosomatische Klinik begeben. Diese befand sich etwa dreißig Kilometer vom Kinderheim entfernt. Meine Fähigkeit, Nähe zuzulassen, sowie meine soziale Bindungsfähigkeit zu Freunden hatten sich als äußerst brüchig erwiesen. Vieles, was dem Leben Qualität verleiht, fiel den ständig wiederkehrenden Flashbacks zum Opfer. Jene unaussprechlichen Erfahrungen aus St. Niemandsland waren in meinem späteren Leben als Jugendlicher und Erwachsener ständig präsent, mal mehr, mal weniger. Ein kleiner Reiz genügte. Schon ein bestimmter Geruch, eine Stimme, ein Tonfall, die mich an Früheres erinnerten, konnten die Bombe zum Platzen bringen.

Ich war diesen Gefühlen völlig ausgeliefert, fühlte mich von ihnen wie in die Zange genommen. Hinzu kamen diffuse Angstzustände, die nicht immer an bestimmte Auslöser gebunden waren. Sie begleiteten mich über viele Jahre hinweg als ein Grundgefühl. Diese Angst riss alles Lebenswerte mit sich: Mein Vertrauen in die Menschen und die Zukunft, meine Fähigkeit zur Liebe.

Die schwarze Pädagogik und die Nonnen, die diese mit ihrer persönlichen Pathologie verbunden hatten, wurden im Namen der katholischen Kirche und ihres Herrn Jesus Christus praktiziert. Wir Kinder sollten von unseren Sünden gereinigt werden, um in ferner Zukunft unserem Herrn vor dem heiligen Gericht begegnen zu können. Kindsein war Sünde, Bettnässen war Sünde. All das hatte man uns Heimkindern über Jahre hinweg in die Seelen eingebrannt. Die Erinnerungen an St. Niemandsland verfolgten mich auf Schritt und Tritt, ähnlich wie mich damals Schwester C. verfolgt hatte. Bis ins Erwachsenenalter trug ich ihr Bild in mir. Verbunden mit dieser Erinnerung tauchte auch das Bild eines Schützenpanzers auf, der sein Zielrohr zum Schuss bereit hielt und alles niederwalzte, was sich ihm in den Weg stellte. All die Lebensfreude, die ich durch tägliche Rituale, wie zum Beispiel durch das Nehmen warmer Vollbäder oder durch Meditationen, aufrechtzuerhalten suchte, drohte immer wieder durch die Wucht eben dieses Schützenpanzers zerstört zu werden. Es war ein aussichtsloser Kampf, den ich in mir auszutragen hatte und den ich oft an meiner Umwelt ausließ, ohne mir dieses Zusammenhanges bewusst zu sein.

So geschah es auch, dass ich als junger Mann eine Nonne, die damals im Jugendhaus des Kinderdorfes hospitierte, tätlich angriff. Nur, weil diese sich durch das Tragen einer Kutte und eines Schleiers als Nonne zu erkennen gab. Dieser Schlüsselreiz genügte, um einen Wutausbruch auszulösen, den ich dann ungehemmt auslebte. Als ich mich später bei meinem Opfer für meine Missetat entschuldigte, fragte sie mich nach dem Warum. Da war sie wieder, die Frage: Warum so viel Gewalt? Ich hatte keine Antwort darauf. Gleichwohl ließ ich sie an Ausschnitten meiner Lebensgeschichte teilhaben und erfuhr später, dass diese Frau ihre Berufung als Nonne, als Folge dieses Erlebnisses, aufgegeben hatte.

Nahm ich meinen Sohn auf den Arm oder berührte ich eine Frau, war die Angst vor der Angst präsent, die Angst, durch Berührung in alte Traumata zurückzufallen. Diese Rückfälle bedeuteten auch stets eine innere Isolation.

Ich hatte Phasen in meinem Leben, in denen ich mich nicht mehr spüren konnte. Diesen Gefühlen versuchte ich dadurch zu entfliehen, indem ich Drogen und Frauen konsumierte. Es ging mir mit all dem so elend, dass ich oft darüber nachdachte, meinem Leben ein Ende zu setzen. Ich fühlte mich oft wie ein Stück Dreck, genauso wie es Schwester C. immer zu mir gesagt hatte.

Trotz dieser Zustände fand ich immer wieder zur Klarheit zurück. Ich spürte dann, dass es in mir noch etwas anderes gab. Ich erinnere mich noch genau, dass sich in jenen Momenten, in denen meine Existenz einzustürzen drohte, eine große innere Kraft auftat. Da war ein »Fels in der Brandung«.

Es war ein eigenartiger Kreislauf von Aufbau und Zerstörung. Beziehungen entstanden, um kurz darauf von mir wieder zerstört zu werden. Mein Leben pendelte zwischen Extremen. Über die Kraft, die dieses Pendel antrieb, versuchte ich Bewusstheit zu erlangen.

Da saß ich nun in einem Therapieraum, umgeben von weiteren Mitpatienten. Wir sollten in dieser Sitzung von unseren Kindheitserfahrungen berichten. Ich fand, dass die Therapeutin von ihrer äußeren Erscheinung her eine verdammte Ähnlichkeit mit Schwester C. hatte. Lag das an meiner Sichtweise oder war das wirklich so? Natürlich war ich hier, um an mir zu arbeiten und um zu lernen, Regeln ein- und vor allen Dingen auszuhalten, obwohl ich seinerzeit im Kinderheim eine Überdosis davon abbekommen hatte. Aber ich hatte keine Lust auf Regeln. Ich fühlte mich durch sie eingeengt. Das führte dazu, dass ich mich in den ersten Stunden nach meiner Ankunft in eine Mitpatientin »verliebte«.

Je mehr ich mich mit meiner Kindheit auseinandersetzte, desto größer wurde meine Fluchttendenz. Ich seilte mich nachts, nachdem ich mich mit meiner Mitpatientin ausgiebig vergnügt hatte, über ein zusammengebundenes Leinentuch den Balkon hinab und verschwand in die nahe gelegene Dorfdisco, wo ich bis zur Erschöpfung tanzte. Der Antrieb solchen Verhaltens war die Flucht vor aufsteigenden Erinnerungen. Beim Tanzen fühlte ich mich lebendig und gegenwärtig, konnte mich spüren.

Dann, eines nachts, tauchte beim Tanzen ein überraschender Impuls auf: Ich wollte Schwester C. wiedersehen.

Am nächsten Morgen nach dem Frühstück log ich meine Mitpatientin an und erzählte ihr, dass ich zum Grab meiner Mutter fahren würde. Dieses war ebenso weit entfernt wie das Kinderheim, nur in entgegen gesetzter Richtung. Die Spannung stieg. Schwester C., heute werden wir uns wiedersehen, dachte ich. Und: Verdammt, wo bekomme ich eine Knarre her, dich lege ich um. Gelegenheit macht Diebe. Ach, scheiß auf die Knarre, sagte ich mir, deine Hände tun es auch.

Dann sagte meine Mitpatientin: »Nimm mich mit zum Grab deiner Mutter, dann fühlst du dich nicht so alleine.«

Ich aber wollte alleine sein.

Kurz darauf öffnete ich die Autotür. Sie hatte mich zum Parkplatz begleitet, nahm mit ihren zarten Händen meinen Kopf und küsste mich. Ich glaube, sie spürte meine Aufregung.

»Versprich mir, dass du ihr nichts tust, sie ist es nicht wert!«

Sie wusste Bescheid; sie wusste wohin ich fahren würde. Wir hatten zuvor schon über Schwester C. gesprochen und dass sie hier in der Nähe wäre. Ich nickte still und stieg ins Auto.

Mein Herz pochte vor Aufregung. Meine Hände waren feucht, als ich nach einer halben Stunde das Ortsschild mit der Aufschrift Marienburg passierte. All die Straßen und Gebäude waren mir bekannt, aber sie erschienen mir viel kleiner als damals. Langsam fuhr ich in den mit Kopfsteinen gepflasterten Pfaffenwinkel ein. Ich schwitzte, mein Herz raste. Wie wenig sich diese Gasse in den letzten Jahrzehnten verändert hatte. Dann sah ich den Kirchturm von St. Vincenz. Ein vertrauter Anblick. Im Schritttempo fahrend, betrachtete ich die bekannten Häuser. Ich fuhr an der Bäckerei vorbei, deren Schaufensterscheibe ich einmal beim Fußballspiel hatte zu Bruch gehen lassen. Dann kam ich vor dem großen Stahltor von St. Niemandsland zum Stehen. Das Gefühl war unbeschreiblich. Während ich langsam in die Hofeinfahrt einbog, holte ich mehrmals tief Luft. Es war seltsam, auch der Hof und das ganze Gebäude waren in meiner Erinnerung viel größer gewesen. Jetzt erst begriff ich, dass ich erwachsen war. Ich war angespannt. Die Stahltore von St. Niemandsland waren weit geöffnet. Heute würde ich sie treffen. Das fühlte ich. Dann drückte ich die Klingel, auf der »Schwestern« stand. Ich rieb meine Hände und trat nervös auf der Stelle. Atme, sagte ich mir, atme tief. So hatte ich es in der Therapie gelernt. Dann vernahm ich das leise Surren des Türöffners und trat ein. Der sterile, wohl vertraute Heimgeruch nach frischen Putzmitteln reizte mich, wie damals. Genau so, und nicht anders, hatte es zu meiner Zeit gerochen. Eigenartig, dass sich hier so gut wie nichts geändert hatte, nach all den Jahren, nicht einmal der Geruch. Ich passierte die Tür des Empfangszimmers, in dem Eva immer auf uns gewartet hatte. Dann lief ich auf die Glastüre zu, die den Heimtrakt vom Besucherbereich trennte. Ein blonder junger Mann kam die Treppen herunter und ging direkt auf mich zu. Es war Hans, ein ehemaliges Heimkind. Er war einer jener blonden Engel gewesen, die Schwester C. wie die Bluthunde auf uns Bettnässer gehetzt hatte. Er war dabei, als wir »Bettseicher« auf eine Holzbank gezerrt und mit den Pantoffeln versohlt wurden. Jetzt streckte er mir seine Hand entgegen; er hatte mich offenbar gleich erkannt und bat mich ohne Umschweife um Entschuldigung: »Wir mussten das damals mit dir tun.«

Hans hatte sichtlich Angst vor meiner Reaktion, das sah ich an seinem unsicheren Blick. Mir war er aber egal, auf ihn war ich nie wütend gewesen, weil ich wusste, dass er angestiftet worden war. Ich behielt daher die Kontrolle.
Ich wollte an diesem Tag kein Raufbold sein und reichte ihm die Hand. Hans war sichtlich erleichtert über meine versöhnliche Einstellung, war ich doch auch einen Kopf größer und wesentlich stärker als er. Ich war erstaunt, dass wir uns sofort wieder erkannten. Hans erklärte mir, dass er direkt neben dem Kinderheim St. Niemandsland eine Wohnung im Pfarrhaus bezogen habe und dass er regelmäßig bei Schwester C. zu Gast sei. Er hatte den Absprung also nicht geschafft. Das wiederum machte mich wütend.
»Wenn du willst, hole ich Schwester C.«, bot er mir an.
Er wusste, warum ich gekommen war.
»Deshalb bin ich da«, erwiderte ich und gab mir dabei Mühe, ruhig zu wirken.
Ich spürte, dass Hans durch unsere Begegnung sehr verunsichert war. Ihn hatte, ebenso wie mich, unsere gemeinsame Vergangenheit eingeholt. Bevor ich weitere Fragen stellen konnte, war er wieder verschwunden.
Ich war nervös und schritt deshalb die Treppen hinauf Richtung Bubengruppe. Dort kam ich vor dem großen Kippfenster zum Stehen. Ich blickte in den Hinterhof. Links von mir sah ich den Balkon, der vom Waschraum abging. Wie oft hatte ich von ihm aus in den ummauerten Hinterhof gestarrt und gehofft, dass dieser Albtraum ein Ende nehmen würde. Unzählige Male hatte ich das nasse Federbett durch den dunklen Flur getragen, um es über die Brüstung des Balkons zu hängen.
Dann vernahm ich die typischen Schritte von Schwester C. die Stufen herabkommen. Fest und bestimmt waren sie, wie früher. Vor meinem inneren Auge sah ich, wie die Türe zum Schlafsaal aufgerissen wurde und sie eintrat. Wäre doch besser gewesen, eine Knarre mitzunehmen, stieg es in mir auf. Nun hörte ich das Rauschen ihres Rockes, dann sah ich ihre Hand am Treppengeländer, schon stand sie vor mir.

»Grüß Gott Clemens«, sagte sie, während sie mir ihre Hand reichte. Clemens? Wer war denn Clemens? Früher war ich immer nur Heymkind der Bettseicher gewesen.

Ehe ich antworten konnte, fuhr sie mit einem äußerst charmanten Lächeln auf den Lippen fort: »Bei uns hast du's ja immer gut g'habt.«

»Grüß Gott Schwester C., lange nicht gesehen.« Ich rang mir ein gepresstes Lachen ab.

Dann wiederholte sie, als ob ich es nicht verstanden hätte: »Clemens, bei uns hast's immer gut g'habt.« Ihre Ignoranz überraschte mich nicht wirklich. Wie früher verkrampfte sich ihr Grinsen, wobei sie ihre Lippen zusammenpresste. »Was machst du denn so?«, fragte sie.

Nachdem ich ihr mitgeteilt hatte, dass ich letztes Jahr mein Studium im Steuerrecht abgeschlossen hatte, hielt sie für einen kurzen Augenblick inne, wobei sie mich ungläubig ansah.

»Ja, ich habe seit einem Jahr einen Hochschulabschluss. Das hätten Sie nicht gedacht«, fuhr ich fort.

Ihr Gesichtsausdruck verriet keine Anteilnahme, nur Missgunst. Sie glaubte mir nicht, das spürte ich. Vielleicht hielt sie an dem alten Bild fest, das sie sich von mir gemacht hatte, vom Bettnässer und Angeber. Schwester C. hatte sich nicht verändert. Nur ihr Gesicht war älter und faltiger geworden.

»Lass uns in den Besucherraum gehen, da können wir ein bisschen reden«, schlug sie vor. »Der Hans kann ja mitkommen.«

Hans indessen schien wie vom Erdboden verschluckt zu sein. Ich habe ihn an diesem Tag nicht mehr wieder gesehen. Er hatte sich verpisst!

Als wir gemeinsam den Besucherraum betraten, nahm ich auf jener Holzbank Platz, auf der Eva immer gesessen hatte, wenn sie Clara und mich besuchte. Schwester C. setzte sich auf den Stuhl gegenüber. Sie schien alles unter Kontrolle zu haben. Noch.

Dann sagte sie zum dritten Mal: »Clemens, bei uns hast's immer gut g'habt.«

Sie spürte, dass ich ihre Einschätzung über unsere gemeinsame Vergangenheit nicht teilte. Mein Atem war inzwischen ruhig geworden, meine Gedanken nicht. Eine nicht enden wollende Kette von Erinnerungen tauchte auf: Badewannenterror, Tatzenstock, aufschlagende Pantoffeln, Strafarbeiten schreiben, Trockenbrot essen, Trockenreiben nasser Leintücher ...

»Clemens, bei uns hast es immer gut gehabt«, fing sie erneut an.

Wie kann sie so etwas behaupten. War das alles, was sie nach all den grauenvollen Jahren anzubieten hatte?

Nein, dachte ich mir, so kommst du mir nicht davon. Während ich ihr entschlossen in die Augen sah, begann ich zu reden:

»Schwester C., wie können Sie behaupten, ich hätte es gut bei Ihnen gehabt? Erinnern Sie sich nicht daran, wie Sie den Tag stets damit begonnen haben, mich als Bettseicher vor den anderen Buben zu beschimpfen?«

Schwester C. lief rot an.

»Bist wohl hierher gekommen, um Streit zu suchen«, antwortete sie kleinlaut.

»Nein, Schwester C., um herauszufinden, ob ich es bei Ihnen gut gehabt habe.«

Dann wieder ihr gepresstes Grinsen.

Ich fixierte sie mit meinem Blick und fuhr fort: »Warum haben Sie Hans und andere Buben gegen uns Bettnässer aufgehetzt und uns verprügeln lassen? Sie haben uns auf die Holzbank im Waschraum legen lassen und haben die Buben angefeuert, ihren Spielkameraden ordentlich den Hintern zu versohlen!«

Schwester C. leckte nervös über die Lippen. Plötzlich konnte sie meinem Blick nicht mehr standhalten. Sie dachte einen Augenblick nach, dann antwortete sie: »Früher hat man das noch nicht gewusst, dass Bettnässen eine Krankheit ist.«

»Aber man hat doch schon früher gewusst, dass es nicht gut ist, Kinder in die Badewanne zu zwängen und ihnen mit dem Brausekopf auf den Kopf zu schlagen, bis das Blut fließt.«

Schweißperlen bildeten sich nun auf ihrer Stirn. Sie schien sich zu erinnern. Verunsichert drehte sie ihren Kopf von der einen Seite auf die andere. Ich hatte sie getroffen.

Dann fuhr ich fort: »Das Schlimmste war nicht das kalte Wasser, sondern das Gefühl zu ersticken.«

Jetzt war es draußen, das Geschwür, das ich jahrelang mit mir herumgetragen hatte. Das fühlte ich. Ich fühlte aber auch, dass sie mir nichts mehr entgegenzusetzen hatte. Sie konnte nichts mehr ignorieren oder schönreden. Ich war im Begriff, den Drachen zu besiegen. Damals als hilfloser Junge, machte sie mit mir was sie wollte. Jetzt, in diesem Moment, hätte ich mit ihr machen können, was ich wollte. Wir saßen uns gegenüber und es gab keine Zeugen. Ich bin mir sicher, dass sie ihre Ohnmacht spürte. Unruhig rutschte sie auf ihrem Stuhl hin und her.

»Clemens, du hast es doch gut bei uns g'habt«, sagte sie erneut. Mehr fiel ihr offensichtlich nicht ein. Ich kontrollierte zwar meine aufsteigende Wut, verbarg sie jedoch nicht. Schwester C. saß da wie angewurzelt.

»In der Badewanne fühlte ich mich oft dem Erstickungstod nahe.« Jetzt fing Schwester C. an, mit dem rechten Arm unkontrolliert zu zucken. Um das zu verbergen, griff sie mit der linken Hand nach der rechten, um sie an den Körper zu pressen.

»Erinnern Sie sich, Schwester C., dass Sie, wenn ich versuchte, dem kalten Duschstrahl zu entkommen, mit dem Brausekopf manchmal auf mich einschlugen, bis das Blut floss?«

Schwester C. zuckte bei jedem Detail zusammen, wobei sie unter sichtbarem Kraftaufwand versuchte, den zuckenden Arm an den Körper zu pressen. Ihr Gesicht war stark gerötet, Schweißperlen liefen ihr von der Stirn. Sie blickte mich mit weit aufgerissenen Augen an, unfähig zu meinen Vorwürfen Stellung zu nehmen. Dann wollte sie aufstehen und das Besucherzimmer verlassen.

»Setzen Sie sich«, forderte ich sie bestimmt auf.

Sie fühlte, dass ich es ernst meinte und zu allem bereit war, um sie am Verlassen des Raumes zu hindern. Also setzte sie sich wieder. Für einen kurzen Augenblick empfand ich sogar Mitleid mit ihr, als ich sie da so sitzen sah und ihre Ohnmacht spürte. Wenn ich sie jetzt mit weiteren Details konfrontieren würde, bekäme sie einen Herzinfarkt, das spürte ich.

»Erinnern Sie sich, Schwester C., wie Sie mich, nachdem man mich an den Haaren aus der Badewanne gezerrt hatte, aufforderten,

mit Ihnen in den Bastelraum zu gehen, um dort die sechs Tatzen abzuholen? Und das Tag für Tag«, schleuderte ich ihr entgegen.
»Deine Mutter war ja so krank«, wandte sie plötzlich ein. »Sie ist doch Schuld daran, dass ihr Zwillinge hier gelandet seid.«
Ich lehnte mich zurück und sah sie schweigend an.
»Ist vielleicht Ihre Mutter oder gar Ihr Vater schuld daran, dass Sie hier als Nonne gelandet sind?«, erwiderte ich.
Selbst jetzt, wo sie kurz vor einem Herzinfarkt zu stehen schien, kamen keine Worte der Einsicht, geschweige denn des Bedauerns. Sie zuckte nur weiter mit der Hand. Und dann wieder dieses gepresste und aufgesetzte Grinsen.
»Früher mussten wir Schwestern auf bis zu dreißig Kinder in der Gruppe aufpassen und das ohne erzieherische Ausbildung«, rechtfertigte sie sich.
Sie zog ein weißes Stofftaschentuch aus ihrem Ärmel und tupfte ihre Stirn trocken. Genau wie früher.
»Was wollen Sie mir damit sagen?«, fragte ich.
»Da war es doch immer schnell laut bei so vielen Kindern und da musste ja wieder Ruhe reingebracht werden, in die Gruppe«, meinte sie.
Ihre Argumente, so nahm ich das wahr, dienten ihrem Schutz, nicht aber einer Aufarbeitung. Worum es mir ging, war ihre Gewalttätigkeit. Schwester C. hatte inzwischen den Blick wieder von mir abgewendet und starrte vor sich hin.
Ich nutzte die Pause, um mich zurückzulehnen und zu entspannen. Bei Schwester C. war kein Durchkommen. Sie wollte oder konnte ihre Verantwortung für ihre Untaten nicht erkennen. Sie atmete laut. Immer wieder wischte sie mit dem Taschentuch den Schweiß von der Stirn.
»Okay, sagte ich, »ich kann verstehen, dass Sie damals viele Kinder zu betreuen hatten und dass Sie das überfordert hat. Aber was ich nicht verstehe ist, warum Sie darauf mit Willkür und Gewalt reagiert haben«.
Schwester C. hob ihren Kopf und starrte mich an. Sie sah plötzlich traurig aus. Wir waren nun doch an dem Punkt angekommen, wo ich anfing, zu ihr durchzudringen.

»Wissen Sie«, entgegnete sie, indem sie mich plötzlich siezte, was ein Aufkeimen von Achtung mir gegenüber signalisierte, »bei mir daheim hat auch Zucht und Ordnung geherrscht«.

»Wissen Sie«, fuhr ich nun fort, »ich bin seit einigen Wochen in stationärer Behandlung, um die Auswirkungen Ihrer Erziehungsmethoden aufzuarbeiten. Ich habe hunderte Nächte nicht schlafen können, weil ich Albträume hatte. Ich habe noch heute Angst, früh aufzustehen, weil Ihre Gewaltorgien früh morgens stattgefunden haben. Auch leide ich heute noch unter den schrecklichen und menschenverachtenden Erlebnissen, die ich unter Ihnen erfahren habe«.

Mir war es in diesem Moment völlig gleichgültig, ob Schwester C. das verstehen würde oder nicht. Darauf kam es mir nun nicht mehr an. Wichtig war einzig und allein, dass ich ihr meine Verletzungen mitteilen konnte. Und das war schon mehr, als ich je erwartet hatte.

Es war eigenartig: Obwohl ich ihr nun gegenüber saß, empfand ich zwar Wut, aber ich erkannte auch, dass es nicht meine Aufgabe war, ihre Mauern einzureißen oder sie zu bestrafen. Das würde Gott, am »Tag des jüngsten Gerichtes« selbst übernehmen.

Schwester C. schien sichtlich erschöpft und kündigte an, dass sie nun gehen wolle. Ich nickte.

»Darf ich Ihnen noch was sagen?«, fragte ich, als sie an der Tür war.

Nun nickte auch sie, während sie sich mir ein letztes Mal zuwandte.

»Schwester C., Sie haben mir sehr wehgetan. Auch wenn ich nicht verstehe, warum Sie mir all das angetan haben, so möchte ich jedoch, dass Sie wissen, dass ich unter Ihren Gewaltorgien sehr gelitten habe und noch heute darunter leide.«

Schwester C. sah mich mit weit aufgerissenen Augen an, um im nächsten Moment wieder verunsichert den Kopf hin und her zu bewegen. Sie schien nach wie vor nicht die Folgen begreifen zu wollen, die ihr damaliges Verhalten bei mir ausgelöst hatten. Dann drückte sie die Türklinke und verließ wortlos den Besucherraum. Ich hatte alles gesagt, was ich zu sagen hatte.

Als ich wieder im Auto saß, begann ich bitterlich zu weinen. Ich spürte aber auch unendliche Erleichterung und Genugtuung darüber, dass ich Schwester C. in die Augen gesehen hatte, während ich sie mit der Vergangenheit konfrontierte. Ich begriff auch, dass es nun an mir lag, die geschlagenen Wunden zur Heilung zu bringen und nicht wegzulaufen, wie Schwester C. heute weggelaufen war. Ich selbst habe es in der Hand und niemand anderes.

Trotz allem, was geschehen und nun auch gesagt worden war, verspürte ich tiefes Mitgefühl mit ihr.

# Epilog

*Auszug aus den Jugendsamtsakten vom 15.03.19…*
*(Aufnahmebogen des P.-Kinderdorfes)*

Meldebogen gem. § 78a JWG
für junge Menschen bis zum vollendeten 15. Lebensjahr

**I. Personalien**
Name, Vorname, Geburtstag, Geburtsort, Staatsangehörigkeit, Konf.

Heymkind, Clemens Maria *07.09.19…, Keppstadt, deutsch, rk, männlich, Halbwaise*

**II. Datum der Heimaufnahme**

29.09.19…

**III. Angaben über den bisherigen Aufenthalt
(bei Eltern, Verwandten, Pflegestelle, Heim etc…)**

bis Oktober 1966: Mutter
bis April 1967: Kinderheim, …krippe Keppstadt
bis Oktober 1967: Mutter
bis Mai 1969: Kinderheim, …krippe Keppstadt
bis August 1969: Mutter
bis September 1977: Kinderheim St. Niemandsland**

---

* *Anm. des Verf.: Ich war nie römisch-katholisch und zu dieser Zeit auch keine Halbwaise*
** *Anm. des Verf.: richtig: bis Juni 19… Kinderheim St. Niemandsland, dann Gastfamilie auf dem Bauernhof bis September 19…, Allgäu.*

## IV. Einweisende Stelle

1. Stadtjugendamt Keppstadt
2. Zuständiges Jugendamt: dto.
3. Personensorgeberechtigter: dto.
4. Rechtsgrundlage: FEH/FE

## V. Beziehungen zur eigenen Familie

1. Von welchen Angehörigen und ggf. in welchen Abständen wird der junge Mensch besucht?
Tante ¼ jährlich

2. Welche Angehörige besucht der junge Mensch und ggf. in welchen Abständen
Tante ½ jährlich

## VI. Wurde der junge Mensch schon erfolglos in Familien-/Adoptionspflege vermittelt?

Nein

**Sollte der junge Mensch Ihrer Auffassung nach in Familien-/Adoptionspflege gegeben werden? Wenn »nein«, bitte begründen:**

Schwer verhaltensgestört

**Ist bereits eine Vermittlung in Familien-/Adoptionspflege eingeleitet? Wenn »ja« durch wen?**

Nein

**Bemerkungen:**
Es bestehen erhebliche Lerndefizite

Unterschrift Heimleitung

# Danksagung

Ich danke

meiner langjährigen Lebensgefährtin Bärbel für ihre treue Unterstützung und ihren Zuspruch, das vorliegende Werk zu vollenden;

meinen Kindern Samuel-Alexander und Anna-Celina für ihre Unterstützung bei den Fotoarbeiten;

Sabine Frigge, Herausgeberin, für ihre vorbildliche und professionelle Unterstützung bei der Buchveröffentlichung;

Professor Dr. Fegert, Dekan der Universität Ulm, für das Vorwort;

Dr. med. Hege Maria Verweyen, Fachärztin für Kinder- und Jugendpsychiatrie, Bern, für die freundliche Unterstützung bei der Kontaktherstellung zu Prof. Dr. Fegert sowie für die Anregungen zum Manuskript;

Volker Schuhmacher, Diplom-Psychologe, Freiburg, und Michael Heller, Facharzt für psychosomatische Medizin, Freiburg, für die treue Begleitung im langjährigen therapeutischen Prozess der Aufarbeitung der beschriebenen Geschehnisse;

Alexander Wihec sowie Nils Gustorf für das Erstlektorat;

den Fotografen Oliver Kern und Klaus Polkowski, Freiburg, für die kreative Unterstützung bei der fotografischen Gestaltung;

Jens Kath, Freiburg, für die kreative Unterstützung sowie für die Erstellung der Homepage www.heymkind.de;

dem Heimfonds Stuttgart für die finanzielle Unterstützung zur Buchveröffentlichung.